Regresando a la
Sabiduría Ancestral

De Su Cautivadora Niñez en el Altiplano de Guatemala,
A Ser Alta Ejecutiva en Compañías Multinacionales,
A Honrar el Llamado de Su Verdad Espiritual...

Regresando a la Sabiduría Ancestral

Beatriz M. Orive

Regresando a la Sabiduría Ancestral

Primera Impresión: 2018
Impreso en los Estados Unidos de América

Vivido y Escrito por: Beatriz M. Orive
Editado en español por: Beatriz M. Orive
Traducido al español por: María Eugenia de Diego
Diseño de la Portada del Libro por: Deanna Estes, LotusDesign.biz
Diseño del Libro por: Deanna Estes, LotusDesign.biz

ISBN-13: 978-0-9976493-0-7
ISBN-10: 0997649305

Nota: Los nombres de las personas y empresas en este libro han sido cambiados por respeto y protección de la identidad de todos los involucrados. La escritora ha decidido usar "shamanismo" con "s".

Aviso Legal: Las modalidades y ceremonias en este libro están diseñadas para proveer un esquema de referencia. Las prácticas actuales requieren años de dedicación para entrenarse y tener experiencias guiadas.

Copias adicionales de este libro pueden ser obtenidas a través de:
www.AwakeningTheSoul.net

Dedicatoria

Mi eterna gratitud y reconocimiento va para mis padres, en especial para mi madre, quien sembró en mí las bases de amor y fuerza interior para superar las pruebas y tribulaciones de mi vida. Mi mamá me enseñó cómo enfrentar los retos y emerger humildemente, reconociendo las lecciones y bendiciones de los maestros. También me enseñó a vivir con absoluta plenitud cada momento de mi vida, sabiendo perfectamente que lo único que se podía interponer entre mis sueños y mi realidad era mi intención. Ella me enseñó a ver la magia de la vida y a sentir siempre la pasión por lo posible. Mi papá celebró conmigo los triunfos de mi vida y lloró junto a mí durante situaciones dolorosas. Su amor por la naturaleza me inspiró a sentir una absoluta admiración y reverencia por todo lo que existe en nuestra bella Tierra. Espero que él sepa cómo esos momentos me han dado, aún hoy en día, el poder para seguir adelante. Ambos me obsequiaron tesoros que llevaré siempre conmigo a través de la existencia de mi alma.

¡De mi corazón al tuyo!

Índice

Prólogo

LA AVENTURA EN LA QUE ESTÁS A PUNTO DE EMBARCARTE puede ser la tuya. Aunque este libro es acerca del camino de mi despertar espiritual, la intención es que sirva como ejemplo de que cuando tienes el valor de buscar *tu propia verdad*, encontrarás una ventana hacia la quietud. Esta ventana se abre continuamente a medida que las oportunidades inundan nuestras vidas, aquellos destellos de absoluta paz y sentimientos de totalidad que capturamos, aunque sea por unos segundos. Cualquier persona puede entrar en este mundo y mi historia demuestra que el momento en que digas "¡Sí!", los tesoros de tu alma estarán esperándote.

El libro está organizado en tres secciones, cada una señalando una iniciación importante en mi vida. Comienza con la inocencia de una maravillosa infancia y continúa con la "fase de domesticación" de mi educación y carrera profesional. Esta primera sección prepara el terreno para la vida de una profesional altamente competente, quien aprende a motivarse a base de las expectativas y caminos hacia el éxito trazados por otros. Una vez que estas metas son alcanzadas, surge la realización de que ser feliz no tiene nada que ver con seguir el camino de otros, y esto comienza a abrir una profunda brecha dentro de mi propia vida. La segunda sección contiene el progreso de mi camino espiritual, comenzando con la búsqueda de ese "algo" especial que me ayude a llenar el vacío. Ese vacío es un sentimiento indefinido que no puede ser llenado con nada externo pero que, sin embargo, permea todo por dentro y por fuera. Únicamente la conexión con nuestra alma empieza a saciar ese vacío, poco a poco. Todos recibimos el llamado para buscar *nuestra propia verdad* a lo largo de nuestras vidas. Las grandes preguntas que surgen son:

• ¿Lo escuchamos?

• ¿Tenemos el valor de alcanzar la magnificencia de quien realmente somos?

• ¿O es más cómodo continuar "haciendo" aquello a lo que estamos acostumbrados y que nos permite pertenecer, pero que jamás nos satisface?

La tercera sección profundiza en mi práctica espiritual, la cual me permite participar en el Presente infinito e ilimitado.

Dentro de cada sección aparecen mis experiencias espirituales en letra cursiva, una progresión de acontecimientos fascinantes que me llevaron a la quietud y expandieron mi propia percepción de lo que es posible. Serás testigo de los grandes cambios que me han traído hasta esta maravillosa etapa de quietud, los cuales surgieron por honrar la búsqueda de mi propia *verdad*. A medida que vivimos y amamos nos damos cuenta de que la felicidad no es ese momento efímero de risas o un maravilloso viaje. Más bien, es la habilidad de permanecer en silencio lo suficiente para poder darse cuenta de los continuos milagros de la vida. Esa quietud nos ayuda a realizar que estamos empapados en la magia todo el tiempo, si tan solo prestáramos atención.

Una de las lecciones más grandes a lo largo de mi camino espiritual ha sido la de honrar mi ética personal e integridad. Mientras me iba despertando, mi intención era estudiar con personas que mostraran esos mismos valores. En mi experiencia como ejecutiva corporativa vi el otro lado de la moneda, donde el aprovecharse de los demás y la manipulación era la norma, y todo por obtener un poder falso. Estoy segura de que todos hemos sido testigos de situaciones de este tipo. Pero debemos seguir buscando, porque dentro de cada uno de nosotros existe una impecabilidad universal que comenzamos a acceder a medida que el ego va perdiendo importancia, y es entonces cuando realizamos la totalidad de nuestro Ser. No te comprometas, pues esto te traerá experiencias que reflejarán comportamientos carentes de honestidad. ¿Acaso encontré yo ese tipo de maestros espirituales? ¡En cierto modo! Cada uno de ellos tuvo fascinantes aportes y lecciones para mi aprendizaje; sin embargo, el maestro que yo estaba buscando estaba *dentro de mí*. Ahora la honro en mi diario vivir, y al conectarme conscientemente con el asombro de mi alma, soy libre… estoy completa.

Espero que este libro te lleve a comprender que la "alegría más increíble" está adentro de cada uno de nosotros, sobre todo si estás dispuesto a soltar todas las capas que han mantenido tu joya interior escondida por tanto tiempo. Comparto una oración tibetana que me ha guiado:

Que me llene de bondad amorosa, que esté bien,
Que me sienta en paz y tranquila, que sea feliz.

El Comienzo

Los Cimientos

"Debemos recordar que dentro de nosotros
hay un castillo de un inmenso valor".
—Teresa de Ávila

NACIDA EN GUATEMALA EN EL OTOÑO DE 1961, FUI LA ÚNICA niña de tres hijos. Aunque era la hija del medio, el hecho de que fuera la única mujer me permitió tener la visión de un primogénito. Mis padres obtuvieron una buena educación, asistiendo a la universidad en los Estados Unidos. Mi papá nació en Guatemala, educado por una madre sumamente dominante de ascendencia francesa y por un estricto pero amoroso padre de ascendencia vasca. Él era el típico hombre latinoamericano: muy trabajador, amante de la familia e íntimamente involucrado con nosotros mientras crecíamos. Era aventurero, atlético y guapísimo. Mi mamá nació en El Salvador, de madre con ascendencia alemana y padre con sangre vasca. Era una persona muy amorosa y con una luz tan resplandeciente—aquella que generalmente es reservada para las almas súper avanzadas—que todo aquél que se relacionaba con ella quedaba encantado. Tenía el espíritu de una revolucionaria, rompiendo patrones de la típica mujer latinoamericana desde que nació.

Mi mamá creyó siempre en la igualdad entre hombres y mujeres, y educó a mis dos hermanos y a mí con esta actitud. A todo cuanto ellos tuvieron acceso, también lo tuve yo. Esto era muy diferente a los lineamientos y expectativas culturales en Guatemala. Ella se graduó de la universidad a los diecinueve años, y a los veintiuno administraba varias fincas de café para su padre. Fue muy querida y respetada por todos los trabajadores de las fincas, al punto de ser casi venerada. Al frente de grupos intelectuales tanto de Guatemala como de El Salvador, se sentía cómoda siendo minoría entre un grupo de eminentes y destacados eruditos. Le encantaba abrirle las puertas a otros, ya fuera en las artes, en la economía o facilitando la educación para niños menos privilegiados. A mi madre también le encantaba desafiar las normas, y su presencia y su luz le permitían derribar muros que por muchos siglos han existido en esa cultura. Ella no confrontaba a las personas, sino más bien se convertían mágicamente en sus aliados.

Mi padre era un hombre de campo; su amor por los animales y la tierra fue evidente a lo largo de nuestra educación. A pesar de haber sido criado por una madre tan dominante, rara vez apoyó a mujeres en roles de liderazgo. Las mujeres estaban supuestas a apoyar a sus esposos y a cuidar de los niños, tal y como era la cultura fundamental en las sociedades latinoamericanas. Sin embargo, al casarse con mi madre tuvo que comprometerse y considerar que la mujer no necesita ser dominante para ser una líder. Esto se convertiría en la base de mi educación temprana, un silencioso choque entre lo que se esperaba de una mujer en nuestra cultura y las infinitas posibilidades para una mujer capaz de soñar un nuevo paradigma que desafiaba lo establecido. Aunque mi padre no estaba muy entusiasmado con la igualdad total, siempre apoyó que la educación fuera igual para todos. *¡Muchas veces me he preguntado si él sabía que había suscrito un pacto para tener dos mujeres rebeldes dentro de nuestra familia!*

Mis dos hermanos también son únicos y a la vez muy distintos el uno del otro. El mayor tiene tres años más que yo y se deja llevar más por el intelecto que por el corazón. Es muy inteligente y estudió

4

para ser abogado, primero en Guatemala y luego obteniendo un postgrado en los Estados Unidos. Su carrera ha estado mayormente enfocada hacia el comercio internacional y la diplomacia. Ha luchado por promover a Guatemala y por lograr un impacto positivo para el país, y es muy respetado dentro de los círculos profesionales de comercio internacional. Dentro de la familia siempre fue un caudal de información, defendiendo su punto de vista de manera más intelectual que apasionada. Mis primeros recuerdos son de un hermano mayor que le encantaba ponerse máscaras de monstruos para asustarnos. Con él comparto el amor por la música, las culturas, el fútbol y en especial, ¡por el Lago de Atitlán en Guatemala!

Mi hermano menor es solamente un año más joven que yo y lleva sus sentimientos a flor de piel. Es un ser muy social, que va entablando conversaciones con las personas en cualquier oportunidad. Su enfoque profesional es con la tierra y estudió administración de agro-empresas en los Estados Unidos. Es un hombre de campo como mi padre, y tiene un magnetismo increíble con los animales. Cuando pienso en mi niñez tengo más recuerdos de él por nuestra cercanía de edad, y por esto hacíamos cosas juntos. Nos apoyábamos aun y cuando éramos muy diferentes en nuestro enfoque y forma de ver la vida. Yo era rebelde y me gustaba "hacer olas" silenciosamente; a él le gustaba ser parte de ello, pero haciendo mucho ruido. Hoy día compartimos nuestro amor y aprecio por la naturaleza y por los animales.

¡Guatemala es un país con un paisaje espectacular! Las montañas de la Sierra Madre se dividen en tres cordilleras diferentes. Cubren una gran parte del país con montañas impresionantes y más de veinticinco volcanes, varios de los cuales se encuentran activos. Las elevaciones van desde el nivel del mar y selvas tropicales, hasta majestuosas montañas que sobrepasan los 3,300 metros de altura. La diversidad en la biosfera a través de todo el país muestra impresionantes variedades de flora y fauna. La selva tropical ocupa aproximadamente un tercio de la superficie del país, y es aquí donde residen los gigantescos complejos y pirámides mayas. Los descendientes de los mayas, sin embargo, viven en el altiplano. La capital del país está aproximadamente a 1,500 metros de altura y el clima es primaveral durante todo el año, con temperaturas que oscilan entre los 10° y los 21° centígrados. La principal variación en el clima se deriva del cambio de estaciones entre la época lluviosa y la seca, cada una durando aproximadamente 6 meses.

De niña recuerdo las salidas los fines de semana con mi familia. Mis padres nos llevaban a ver ceremonias en los pueblos mayas a lo largo del país. Ambos sentían que debíamos aprender sobre nuestro país antes de viajar al extranjero, un sentimiento que no era generalizado entre nuestros amigos y compañeros. Mi madre estaba fascinada con la gente maya y como en aquella época un 70% de la población de Guatemala era de ascendencia maya, nos enseñaron a respetar y apreciar su carácter único y excepcional. Cada pueblo de descendientes mayas era tan colorido y tan único, no solo en sus vestidos, sino también en sus ceremonias. Hacían trueques entre ellos y con los pueblos vecinos, intercambiando frutas, vegetales y hasta animales. Aquellos que poseían una parcela de tierra, la trabajaban con fervor. Las niñas ayudaban a sus madres a recolectar, tejer y cocinar, mientras que los niños ayudaban a sus padres en los campos, plantando, cosechando y cortando leña para cocinar en sus hornos de barro. Su participación en la economía y en la arena política era mínima, su asistencia a la escuela ínfima. No veían la necesidad de aprender a leer o a escribir cuando sus tradiciones antiguas satisfacían su corazón y su alma, y por lo tanto continuaban su vida sin interrupción lo más posible. Una de las cosas más fascinantes que recuerdo es que los niños siempre estaban sonriendo. Los adultos eran amables y simpáticos. Esto es algo que percibí en mis primeros años de adolescencia y siempre sentí que mis compañeros de colegio estaban perdiéndose de conocer la verdadera magia de su propia cuna.

La ciudad de Guatemala era muy diferente a los bellos pueblos mayas y sus habitantes. Era una típica ciudad "occidental", con todo el ajetreo y bullicio de una gran metrópolis, y la naturaleza impersonal y competitiva que la acompaña. Aunque los descendientes mayas conformaban la mayoría de la población en Guatemala durante mi infancia, sus costumbres no eran las nuestras. Muchos de los "mestizos" (mezcla de europeos y mayas) y descendientes de europeos no honraban a los ancestros de nuestra tierra. De hecho, la mayoría de las personas con las que crecí preferían viajar al extranjero y no dentro del país cuando tenían vacaciones y las posibilidades económicas para hacerlo. Había cierto desdeño hacia la gente maya de parte de muchos mestizos y descendientes de europeos, independientemente de su nivel socioeconómico. Aun cuando tenían el paraíso en la belleza de su país, nunca les enseñaron a apreciarlo.

Recuerdo que uno de mis abuelos le reprochaba a mi mamá y le preguntaba por qué insistía en llevar a sus nietos a todos aquellos "pueblos de indios". Gracias a Dios mi madre adoraba a la gente maya tanto, que se tomó el tiempo para aprender sobre ellos muy a fondo. Ignoró a mi abuela y a la sociedad que nos rodeaba, y junto a mi padre, estuvieron determinados a enseñarnos la "verdadera Guatemala". Creían firmemente que «uno debe conocer su país» antes de que pueda apreciar otros, y que Guatemala tenía tanto valor cultural, que sería una injusticia no llegar a conocer nuestro propio país.

Durante nuestros viajes al altiplano hacíamos picnic y pasábamos la noche en pueblos montañosos remotos. Con frecuencia íbamos al Lago de Atitlán, que sigue siendo hasta hoy en día, uno de mis lugares favoritos del mundo entero. Tres enormes volcanes y doce pueblos mayas pequeños rodean este lago volcánico. Cada uno de los pueblos lleva el nombre de un apóstol.

Mis recuerdos de infancia también incluyen las visitas a la finca, una hacienda en la que nos dedicábamos a montar a caballo y a subirnos sobre un buey gigante que parecía un toro. Las playas de los Océanos Pacífico y Atlántico eran hermosas también; el Atlántico con su arena clara y aguas color turquesa, en marcado contraste con la arena volcánica negra y el profundo mar azul del Pacífico. La mayor parte de las salidas de nuestra familia involucraba estar en contacto con la naturaleza. Me encantaba correr libremente y fusionarme con todo mi entorno. Eso me daba una sensación de libertad ilimitada, permitiéndome soñar despierta.

En total contraposición con la gente maya y el espectacular paisaje del interior del país prevalecía un ambiente político sumamente inestable. El liderazgo en el país cambiaba continuamente. Los presidentes eran derrocados mediante golpes de estado o forzados a renunciar de manera menos dramática. Cuando tenía apenas dos años, el Coronel Peralta Azurdia se instaló como presidente después de un golpe de estado contra el General Ydigoras Fuentes. El Coronel Azurdia estuvo en el poder durante unos tres años hasta que la población exigió elecciones democráticas, subsecuentemente eligiendo al Sr. Méndez Montenegro. Este permaneció en el poder durante el periodo usual de cuatro años y fue seguido por otro candidato elegido democráticamente, el General Arana Osorio.

Luego de sus cuatro años instalaron al General Laugerud García en la presidencia, a consecuencia de un fraude en las elecciones democráticas de 1974. El General Laugerud García sobrevivió dos golpes de estado. Esta inestabilidad política continuó durante los siguientes diez años, con diversas facciones militares batallando con partidos políticos civiles para instalar a su líder como presidente del país. Si el presidente era un civil, sabía que necesitaba contar con el respaldo de los militares. Sin embargo, los militares estaban divididos en facciones y nunca se sabía cuándo un nuevo evento sorpresivo influiría sobre el cambio de liderazgo.

Esta crisis de liderazgo se agravó aún más por la guerra de las guerrillas que existía desde el inicio de los años sesenta. Era más evidente en las áreas rurales del país, donde los grupos guerrilleros continuamente combatían contra los militares. Los países "capitalistas" apoyaban a los militares, mientras que los "socialistas" apoyaban a la insurgencia guerrillera. Ninguno parecía tomar conciencia del efecto que su sangrienta guerra estaba teniendo sobre la población maya de Guatemala, aun cuando los grupos guerrilleros clamaban que esta "cuasi guerra civil" era en nombre de los derechos de los indígenas. Ambas facciones reclutaban soldados de diversos grupos mayas, muchas veces a la fuerza. ¡La violación de los derechos humanos era rampante!

Una gran parte de mi niñez fue plagada de violencia absurda y de gobiernos inestables. Mi experiencia con la guerra de las guerrillas fue que parecía y se sentía como foránea. Recuerdo en muchas ocasiones haber sido detenida por grupos guerrilleros cuando viajábamos al interior del país. Uno nunca sabía lo que podían hacer, pues dependía del líder del grupo. No eran una fuerza cohesiva, ya que muchas facciones operaban de forma individual. Invariablemente nos pedían que saliéramos del auto y que nos uniéramos a otras personas para darnos una plática. Sorprendentemente, nos hablaban en diferentes idiomas, ¡pero ninguno de ellos era dialecto maya! Muchos de los líderes con los que me encontré eran extranjeros: cubanos, nicaragüenses y rusos. También registraban el auto y agarraban cualquier cosa que se les antojara, fuera comida, ropa o lo que les llamara la atención. Ya fueran militares o guerrilleros los que nos detuvieran para registrarnos, uno nunca se sentía seguro. ¡Nuestros derechos humanos eran inexistentes con cualquiera de los dos grupos!

Una de las reacciones más intensas que tuve hacia la religión organizada se desarrolló a raíz de la guerra de las guerrillas, con muchos sacerdotes y monjas católicos involucrados de una u otra manera. Millones de personas inocentes fueron asesinadas por seguir ciegamente a los líderes religiosos que predicaban en nombre de Dios. Gran cantidad de hombres murieron, en especial aquellos de descendencia maya, dejando familias enteras con hambre y sin recursos. Aun así, los sacerdotes les pedían contribuciones para la iglesia. Experiencias como estas contribuyeron a mi deseo de buscar una conexión más directa con Dios.

La religión católica fue y sigue siendo la fe dominante en Guatemala. Los conquistadores trajeron la religión con ellos y el pueblo maya fue considerado "civilizado" cuando siguió los lineamientos de la iglesia. La mayoría de la población católica de hoy los ve como paganos, ya que ellos veneran a las fuerzas de la naturaleza y a una multitud de "dioses", algunas veces mientras asisten a la iglesia. Durante los viajes con mis padres presenciamos muchas ceremonias mayas y siempre me enseñaron a respetar sus tradiciones.

Mi madre tuvo varios desafíos conmigo relacionados con la religión. Cuando tenía cinco años, le pregunté dónde estaban las mujeres en la iglesia católica. Abrió sus ojos con desconcierto y me dijo: «Buena pregunta. Ellas no forman parte del liderazgo. Las monjas se mantienen en sus conventos, muchas de ellas en reclusión». En varias ocasiones le pregunté por qué necesitaba yo un sacerdote para hablar con Dios. «¿No puedo hablar con Él directamente?», le preguntaba. Su respuesta era que yo debía buscar a Dios de la manera que sintiera correcta en mi corazón.

Esa opción no era tan sencilla, sin embargo, ya que la religión católica era tan dominante que formaba parte del "protocolo de aceptación social". Nosotros fuimos educados como católicos de forma un poco liberal hasta mi Primera Comunión a los 11 años. Mi padre no era nada religioso, asistía a la iglesia únicamente en ocasiones especiales como la Navidad o una boda. Notando mi rebelión a aceptar ciegamente una fe cuyas reglas no me hacían sentido, al terminar la Primera Comunión mi mamá me permitió explorar mi propia espiritualidad.

Sabía que no creía en un Dios que pudiera castigar a sus hijos o que tuviera una lista de "pecados" de los cuales tuviéramos que arrepentirnos. Más bien lo sentía como un Dios amoroso, sin género y compasivo, que nos daba la bienvenida al Jardín del Edén. Todas estas experiencias influirían significativamente en mi búsqueda de la Divinidad posteriormente.

La Finca

La finca en la que pasé una gran parte de mi niñez era una hacienda de ganado. Una de las cosas más emocionantes era ver a los terneros recién nacidos. Me ponía mis botas, pedía que ensillaran mi caballo y me iba al "potrero de maternidad". Esta era el área de la finca destinada para las vacas que estaban a punto de parir. Acabados de nacer y durante esos minutos en los que trataban con dificultad de pararse, los terneros miraban con profundo placer cómo sus madres los lamían para secarlos. Sus grandes ojos me contemplaban de manera dulce e inocente. Unas pocas horas después lograban mantenerse en pie, sus madres a su lado. Temblaban ligeramente mientras daban su primer paso e inmediatamente se llenaban de valor para dar unos cuantos pasos más. De repente comenzaban a correr. En poco tiempo comenzaban a jugar. Debo haber tenido unos seis años la primera vez que vi esto y de inmediato pensé, «¡Qué milagro!»

Unos cuantos años después me permitieron ver cómo marcaban el ganado. Ojalá nunca lo hubiera visto, porque sentí que me lo estaban haciendo a mí. Los pequeños terneros de apenas unos meses eran inmovilizados contra su voluntad por uno de los vaqueros. Chillaban y pateaban cuando se acercaba el hierro caliente que quemaba su piel. Yo me arrodillaba y acariciaba la cabeza y mejilla del ternero, diciéndole palabras de aliento y deseando aliviar aunque fuera un poco de su dolor. Recuerdo que mi padre me decía, «¿Qué clase de vaquera vas a ser? Esto es necesario para evitar que ellos se pierdan o sean robados». A mí eso no me importaba. El animal estaba sufriendo y yo estaba allí para ayudarlo.

De los tres meses de vacaciones escolares pasábamos muchas semanas en la finca. Aprendí a montar a caballo desde que tenía tres años y podía salir con los vaqueros cuando cumplí los ocho. Los vaqueros eran alegres, continuamente haciéndose bromas unos a otros mientras cabalgábamos. Su lenguaje y su percepción eran diferentes: la manera en que le hablaban al ganado, el buen ojo para detectar cualquier movimiento sutil en su periferia, y la comunicación entre ellos. Era evidente que habían desarrollado un sexto sentido.

Me enseñaron a llamar al ganado con una especie de canto. Aprendí a hablarle a los animales en diferentes tonos. Cuando se extraviaba algún animal, lo llamaba; si no regresaba, usaba mi caballo para irlo a traer. Los buitres tenían que ser ahuyentados cuando teníamos terneros recién nacidos. Si el sol estaba ardiente, los vaqueros sabían cómo mantenerse frescos. Había muchos árboles frutales, y me enseñaron a reconocer aquellos que eran venenosos. También me enseñaron a usar una honda para bajar la fruta. En esencia, me enseñaron cómo estar en comunión con la Madre Tierra y a ver la naturaleza de una manera completamente diferente.

Esperaba la campana de las siete de la mañana seguida por el sonido del cuerno, y saltaba de la cama para encontrarme con los vaqueros. Mis botas, sombrero y termo con agua estaban ya listos. Cabalgábamos largas distancias, a veces por varias horas a la vez. El trabajo de la mañana incluía mover el ganado hacia otros potreros, repartirles sal, curar a cualquiera que tuviera una herida, reparar cercas y cualquier otra cosa que surgiera. Regresábamos a casa para almorzar, e inmediatamente después tocaba la obligatoria siesta, todos acostados perezosamente en sus hamacas mientras la brisa de la tarde los acariciaba.

Pero yo tenía demasiada energía para dormir la siesta, así que me iba a buscar animales interesantes con quienes jugar. La casa de la finca fue construida hace más de cien años, con paredes gruesas, corredores largos y habitaciones grandes. La cocina era una estructura separada de la casa principal, al igual que el baño. Siempre encontraba cosas fascinantes en la cocina, desde pequeñas tortugas y loros (encontrados por los vaqueros y traídos a la casa para alimentarlos), hasta enormes iguanas que se acercaban con curiosidad. Era un mundo maravilloso para mí. Si no encontraba animales, escuchaba las historias de las mujeres en la cocina—una vida muy diferente a la mía. Sin duda era mi lugar de entretenimiento después del almuerzo.

En cierta ocasión alguien trajo un venado joven a la hacienda, un "Bambi". Teníamos un bosque natural pequeño y protegido dentro de los límites de la finca, y no se permitía cazar. Sin embargo, de vez en cuando se entraban algunos cazadores. A la madre de este pequeño la mataron, dejándolo huérfano. Cuidamos y le dimos mucho amor a nuestro "Bambi", y cuando era hora de regresar a la ciudad porque el colegio iba a comenzar, convencimos a mis papás de llevarnos al venadito a la ciudad. Teníamos un jardín y él se podía quedar allí. «Por lo menos va a tener mucho amor»— decíamos nosotros. El venadito no entendía qué había sucedido con su entorno, pero se adaptó en un par de semanas. Eventualmente creció tanto que casi embestía las puertas para abrirlas. Fue entonces que tuvimos que regalar el venadito al zoológico. ¡El zoológico! Esto me puso tan triste que me fui a mi cuarto con mi perrita, Sissy, cerré la puerta y lloré desconsoladamente.

Cuando estábamos en la finca mi papá nos subía a un novillo enorme pero muy manso llamado "Negro Bonito"; pesaba más de 1,300 libras. Yo tenía apenas cuatro años cuando lo monté por primera vez. Su tamaño y disposición tan dulce me fascinaban. También criamos un mono, algunos loros y una iguana.

Experiencias Místicas Tempranas

A lo largo de mi niñez, los temas misteriosos sobre lo desconocido y lo inexplicable eran mis favoritos. No me refiero a cuentos de terror, sino a aquellos que planteaban enigmas. Muchos años después, ya de adulta, le pregunté a mi mamá si en algún momento había tenido habilidades "fuera de lo normal" mientras crecía. Ella dijo: «No, no recuerdo ningún don sobrenatural, pero siempre fuiste muy curiosa y una rebelde absoluta. Eras callada en tu rebeldía, y muchas veces tu papá y yo no nos dábamos cuenta de que estabas haciendo tus propias cosas. Siempre pensaste que había "otras" explicaciones para las cosas que ocurrían… diferentes a las que se te daban. Tampoco tuviste la necesidad de "pertenecer". Hacías tus propias cosas independientemente de si otros te seguían o no. Te veías siempre muy entretenida y eras muy creativa». Al final siempre abría sus ojos y miraba hacia arriba, entre resignada y maravillada.

Sin embargo, tuve algunas experiencias durante mis años de infancia que marcaron mi vida y que hoy definitivamente las pondría dentro de la categoría de "místicas".

Tenía más o menos dos años cuando me encontré mirando a los ojos de un hermoso ángel de apariencia femenina. Me maravillaban sus alas, las cuales eran blancas, suaves y perfectas. Su pelo era dorado y brillante, y cada vez que se volteaba dejaba una estela de chispas. Sus ojos eran de un color azul profundo y cuando los miraba, sentía que flotaba hacia un lugar de absoluta paz y amor. También sentía que este era el sitio del cual había venido recientemente. Parecía que tenía la habilidad de hablarle aun cuando apenas podía construir una oración. Ella entendía todo lo que yo le decía, como si estuviera dentro de mi cabeza. Me sentía consolada, amada y segura con ella a mi lado. Un día le dije, «Quiero regresar. Cometí un error».

Ella contestó suavemente: «No te preocupes, dulce niña, que yo te cuidaré. No puedes regresar todavía. Aun no es el momento. Todo va a estar bien». Esto me reconfortó, pero el sentimiento de que no debía estar aquí permaneció. Desde que era una niña creía que no quería venir a la Tierra; que fui empujada desde el Cielo.

Unos años después de comenzar mi camino del despertar volví a ver aquella estela de chispas cuando volteaba de repente hacia un lado o para atrás. Yo sé que ella está conmigo, al igual que otros…

Cuando tenía alrededor de 9 años me dieron mi propia habitación. Las primeras noches luchaba con el sueño pensando en todas las cosas que podía hacer ahora que tenía mi propio espacio. Podía dejar la luz encendida toda la noche si quería, leer algún libro divertido, abrir la ventana y mirar a las estrellas, o simplemente soñar despierta. Estaba enamorada de las estrellas, y en cierta manera las conocía y podía visitarlas con tan solo mirarlas intensamente. Una de esas noches decidí que era hora de comenzar a soñar con las estrellas.

Abrí mis cortinas y quedé paralizada. Justo frente a mí había luces sumamente brillantes, que me cegaban pero que a la vez me atraían. Permanecí observándolas durante unos minutos, y estas rotaban y cambiaban el brillo con la rapidez de un relámpago. No eran estrellas. El tono de las luces era diferente a cualquier cosa que había visto antes. Callada pero rápidamente, fui a buscar a mi papá. Se asomó a mi ventana y vio las mismas luces. Cerró las cortinas de golpe y dijo: «No quiero que le menciones esto a nadie. La gente pensará que estás loca». Me hizo darle mi palabra, pero esa experiencia fue demasiado intensa para que simplemente la "olvidara". Cuando él se fue de mi cuarto abrí las cortinas nuevamente. Las luces todavía estaban allí, aunque un poco más alejadas. De repente el objeto luminoso dio un giro brusco y desapareció. Me preguntaba si acaso "ellos" habían venido a visitarme, y qué hubiera pasado si yo hubiera salido a "conocerlos". Desde entonces una parte mía se ha reconfortado sabiendo que tenía seres inteligentes cuidándome.

Un par de años más tarde, cuando tenía once años, me uní a un grupo llamado CISV (Children's International Summer Village)[1]. Este consistía en un grupo de jóvenes adolescentes que viajaban a diferentes ciudades del mundo, con la intención de conocer a otros chicos de su misma edad y aprender acerca de sus tradiciones y costumbres. Uno representaba a su país y enseñaba a otros jóvenes diferentes aspectos sobre su cultura. Cada delegación se conformaba de cuatro niños, todos de once años de edad y una chaperona que usualmente rondaba los veintitantos años de edad. Nuestro grupo estaba programado para viajar a Bélgica, pero antes de llegar a nuestro destino viajamos alrededor de Europa. Una de las paradas fue en Holanda, y como ocurre en todas las grandes excursiones, nos subieron a un bus para conocer los sitios más importantes de Ámsterdam.

Mientras nos acercábamos a uno de los vecindarios, mi estómago dio un vuelco. No tenía idea de lo que me sucedía y pensé que quizás era una indigestión. Caminamos hacia una casa angosta de cuatro pisos, y cada minuto que pasaba me sentía más enferma. Algo importante en la historia debía haber ocurrido, o al menos eso quería pensar. Le dije a mi chaperona: «No puedo entrar a esta casa. La conozco y sé que algo no está bien». Los otros tres chicos de mi grupo siempre se comportaban perfectamente. Nunca se separaban del grupo, jamás cuestionaban algo y siempre obedecían. Me rodearon y dijeron: «Describe la casa antes que entremos». Algo tomó posesión de

---

[1] Campamento Internacional de Verano para Niños.

mí y comencé a describir la casa en detalle. Vi unas escaleras en espiral, un baño angosto en el primer piso, ventanas sombrías y oscuras, y un cuarto en el último piso. Yo conocía esa casa. Los chicos entraron a la casa y vieron exactamente lo que les había descrito. Respirando agitadamente salieron corriendo y en tono burlón me dijeron «¡Sos una bruja!». Mi chaperona me abrazó y me dijo: «No les hagás caso. Probablemente estás teniendo una experiencia que es única para ti». Sus palabras me reconfortaron y tranquilizaron. ¡No podía esperar a contarle todo esto a mi mamá!

Cuando regresé a Guatemala le conté a mi mamá todo lo que había pasado y comencé a llorar. Era la primera vez que tenía una experiencia de *déjà vu* tan inusual. Mi mamá me abrazó y me dijo «Bueno, trataremos de entender lo que viviste en Holanda». Con esa sensación de confianza y tranquilidad que me transmitió, me relajé y salí a jugar al jardín. Unos días después ella me trajo un regalo. Recuerdo haber abierto mis ojos con sorpresa mientras leía lentamente el título: *Reencarnación*, y lo abrí enseguida. ¡No podía esperar para comenzar a leerlo! Luego supe con todo mi ser que había vivido en Holanda una vida pasada y que la casa que había visto fue un catalizador para que conociera la verdad acerca de las almas… que hemos estado en este plano durante varias vidas por diferentes razones y con diferentes características humanas. Un millón de posibilidades se abrieron para mí con esa experiencia y me sentí tan agradecida con mi mamá por haber sido tan abierta y solidaria conmigo, aunque todo esto fuera en contra de sus creencias y su crianza. Ese libro acerca de la reencarnación cambió totalmente mi forma de ver la vida. ¡Fue un momento maravilloso e importante para mi eventual despertar!

La Gente Maya: El Legado de Mi Tierra

Como mencioné antes, mis padres nos llevaban a diferentes pueblos mayas en el altiplano desde que éramos pequeños, y fuimos testigos de muchas ceremonias. Todas eran únicas y siempre había algún pueblo que celebrara ceremonias durante cualquier fin de semana. Mi madre, nacida y educada en El Salvador, había emigrado a Guatemala después de casarse con mi padre. Ella estaba fascinada con el pueblo maya y estudiaba ávidamente su cultura y sus tradiciones. Luego nos enseñaba lo que cada ceremonia significaba cuando llegábamos a los diferentes pueblos, incluso contándonos las correspondientes leyendas. Mis hermanos y yo esperábamos con ansias esas salidas.

Desde niña buscaba la "magia" en cada pueblo maya que visitábamos. Todo comenzó con una experiencia que había tenido cuando era muy pequeña y que se convertiría en un tema importante durante mis exploraciones de la gente maya. La encontré, varias veces…

Cuando llegábamos a algún pueblo, mi mamá recuerda que yo desaparecía entre la gente del lugar y luego reaparecía unos minutos después. Tenía unos cinco o seis años. Ella aprendió a confiar en mí y sabía que regresaría a donde ella estaba, de manera segura. Con esta confianza adquirí la habilidad de irme un poquito más lejos cada vez. Una vez me fui por unos quince minutos y cuando regresé se dio cuenta de que yo estaba visiblemente agitada. Me preguntó qué había sucedido y por qué estaba tan excitada. Le contesté: «Mami, acabo de ver "magia"». Ella sonrió y continuamos caminando hacia la plaza donde se celebraría la ceremonia del pueblo. "Magia" era lo inexplicable, el misterio, bajo un contexto de asombro y admiración.

San Juan Sacatepéquez es uno de los pueblos que más llevo grabado en mi mente, pues fue allí donde recordé haber sido testigo de algo "mágico". Recién entraba con mis padres y hermanos al pueblo donde se llevaría a cabo la ceremonia. Mucha gente corría de un lado para otro coleccionando las últimas piezas necesarias para le celebración, mientras mis ojos miraban el panorama. Quería capturar la escena completa… preciosas mujeres mayas con sus faldas doradas, moviéndose con pasos pequeños, pero con propósito… niños corriendo alrededor con sus trompos hechos a mano… los turistas reuniéndose. Sin embargo, yo sabía que había más, mucho más que ver y aprender.

Mientras todos esperaban, dispuse explorar el pueblo. Aunque era pequeña, caminaba como si supiera hacia dónde iba. Me movía entre una calle y otra, ojeando hacia adentro de las casas abiertas que pasaba. Una casa en particular me llamó la atención, pues salía mucho humo de ella: por las ventanas, por la puerta y por las aperturas en el techo de paja. Corrí hacia ella cautelosamente, decidida a entrar. Era difícil ver y mis ojos tenían que ajustarse a la luz tan tenue. Me indicaron que me sentara en una esquina. No creo que era común que aceptaran a los "chancles" dentro de sus rituales privados ("chancle" es un coloquialismo maya para referirse a las personas de ascendencia europea). Pero quizás como era una niña se me permitió entrar, o quizás el hombre que dirigía la ceremonia sabía algo sobre mí que yo no sabía entonces.

En todo caso podía ver a una persona acostada en el piso, visiblemente enferma. El hombre que me había permitido entrar estaba cantando y moviéndose vigorosamente alrededor del enfermo; parecía que él estaba a cargo. Sostenía un ramo de hojas y lo movía como barriendo el cuerpo de la persona enferma. Sus palabras se hicieron más fuertes y resonantes a medida que continuaba barriendo. Agarró varios recipientes pequeños, cada uno echando humo y olores inusuales. Abanicó el humo alrededor de la persona acostada en el suelo, "limpiando" el aire a su alrededor. Luego entonó nuevamente cantos que yo no entendía y agitó sus manos en el aire. Rara vez tocó a la persona en el piso.

En ese momento le hizo señales a los parientes del enfermo para que se acercaran, dándoles instrucciones. En poco tiempo la persona que estaba gravemente enferma se levantó y caminó hacia afuera con sus parientes. Parecía como si hubiera venido únicamente de visita. En ese momento el hombre a cargo me miró y supe que era la señal para salirme. Apenas puse un pie fuera de la casa comencé a correr con todas mis fuerzas, hacia la plaza central. En el camino hacia allá me tropecé con mi familia. Casi sin aliento le agarré la mano a mi mamá. Me preguntó que dónde había estado. Exclamé: «Mami, acabo de ver "magia" otra vez». Ella sonrió y me dijo: «Me alegra que estás de vuelta».

Mi corazón no dejó de palpitar fuertemente durante el día entero y probablemente por unos días más. La excitación surgía de nuevo dentro de mí con solo recordar lo que había presenciado. Más tarde en la vida comprendí que lo que estaba viendo en estas asombrosas experiencias eran rituales shamánicos… curanderos y curanderas atendiendo a sus pacientes y haciendo "magia" para sanarlos. Fui testigo de pacientes que entraban a las casas enfermos y adoloridos, y luego salían sintiéndose bien. Esta era mi interpretación de "magia" en ese entonces y de una manera peculiar, lo sigue siendo hasta el día de hoy.

Santiago Atitlán es uno de los doce pueblos alrededor del Lago de Atitlán, conocido por sus artistas y escultores. Su ascendencia maya es diferente al de la mayoría de los pueblos que rodean el lago, que son predominantemente *cakchiqueles*. Los *cakchiqueles* todavía son uno de los grupos más grandes de descendientes mayas que quedan en Guatemala. La población de Santiago es *tzutuhil*, conformada por un pequeño grupo que en el pasado estuvo en conflicto directo con los *cakchiqueles*. Uno podía sentir la diferencia con estos descendientes mayas, pues no eran tan amigables en su interacción con los del mundo occidental. Parecían renuentes a relacionarse y eran mucho más orgullosos que la gente de los otros pueblos. Siempre sentí curiosidad por saber por qué ellos se comportaban de forma tan distinta. La mayoría de la gente maya que había conocido era humilde y amable, y siempre me pareció muy extraño que este grupo en particular fuera semejante excepción. Luego de atracar en Santiago nos dirigimos a la plaza central. En el camino veíamos obras de arte primitivista siendo exhibidas afuera de las casas.

Una niña se me acercó y me preguntó: «¿Querés ver a nuestro Maximón?». Mi mamá le dijo: «Ya lo hemos visto». La pequeña dijo: «No, este es NUESTRO Maximón, no el de los turistas». Eso fue suficiente para despertar mi interés. Volteé a mirar a mi mamá y ella asintió con la cabeza, y salí corriendo tras la niña. A pesar de que ella había dicho que era cerca, me di cuenta de que teníamos distintas percepciones acerca de la distancia cuando después de media hora seguíamos caminando. Habíamos caminado varios kilómetros cuando al fin descendimos la tercera colina. Justo frente a nosotras había un humilde complejo maya con tres casas. Ella señaló la casa de la derecha y yo la seguí hacia adentro.

Varias bancas de madera estaban puestas para las visitas. Pronto me di cuenta de que las personas que estaban allí iban a participar en un ritual específico. Me senté y observé. Nuevamente, había mucho humo. Era incienso de copal y ¡su olor me encantaba! El ambiente me arrullaba. El Maximón, o San Simón como le llamaríamos en español, era un muñeco con apariencia seria y adornado con un sombrero y con muchos pañuelos y bufandas ceremoniales. La persona que se acercó al muñeco traía alcohol de 150 grados de pureza y un cigarro.

Tomó y fumó CON el muñeco. Colocó un cigarro en la boca del muñeco. Las cenizas caían como si una persona de verdad estuviera fumando. La bebida era igual y se podía escuchar el alcohol cayendo bajo el muñeco después de que este "bebía". Esto me tenía impresionada. ¿Cómo podía un muñeco fumar y tomar? Las oraciones de la persona frente al Maximón eran en voz alta y en tono demandante, casi como si le gritara al muñeco.

Parecía que estas personas le pedían ciertas cosas al muñeco a cambio de los cigarros y del alcohol que le traían, incluso dándole palmadas y golpes en las rodillas. Aunque yo no entendía, absorbí todo lo que estaba pasando. Fui transportada a una realidad diferente, más mágica. Después de observar a un par de personas "negociar" con Maximón, me levanté y corrí hacia la plaza central, nuevamente en busca de mi familia. Los encontré rápidamente y una vez más, mi mamá sonrió, percibiendo mi excitación.

Cuando le relaté la historia, me explicó que Maximón era el símbolo que ellos usaban para apaciguar a los dioses a los que les rezaban, para que cosas malas no les sucedieran a ellos o a sus familias. Más adelante aprendí que cada pueblo tiene su propio Maximón, y aunque lucían distintos el simbolismo era el mismo.

Unos años más tarde fuimos a un pueblo maya llamado Zunil. Mi madre nos acababa de explicar que en este pueblo veríamos el ahorcamiento de Judas. Era la Semana Santa. A pesar de haber sido criada como católica, el sincretismo de la cultura maya era mucho más colorido y fascinante para mí. Los españoles llegaron a creer que ellos adoraban la cruz, y que por lo tanto los habían convertido en cristianos. Lo que los españoles no sabían es que el símbolo de la cruz era adorado por los Mayas desde mucho antes de su llegada; la cruz simbolizaba las cuatro direcciones, y cada dirección tenía un significado y un "guardián". Los descendientes mayas hoy día entran a una iglesia católica y le rezan al Dios católico y a los santos, y también a sus propios dioses y aliados espirituales.

Estábamos sentados en la plaza central y yo sentía una mez-cla de emoción y temor. Pensé: "Judas fue malo con Jesús, así que si 'ahorcan a Judas' ¿significa eso que realmente lo van a matar?". Entonces comenzó la acción. Un grupo de personas fue a la cárcel del pueblo a buscar a Judas. Fue encontrado culpable y por lo tanto sería castigado. Había un poste con lazos en la plaza central. El hombre al que arrastraban fue presentado a la gente, le dieron una bebida oscura y luego lo ataron con los lazos para asegurarse de que estuviera bien durante el ahorcamiento. La gente comenzó a mecerlo alrededor del poste y a medida que fue tomando velocidad, comenzó a subir de altura en el poste. Llegó un momento donde estuvo completamente horizontal, paralelo al suelo. Me preguntaba si el hombre sufría, así que le pregunté a mi Mamá. Ella contestó: «No, este hombre se ha ofrecido de voluntario a ser Judas en este ritual para honrar al pueblo y a su familia. Está atado de tal forma que no se va a golpear, aunque no debe estar cómodo. Además, le han estado dando "aguardiente" constantemente para que no se sienta incómodo». Luego descubrí que el "aguardiente" era el alcohol destilado localmente, más potente que la patada de un burro. Yo estaba horrorizada. ¡Hasta el día de hoy recuerdo cuán des-orientado estaba Judas durante su ahorcamiento!

Lago de Atitlán:
Donde la Magia Se Une con la Belleza

El Lago de Atitlán, localizado en el altiplano de Guatemala, ha sido y sigue siendo mi santuario más sagrado. Desde que era muy pequeña me sentaba a mirar su magnífica belleza por horas, abso-lutamente entretenida. ¡Es el cuerpo de agua más impresionante y majestuoso del mundo! Una fusión perfecta entre femenino y masculino, siempre ayudándome a sentirme tranquila y en balance. Las formaciones de las nubes, el viento, el sol y la luna, las estrellas… todos parecen danzar aquí. Sus volcanes me llaman, cada uno en un tono diferente y con un sentimiento diferente. Las olas tienen un ritmo distinto y los doce pueblos mayas a su alrededor añaden ese colorido y singularidad que lo caracteriza para mí. El lago nunca es el mismo. De miles de veces que he estado en mi santuario, puedo decir que jamás he visto el mismo paisaje dos veces. Pareciera cambiar a medida que nuestras vidas cambian. ¡Y cada vez realizo cuán lleno de vida está!

El horizonte de este lago es como el que se lee en las historias: un lugar donde hadas y devas viven y crean belleza, donde las almas encuentran descanso de la vida cotidiana y reconectan con su esencia primordial, un lugar en donde hablamos con los ángeles y con la Divinidad. Mi primera memoria de este hermoso y majestuoso lugar es de cuando tenía unos tres años de edad. Miré hacia los tres volcanes sintiendo que eran guardianes que me cuidaban, que me protegían como si fueran ángeles de Dios. Lo primero que quise hacer fue saber los nombres de los volcanes alrededor del lago: San Pedro, alzándose solo, justamente frente a mí… Atitlán, el más redondo de ellos y el que mantiene el balance entre los tres; igual a mi lugar dentro de mi familia… Tolimán, más tosco y picudo, y más masculino que los otros dos.

Más tarde descubrí que los pueblos que se encuentran a sus pies… en sus "faldas", como lo dicen los locales, son los que dan los nombres a los volcanes. De esta manera, el volcán San Pedro tenía el pueblo de San Pedro en sus faldas, el volcán Atitlán tenía el pueblo de Santiago Atitlán y el Tolimán tenía a San Lucas Tolimán. Cuando tenía cinco años fui a la casa de una amiga en Santa Catarina. Allí aprendí que existían 12 pueblos mayas a las orillas del lago entero, muchos de ellos con nombres de los apóstoles católicos (San Pedro, San Lucas, San Antonio, San Pablo,

San Andrés…). Cada vez que llegaba al lago, lo miraba incrédula de que el Gran Espíritu pudiera haber creado semejante belleza. Solamente nombrar el Lago de Atitlán creaba un cosquilleo en mi cuerpo, como si su esencia reverberara dentro de mí. ¡Sentía como si yo formara parte de este lago!

Asistir al colegio en la ciudad era un "periodo intermedio" para mí… el tiempo intermedio entre mis idas al lago. Cada viaje a este fascinante paraíso me enseñaba cosas mágicas que no podía entender; pero de alguna manera, sabía que era la verdadera definición de "hogar" para mí. Sus aguas azules profundas, los paisajes imponentes y sus pintorescos habitantes son inigualables. Cada vez que he estado en su presencia me he sentido sostenida. No importa cuántas veces haya contemplado el horizonte, siempre me he sentido cautivada. Tanto mi hermano mayor como yo, teníamos el sueño de tener nuestra propia casa en el lago. El resto de la familia admiraba el lago, pero no sentía esa absoluta reverencia que sentíamos nosotros. Siempre aprovechábamos cualquier oportunidad para poder estar frente al lago.

Al comienzo de mi adolescencia mi padre nos dijo que había alquilado la casa de unos amigos en el lago. ¡Me costó contener mi emoción y quisiera haber podido ir allá ese mismo día! Recuerdo el primer viaje a aquella casa como si hubiera sido ayer. El camino no llegaba a la casa, por lo que conducíamos hasta San Lucas y luego navegábamos en lancha desde allí. Llevábamos tantas cosas para hacer la casa habitable que apenas se veían nuestras cabezas por encima de la carga. Cuando llegamos, un guardián llamado Goyo nos recibió. Era uno de los ancianos de San Antonio y cuarta generación de su linaje. Goyo también formaba parte del consejo del pueblo. Tenía derechos especiales otorgados únicamente a los que pertenecían a la "cofradía". Durante los siguientes diez años, él me enseñaría muchas cosas acerca de este lago.

Un día Goyo bajó la montaña corriendo y llamándome: «Biatriz, Biatriz». Asomé la cabeza por la puerta de la casa principal y lo vi prácticamente rodando loma abajo. «Cangrejos, Biatriz», alcanzó a repetir. El pescador de cangrejos estaba justo en frente de nuestra casa y Goyo me estaba preguntando si estaba interesada en comprar algunos. Bajé hasta la orilla del lago con Goyo para que pudiéramos hablar con el pescador. Él tenía traje de baño y un "snorkel", mientras su amigo remaba el "cayuco" (un pequeño kayak hecho de madera). También tenía una vara de "ocote" (resina de árbol) en su mano. El pescador lo encendió encima de la superficie del agua, respiró profundamente y se sumergió, tratando de usar el primer destello del ocote para ver cangrejos escondidos entre las rocas. Desaparecía por un momento y luego salía con un cangrejo en la mano. Buscaba el cayuco y delicadamente ponía el cangrejo sobre el musgo verde que habían colectado. En una de esas que subió a colocar el cangrejo en el cayuco, le pregunté: «¿Vende cangrejo?». Dijo que sí, y pronto acordamos un precio. Me volteé hacia Goyo y sin que yo dijera nada, sacó una bolsa debajo de su falda de lana. Estaba sonriendo porque había anticipado mi deseo de comprar cangrejos. Apilamos quince pequeños cangrejos en la bolsa.

Feliz con mi nuevo hallazgo, subí las escaleras para enseñarle a mi familia el botín que acababa de adquirir. Mis padres me miraron como si estuviera loca, pero mi hermano menor se unió a mí con entusiasmo. Goyo estaba aún con nosotros y mientras preparábamos una "revitalizadora sopa" de cangrejos, nos enseñó cómo diferenciar los cangrejos machos de las hembras. Si era hembra nos mostraba dónde encontrar los huevitos del cangrejo. Después de unas horas estuvo lista la sopa y el aroma impregnaba toda la casa. Todo el mundo se reunió en la cocina, ansiosos de probar la aromática sopa. ¡Estuvo fabulosa!

Una Joven Florence Nightingale

En contraste con el alegre y amoroso ambiente familiar en el que crecí, nos tocó enfrentar muchos desafíos de salud de mi mamá. Cuando yo tenía un año, ella tuvo un accidente que le ocasionó un daño severo en la columna vertebral. Estaba embarazada de mi hermano menor al momento del accidente. En poco tiempo se le creó una calcificación alrededor de la médula, y esto manifestaba una neuralgia severa que a veces le causaba parálisis temporal en ciertas áreas del cuerpo (brazo, cuello, espalda). El dolor era muy fuerte, pero ella siempre lo afrontó con gran valentía. Una operación de la columna no era posible pues en aquel tiempo las probabilidades de parálisis eran más del 90%. Tuvieron que recetarle medicinas muy fuertes para el dolor, lo cual opacó su luz y presencia considerablemente.

Desde que tengo memoria ella tuvo que tener su cuello en tracción. Yo me acostaba a su lado para hacerle compañía. Recuerdo que me sentía incapaz e impotente. Ella no podía hablarme cuando estaba en tracción, pero sus ojos grandes transmitían un sentimiento de impotencia. Naturalmente, las medicinas contra el dolor le causaban efectos secundarios, desde severas migrañas hasta úlceras estomacales. Fue entonces que realicé por primera vez el efecto en espiral de los medicamentos recetados. Esta situación me produjo un intenso deseo de ayudarla a sentirse mejor. *¿Habrá sido ése el momento en que nació la sanadora?* Siempre me lo he preguntado.

Desde los siete años de edad fui entrenada para cuidarla y además me dieron responsabilidades importantes. Por ejemplo, yo estaba a cargo de pagar el colegio para nosotros tres. A los ocho años ya estaba entrenada a contestar sus llamadas, hacer citas y resolver algunos asuntos de la casa. Lo hacía con entusiasmo, como si al hacerlo pudiera ayudar a que mi mamá se sintiera mejor. No obstante, sus problemas de salud no limitaron significativamente nuestro tiempo de familia ni las salidas a la tierra maya, y hubo períodos extensos en los que ella se sentía bien y no necesitaba medicinas. Dada su increíble aura, era entonces cuando más disfrutábamos nuestras aventuras familiares.

Después de la Niñez y Entrando a la Adolescencia

A medida que me acercaba a mi adolescencia la vida se tornó más seria. Al vivir en un país afectado por la guerrilla, tuvimos que aprender a manejar armas y rifles para poder defendernos. Al principio mi padre nos enseñó a dispararle a blancos de metal y de papel. Algunas personas le disparaban a lagartos o a iguanas, y la condición era que si lo mataban debían comérselo. Mi hermano menor y yo aprendimos a disparar cuando yo tenía once años y el diez. Él estaba emocionado de aprender y saltaba frente a mí para agarrar las armas primero. Cuando llegó mi turno, temblaba mientras sostenía la pistola en mi mano. Había algo acerca de esta experiencia que yo aborrecía.

Cuando usaba el rifle apuntaba al blanco y acertaba, pero nunca fui capaz de apuntarle a un animal. Recuerdo largas noches despierta preguntándome si alguna vez sería capaz de apuntarle un arma a una persona. Cuando expresé mis dudas a mis padres ambos dijeron: «Esperamos que nunca tengas que hacerlo. Pero no te preocupes, si algún día fuera necesario sabrás cómo y cuándo hacerlo. Si alguno de nosotros fuera atacado estamos seguros de que la usarías en plan de defensa». No pude decir nada, pero yo realmente no sabía si hubiera podido llegar a apretar el gatillo. Incluso hoy me pregunto si podría apuntarle un arma a una persona o a un animal y disparar. Hay una reverencia a la vida que creo entendía desde entonces.

Esta fue una etapa difícil en mi vida. Me vi forzada a dejar el mundo hermoso y mágico que mis padres tejieron para mí y entrar a la cruel realidad de las leyes tribales tan duras. Comencé a darme cuenta de que las mujeres no podían participar en la vida con libertad. Éramos vistas como vulnerables y el ambiente político tan peligroso nos confinaba aún más. La finca había perdido su encanto también pues tampoco allá me sentía libre. Las reglas tenían que ser obedecidas y eran estrictamente impuestas, a pesar de que muchas de ellas no hacían sentido. Temores acerca de "qué podría pasarle a una chava a esta edad" y "lo que suponía estar haciendo una chava a tu edad", dictaban los límites que me imponían. ¡Los primeros años de adolescencia cambiaron mi vida por completo, diciéndolo levemente!

Soñaba con cumplir quince años. Pensé que mi independencia comenzaría y que esta chica latinoamericana finalmente tendría permiso de salir e ir a fiestas con sus amigos. Sin embargo, mi padre era sobreprotector y aunque mi hermano de catorce años tenía permiso de salir con sus amigos, a mí me dijo que por ser mujer tendría que esperar a cumplir los dieciséis. Esto me devastó pues por mucho tiempo había soñado con cumplir los quince para poder ir y venir libremente otra vez. Mi mamá vio lo triste que me puse y sugirió que me fuera a El Salvador a visitar a mis primos. Estuve de acuerdo y empaqué rápidamente. ¡Sabía que este era mi chance de volar libremente durante las siguientes seis semanas! De manera que arreglé pasar una semana donde cada una de mis primas favoritas y dos semanas con mi maravillosa abuela. Mi sueño de ser libre de ir y venir y de disfrutar con mis amigos se iba a cumplir finalmente. Mis primos de El Salvador salían a parrandear desde hacía varios años, y por lo tanto me enseñarían. ¡Amé la calidez de la gente en ese país!

Una noche, mientras dormía en la casa de una de mis primas, comencé a oír ruidos y a sentir que algo se movía. Abrí mis ojos y encendí la linterna, pero no encontré nada inusual. A la mañana siguiente le conté a mi prima Sonia sobre los ruidos que había escuchado y ella calmadamente me contestó: «Debe haber sido mi hermana. Ella viaja mientras duerme, ¿sabías?». No entendía lo que me decía así que decidí preguntarle a su hermana. Ella me habló acerca de "viajar afuera de su cuerpo" mientras dormía, y de poder ver a otros durmiendo. Me había visto despertándome y encendiendo la linterna. Advierto que no le había contado eso a nadie más, excepto a Sonia. Su hermana me contó que podía viajar a cualquier lugar que quisiera con solo pensarlo. Esto me encantó y decidí añadirlo a mi "lista de deseos".

Cuando regresé a Guatemala mi libertad se evaporó otra vez. No podía entender por qué las mujeres estaban tan limitadas. Pronto descubriría que esto era lo habitual en toda Latinoamérica, no solamente en Guatemala. Mi hermano menor y yo hablábamos de estas cosas y siempre me gustaba escuchar otros puntos de vista. Pero él no podía entender esto porque no lo había vivido. Soñaba con tener algún día la libertad que los hombres tenían.

Cuando cumplí los dieciséis finalmente me permitieron salir. La única regla era que tenía que estar con amigos que mis padres conocieran bien. También saqué mi licencia de manejar, un pasaporte más hacia la libertad. Sin embargo, no podía sacar el carro sola hasta que cumpliera los diecisiete porque no era "seguro" para las mujeres. Al cumplir los diecisiete y comenzar el último año de la secundaria, ¡finalmente celebré poder manejar sola!

Mis años de adolescente fueron un despertar, pero más a la realidad que me rodeaba. Fue en esta época que mi curiosidad espiritual comenzó a surgir y comencé a leer ávidamente todos los libros de Carlos Castaneda que pudiera encontrar.

Los Deportes

Aprendí acerca de deportes en la finca. Al regresar a la casa después de un arduo día de trabajo, corríamos y jugábamos con los hijos de los trabajadores. Yo siempre jugaba con las niñas, y para reunirlas tenía que ir de casa en casa pidiéndole a la mamá de cada niña si podían salir a jugar conmigo. Si no estaban jugando en el campo conmigo debían ir a ayudar en los quehaceres del hogar. Además, los padres de las niñas adolescentes temían que sus hijas desaparecieran para encontrarse con posibles enamorados. Jugábamos *tenta*, escondite, y otros juegos locales; no nos permitían jugar al fútbol y se preocupaban de que si jugábamos con los niños nos pudieran golpear. Pero a mí me fascinaba correr.

Durante mi adolescencia comencé a participar más seriamente en deportes, tanto a nivel colegial como a nivel nacional. Al cumplir quince años mi profesor de educación física me preguntó si quería competir contra otros colegios en atletismo. Muy felizmente le contesté: «¡Sí!». Nuestro colegio no había podido competir abiertamente contra otros colegios en la ciudad porque estos eventos eran considerados peligrosos. La inestabilidad política había tocado muchas áreas de nuestras vidas. Pero participar en atletismo me dio la oportunidad de conocer personas de otros colegios, de aprender cómo fueron educados, y a comer "comida de la calle", como tostadas con guacamole y con salsa.

Cuando no estaba entrenando para atletismo, jugaba baloncesto en un equipo mixto en el Colegio Americano. Durante uno de esos días la esposa del director se acercó y me preguntó si querría jugar en un equipo de baloncesto femenino de la liga mayor. La liga mayor es equivalente a una liga profesional, solo que a las mujeres no les pagaban. Recuerdo que pensé—"¿Hay una liga mayor para mujeres en Guatemala?". Ella pareció haber leído mi pensamiento e inmediatamente comenzó a contarme sobre ella.

Le dije que tendría que preguntarle a mis padres y me contestó que ella podía hablar con ellos por mí. Sin duda ayudó mucho que ella fuera la esposa del director del colegio. Como yo apenas tenía quince años, ella le prometió a mis padres que cuidaría de mí personalmente, y que diariamente me llevaría en su carro del colegio a las prácticas. ¡Estaba tan emocionada de poder entrar a su equipo! Yo era al menos cinco años más joven que cualquiera de las otras integrantes del equipo. Todas me protegían, me enseñaron los trucos del juego, como también algunas duras lecciones de vida por el hecho de no pertenecer a su clase social. Yo no entendía el desagrado que algunas compañeras del equipo mostraban hacia mí, sobre todo porque acababa de conocerlas. Más tarde entendí los aspectos injustos del sistema de clases sociales y cómo la discriminación funciona en ambas vías. Aguanté los prejuicios de algunas compañeras del equipo, aunque no tenían nada que ver conmigo como persona ni como alma.

Entre los quince y los dieciocho años jugué varios deportes, ganando campeonatos nacionales y centroamericanos de bádminton, baloncesto, volibol y *squash*. Después de un par de años mi padre me dijo que tenía que elegir dos deportes o me iba a desgastar rápidamente. Él eligió bádminton por mí pues disfrutaba que jugáramos dobles mixtos juntos. Lo acepté y elegí baloncesto como mi segundo deporte.

Los deportes me enseñaron mucho acerca de cómo podía ser la vida fuera del entorno protegido de mi hogar. Aprendí sobre clases sociales y la consciencia social, acerca del espíritu de equipo y cómo jugar en equipo, sobre ganar y perder, y acerca de la disciplina requerida para alcanzar una meta. Más tarde me daría cuenta de que era un microambiente del mundo real y que me preparó súper bien para lo que vendría más adelante. Los deportes también me dieron la confianza en mí misma para hacer elecciones personales, incluyendo si quería "pertenecer" y a dónde.

En mi primer año de universidad formé parte del equipo mayor de baloncesto. Esto fue en 1980, el mismo año en que se celebrarían los Juegos Olímpicos en Moscú. Años después me enteré de que el Comité Olímpico de Guatemala había llamado a mi casa, invitándome a ser parte de los equipos de bádminton y de baloncesto. Mis padres no me dijeron nada acerca de los telegramas invitándome a participar en los Juegos Olímpicos representando a mi país porque temían que dejaría la universidad para perseguir un sueño olímpico. Al final no hubiera podido participar ya que estas olimpiadas fueron boicoteadas por la mayoría de los países del mundo occidental. Sin embargo, me hubiera gustado tomar esa decisión por mí misma.

A mediados de la década de 2000, mientras organizaba cartas y documentos guardados en mi cuarto en la casa de mis papás, encontré un ensayo que había escrito cuando tenía dieciséis años. Mi amiga Ana estaba conmigo y me pidió que lo leyera en voz alta. En la tarea nos pedían elegir dos temas que debíamos desarrollar después de leer un libro asignado. Mis temas eran: *"Las clases sociales deben ser abolidas"* y *"Nunca sacrifiques el amor por el dinero"*. Justo al terminar de leer Ana comenzó a reírse. Le pregunté qué era tan chistoso y me dijo: «¿No te parece interesante cómo esos dos temas han sido tan predominantes en tu vida? Haz de haber nacido con ellos pues a ninguna de nosotras nos enseñaron eso mientras crecíamos». Cuando miro hacia atrás, por supuesto tengo que estar de acuerdo con ella. Las clases sociales estaban cuidadosamente segregadas en Guatemala y la discriminación ocurría, aunque uno hubiera nacido dentro de las clases sociales altas. Nadie podía ascender la escala social, y por lo tanto uno estaba atrapado en el nivel en el que nacía. Siempre vi esto como algo injusto. El tema sobre el amor y el dinero… ¡Creo que es algo obvio para quienes están dispuestos a vivir su vida desde el corazón en vez de vender su alma por obtener bienes materiales!

La Educación Superior—
Desarrollando la Mente

*"La mente intuitiva es un regalo sagrado y la mente racional
es un sirviente fiel. Hemos creado una sociedad que honra al
sirviente y se ha olvidado del regalo".*
—Albert Einstein

CUANDO CUMPLÍ DIECIOCHO ME FUI A LA UNIVERSIDAD
en los Estados Unidos. Desde pequeños nos dijeron que iríamos
a la universidad en ese país porque la educación era primordial.
«Lo que llevas en la cabeza nadie te lo podrá quitar», repetían mis
padres constantemente. Ambos vivieron períodos muy difíciles de
reformas agrarias políticas junto con sus familias, donde los poderes del gobierno se adueñaban de las tierras de forma arbitraria y
repentina. Las tierras confiscadas se convertían en propiedades
de ellos y rara vez eran distribuidas. Generalmente lo hacían con
tierras que eran productivas. Por otro lado, las universidades en
Guatemala estaban generalmente en huelga y la educación en los
Estados Unidos era percibida como la mejor. Me esforcé mucho
en obtener excelentes calificaciones y me fui a la universidad.

Mi mamá era mi consejera universitaria, pues no había nadie
dentro del Colegio Americano asignado para ayudarnos con las
aplicaciones a universidades. Como mis padres estudiaron en el

noreste de los Estados Unidos, unánimemente decidieron que ese sería el mejor lugar para mí. Después de investigar con ella, le tocaba a mi papá llevarme a ver las universidades que estaban entre las primeras diez de nuestra lista. Teniendo en mente todas las cosas importantes para mí en ese entonces, terminé inscribiéndome en *Lehigh University*, localizada en Bethlehem, Pennsylvania. Era una universidad académicamente excelente pero suficientemente pequeña para que yo no fuera nada más un número. También sabía que una gran parte de mi ida a estudiar al extranjero era sumergirme en la cultura estadounidense, y aprecié que Lehigh tuviera pocos estudiantes extranjeros. Además, la ubicación estaba cerca de las universidades donde irían varios amigos míos.

Educación Superior

Al llegar a la Universidad de Lehigh decidí obtener un doble título en matemáticas y en ciencias computacionales. El área de computación estaba surgiendo rápidamente a mitad de los ochentas y pensé que sería interesante, de manera que la elegí. Esto duró apenas un par de semestres, pues el ambiente era bastante extraño para mí. Algunos de mis compañeros gozaban jugando con las tareas de computación de otros estudiantes, muchas veces destruyéndolas. Además, los cursos de computación no me motivaban y, por lo tanto, decidí cambiar mi enfoque hacia Administración de Empresas y Economía.

Había tomado cursos avanzados en matemáticas y ciencias en la secundaria, así que tuve tiempo libre durante mi primer año para explorar otros intereses fuera de la universidad. Aprendí a esquiar en la nieve, me reuní con amigos de Guatemala mientras visitaba Nueva York, Washington, D.C. y Boston, fui a conciertos de rock (lo que nunca había hecho porque esas bandas jamás llegaban a

Guatemala), y también jugué deportes en equipos universitarios. Incluso tuve tiempo para estudiar otra de mis pasiones: Literatura Española. Estos eran generalmente estudios independientes y pude leer las obras maestras de todos mis autores favoritos: Jorge Luis Borges, Pablo Neruda, Miguel Ángel Asturias, Octavio Paz, y Mario Vargas Llosa. Escribí ensayos sobre ellos, comparé sus obras con sus vidas, y me sumergí en el maravilloso mundo de la ilusión narrada. Me encantaba el balance entre los números y las palabras, lo linear y lo abstracto. Esta dicotomía continúa hoy en mi vida cuando cruzo conscientemente entre la realidad *ordinaria* y la *no-ordinaria*, el mundo visible y el invisible.

Para el segundo año de universidad había liquidado todos mis ahorros para comprarme un *Volkswagen Rabbit*. Bethlehem era un pueblo pequeño y con muchas ciudades increíbles a mis alrededores, la tentación era muy grande. Mi vehículo complementaría mi educación, llevándome a conocer el multifacético noreste del país. ¡Estaba tan contenta de haber entrado en un mundo de absoluta libertad, sin limitaciones de seguridad o de peligro! Conquistar el mundo fuera de la universidad se estaba volviendo mucho más interesante para mí, hasta que un día me citaron a la oficina del Decano de Admisiones. Una de mis clases era de asistencia obligatoria y aunque el profesor nos ponía a todos a dormir, las calificaciones en los exámenes y en las tareas eran irrelevantes si uno no asistía a clase. El único requisito de mis padres había sido mantener un promedio de 3.5 (de 4), el cual había superado hasta entonces. Me tomó una charla con Mr. McGeady para tener perspectiva y reordenar mis prioridades. La idea de que mi libertad desapareciera era demoledora y él parecía percibirlo. Siempre recordaré a Mr. McGeady como alguien súper especial de esos años universitarios; él me cuidaba y me regresaba sutilmente de vuelta a mi camino.

Mi cuarto año de universidad transcurrió rápidamente y en el último semestre decidí quedarme en los Estados Unidos por un poco más de tiempo. ¡Finalmente era LIBRE como nunca antes lo había sido! ¡Algo tan sencillo como poder ir de compras sola al supermercado a las 10:00 p.m. era fantástico! No tenía que darle explicaciones a nadie. También me di cuenta de que las mujeres en Estados Unidos podían conseguir empleos al ser capaces intelectualmente. ¡Esto me parecía tan *cool*!

Al graduarme de la universidad decidí obtener experiencia trabajando antes de continuar con mi educación. Después de seis meses de entrevistas y de enviar más de doscientos *curriculum vitae*, me di cuenta de que la mayoría de las empresas no estaban interesadas en patrocinar a una joven recién graduada de la universidad para un permiso temporal de trabajo. Era evidente que las puertas no iban a abrirse hasta que obtuviera una educación aún mayor. Fue entonces que decidí hablar con mis papás y ver la posibilidad de que me ayudaran financieramente. Las becas para estudiantes extranjeros a nivel de maestría en Administración de Empresas no eran comunes en esa época. Mis padres me dijeron que si me admitían en una de las 10 mejores universidades de Maestría en Administración de Empresas (MBA) en los Estados Unidos, ellos encontrarían la forma de ayudarme. *"Ay Dios mío"*—pensé—*"debí haberme aplicado más para poder entrar a ese tipo de universidades"*.

Pero mi determinación era muy fuerte, así que seguí adelante con motivación. Marketing y Estrategia se convirtieron en mi pasión. Investigué cuáles de las mejores universidades de la nación incluían dichas concentraciones y apliqué rápidamente. La escuela con el ranking más alto en marketing era la *Kellogg Graduate School of Management* (la Escuela de Postgrado en Negocios de *Northwestern University*), y yo estaba eufórica de haber sido aceptada. A pesar de que los inviernos en el área de Chicago eran tremendos, el programa y los profesores eran extraordinarios. De manera que me matriculé por los siguientes dos años y estudié como nunca antes.

La universidad de postgrado fue una experiencia diferente. Mis compañeros de clases eran muy inteligentes y extremadamente competitivos. Su mayor objetivo era obtener un trabajo que pagara súper bien. Mi objetivo era tener la experiencia de trabajar en Estados Unidos por un par de años. Esto me daría la libertad de decidir qué hacer y dónde quería vivir. Me di cuenta que "la libertad" siempre había sido una consideración sumamente importante en las grandes decisiones de mi vida. Me enfoqué y estudié muy duro, usando "la libertad" como mi principal motivación. Después de todo, ¡había sido entrenada para ser perfeccionista y siempre sobresalir más de lo esperado!

Fue en *Kellogg Graduate School of Management* donde conocí a una de las personas más influyentes en mi vida. Fue mi profesor de Políticas de Administración y posteriormente, mi consejero de carrera. Su nombre era Profesor Lavengood. Su cabello alborotado lo hacía lucir como Albert Einstein; era brillante y tenía la agudeza de un genio. En sus clases de Políticas de Administración nos asignaba casos de compañías, y nos forzaba a comparar nuestras recomendaciones con las filosofías de Sócrates, Aristóteles y Platón. Sus clases eran exigentes, creativas y estimulantes. Él me enseñó que los mismos principios de ética y valores de aquel entonces son relevantes hoy y lo seguirán siendo mañana. Como mi consejero de carrera, siempre me empujaba en la dirección correcta con bastante simpleza, pero siempre dejándome hacer mis propias elecciones. ¡Extraordinaria persona ese Profesor Lavengood!

El mundo en *Kellogg Graduate School of Management* me impulsó hacia la poderosa y estresante arena de las empresas globales. Entrevistas corporativas, cenas con reclutadores, foros de compañías; cada una de ellas tenía su propio protocolo y lenguaje. Uno necesitaba tener mucha confianza en sí mismo para asistir a estos eventos, pues había que abordar a personas totalmente desconocidas y con mucho valor pedirles empleo. Conversaciones superficiales y la jerga usual corporativa acompañaban cada diálogo, y rápidamente comprendí que era un gran juego con muchos jugadores ansiosos. La escena de cientos de entrevistas y charlas con compañías era abrumadora, pero formaba parte del juego.

Después de obtener mi título de MBA con especializaciones en Marketing, Finanzas y Negocios Internacionales, me entrevisté con miles de empresas en diferentes áreas de enfoque. Había una gran variedad de opciones para elegir y en poco tiempo tendría que tomar una decisión. En una ocasión tuve varias entrevistas con una firma bancaria de inversiones muy importante de Wall Street, la posibilidad de una oferta muy cerca. Visité las oficinas principales de la compañía y conocí a muchas personas. Durante mi última ronda de entrevistas, sin embargo, conocí a un grupo de personas que estaban más interesadas en decirme lo maravillosas que eran y lo importante que era parrandear bastante. A mí me encantaba la parranda, pero me pareció inapropiado que se mencionara ese tema durante las entrevistas. El ambiente no se sintió adecuado para mí. También descubrí que el mundo financiero era demasiado agresivo e impersonal.

Había rezado por ofertas de trabajo que me llevaran lejos del frío congelado del Medio-Oeste, ya fuera a California o al sur del país. Me encantaba Chicago y sus suburbios, pero el viento era tremendo y los cielos grises deprimentes. No pude evitar pensar que, si Chicago hubiese estado unas cuantas latitudes más abajo, hubiera sido una de las ciudades ideales para mí. Pero el Universo tenía planes de más clima congelado pues las dos ofertas de trabajo que estaba considerando seriamente eran precisamente en el medio-oeste. Una de ellas era con la empresa más grande de productos envasados de consumo ubicada en Ohio, y la otra con un inmenso fabricante de electrodomésticos cuyas oficinas principales estaban en Michigan. A pesar de que la oferta de la empresa de productos envasados era excelente, ellos se tomaron la libertad de planificar mi carrera por los próximos cinco años, sin que yo tuviera opinión alguna. La compañía electrodoméstica, por el otro lado, me permitiría entrar a un programa acelerado de administración y me daría por lo menos un 50% de participación en la decisión sobre mi próxima posición; adicionalmente tenía ambiciosos planes para expandirse internacionalmente y esto era sumamente atractivo para mí. Nuevamente mi decisión fue influenciada por quien me diera la mayor libertad y respeto, y sin duda era la compañía de electrodomésticos. En el proceso aprendí a apreciar los aspectos especiales del Medio-Oeste, como el sentido de familia tan fuerte, el hecho de que la gente fuera abierta, honesta y hospitalaria, y también admiraba que fuera la columna vertebral de las industrias del país.

Florence Nightingale Había Crecido

A medida que fui creciendo y me convertí en adulta, mi rol de "Joven Florence Nightingale" lo hizo también. Al regresar a casa el verano después de mi segundo año encontré a mi madre doblada de dolor en cama. Me acerqué para averiguar qué le estaba sucediendo; ella puso sus manos sobre su estómago, pero no podía hablar coherentemente para darme una explicación. El dolor era tan severo que me pidió que llamara una ambulancia. Mi padre estaba en la finca y no tenían teléfono allá. Él llamaba una vez al día por radio, pero no había tiempo que perder. Mi hermano menor estaba en la finca con mi padre; mi hermano mayor estaba fuera del país.

Llamé a la ambulancia y me fui con ella a la sala de emergencia del hospital privado local. En cuanto llegamos pedí que llamaran a su médico de cabecera. Pero él no estaba disponible porque estaba operando en otro hospital. El médico de la sala de emergencia me dijo que ella tenía una hemorragia interna y que debían hacer una cirugía exploratoria inmediatamente para determinar qué le estaba sucediendo. Como yo era la única persona de la familia con ella, tuve que enfrentar la decisión de autorizar o no la cirugía. Yo no sé si estaba completamente consciente de los riesgos involucrados, pero al ver que mi madre estaba perdiendo el conocimiento por la pérdida de sangre, di la autorización. Al mismo tiempo le pedí a un amigo de la familia que llamara a mi padre por radio y le informara lo que estaba pasando. No lo localizaron sino hasta varias horas más tarde.

Mi papá llegó al hospital unas horas después de que mi mamá saliera de la sala de operaciones. Los médicos encontraron una úlcera estomacal sangrante, pero confiaban en que, con algunos cambios en la dieta, ella se recuperaría completamente. Respiré con gran alivio. Sin embargo, mi padre estaba muy enojado conmigo por haber autorizado la cirugía, diciéndome que los riesgos de que ella sufriera daños adversos eran muy altos. A pesar de ello, yo sabía en mi corazón que había hecho lo correcto y que esa era la única alternativa. Este episodio me enseñó que uno debe confiar en sus instintos cuando hay que tomar decisiones de vida o muerte, especialmente cuando la incertidumbre es grande.

Al regresar mi mamá del hospital me di cuenta de que ella no estaba del todo bien. Estaba triste y su luz era tenue. Las personas que trabajaban para mis padres en la casa me comentaron que eso había sucedido desde que mi hermano menor había partido para la universidad el año anterior. Parecía que estaba sufriendo del "síndrome del nido vacío". Los hijos se marcharon y su rol de madre había cambiado significativamente. Mi papá pasaba la mitad de la semana en la finca. En un esfuerzo por reinventarse, comenzó a estudiar nuevamente, obteniendo un MBA en Administración de Empresas de la universidad privada local. Este era un programa en conjunto con la Universidad de Harvard, y ella se había graduado con los más altos honores en la historia de la universidad. Inició una compañía de consultoría en administración con otros dos colegas, y a medida que el negocio fue teniendo éxito, uno de los socios comenzó a mostrar desafíos de ética. Con gran desilusión se salió del mundo de los negocios y entró en un estado de depresión severa que duraría más de veinte años, casi hasta su muerte. Estuvo en psicoterapia durante todo ese tiempo, muchos años con un psiquiatra y otros con psicóloga. Sin embargo, solo destellos de ella se asomaban de vez en cuando.

Esta experiencia me llevó a una búsqueda intensa para tratar de ayudarla a salir a la luz. Durante muchos años estudié diversos métodos para superar la depresión. Organizaba salidas con ella y cuando estábamos juntas la veía revivir temporalmente. Más tarde, durante mi propia búsqueda espiritual, exploré métodos de medicina energética como la recuperación del alma, sintiendo que la pérdida de un pedazo de su alma había contribuido significativamente a su depresión continua. Algunos métodos trabajaban de manera asombrosa y se sentía bien durante varios meses. Pero era una montaña rusa continua. Hoy en día me pregunto si todos estos desafíos médicos y psicológicos eran parte de un acuerdo entre ella y yo, para empujarme al camino de la medicina energética.

Hubo muchas situaciones en mis veintes donde fui llamada a emergencias médicas de la familia, la mayoría relacionadas con mi madre. Durante mi tercer año de universidad tuve que irme a encontrar con mis padres en el Hospital Metodista de Houston, donde mi madre fue finalmente sometida a una cirugía de columna. Las probabilidades de éxito ahora eran mucho más altas, así que decidió tratar de solucionar la lesión crónica en su columna. Sin embargo, aún existía gran incertidumbre, pues ella sería de los primeros pacientes a quienes le harían esta nueva cirugía. El procedimiento fue exitoso, pero tantos años con los músculos atrofiados la afectaron severamente. Tenía que hacer fisioterapia todos los días, mientras le seguían prescribiendo medicinas contra el dolor y relajantes musculares. Los medicamentos le causaron efectos secundarios serios y una dependencia por el resto de su vida.

A mi madre le encantaba la atención que recibía cuando estaba enferma. La familia entera la rodeaba y llenaba de cariño. Esa fue la primera vez que vi con claridad el arquetipo de la víctima, algo que ella y yo hablábamos continuamente. Esto no es para restarle importancia al tremendo dolor y sufrimiento que ella estaba padeciendo, pero quizás le daba un entendimiento de nuestras "acciones" y los "resultados". Todos nos hemos sentido victimizados en algún momento de nuestras vidas, mas algunos se aferran a la percepción de que "a ellos siempre les hacen las cosas" o que "todo siempre les sucede a ellos". Enfermedades frecuentes son parte del arquetipo de la víctima también. Durante mi propio proceso de sanación tuve que encontrar el regalo de la "víctima" para poder deshacerme por completo de esa sombra. Lo que logré entender es que las víctimas tienen la capacidad y la disposición de **recibir** amor y atención. Realicé también que inconscientemente había decidido ir en la dirección opuesta, convirtiéndome en alguien autosuficiente y dispuesta a dar. *¿Acaso el ser capaz de recibir era parte de lo que mi mamá debía enseñarme?* Hasta el día hoy continúo haciéndome esa misma pregunta.

La Carrera "Tradicional" de una Profesional Sobresaliente

"Cuando suelto lo que soy, me convierto en lo que puedo ser".
—Lao Tzu

MI CAMINO PROFESIONAL EN EL MUNDO CORPORATIVO DE Estados Unidos (Corporate America) fue probablemente una de las experiencias más intensas y reveladoras que he tenido hasta el día de hoy. Mi sueño de ser exitosa era basado en la definición con la que crecí—de la sociedad y de mi familia: una casa linda, un buen ingreso y un trabajo estable en una compañía sólida. Esta era la definición de éxito que mis padres y mis abuelos tenían… generaciones que fueron parte de un periodo de guerra o post-guerra en el cual la estabilidad (particularmente la financiera) era el objetivo principal. Así que entré de lleno al meollo del mundo material, entrenada a participar en un ambiente mecanizado en el que había muy poco espacio para el cambio o la innovación. Algunas de las experiencias a continuación parecerán intensas y en ocasiones injustas, pero mi intención al compartirlas es resaltar una elección que siempre enfrentaremos: hacernos más fuertes y más honestos con nosotros mismos dadas las dificultades que afrontamos, o alejarnos de quien realmente somos al comprometernos a nosotros mismos y a nuestra ética para lograr ser aceptados.

Entré a la primera Compañía Multinacional a los veinticinco años de edad, inmediatamente después de graduarme de *Kellogg*. Escogí vivir en Indiana en lugar del suroeste de Michigan porque quería estar cerca de Chicago y de todas las experiencias culturales que ofrecía. Además, sabía que esta región de Michigan tenía inviernos súper intensos y cielos constantemente grises debido a los efectos extremos del lago. Si Chicago ya era demasiado frío para mí, mi bienestar emocional y físico podían sufrir en esta tundra congelada. El único inconveniente de mi decisión de vivir en Indiana era que tendría que manejar unos 240 kilómetros de ida y vuelta todos los días en lo que se conoce como la "franja de nieve" de Estados Unidos, además de cambiar horarios de ida y de regreso.

Mi primera posición fue como *Analista de Distribución* para una marca líder de electrodomésticos en los Estados Unidos, donde aprendería acerca de almacenaje, pronóstico y logística. Comencé mi carrera con un grupo dinámico de personas. Mi jefe, Anthony, era un hombre de buen corazón. Me explicaba pacientemente cómo se hacían las cosas en el corporativo y por qué no podía cambiar inmediatamente aquello que no estuviese trabajando bien. No hacía sentido para mí, pero accedí. Mona, la Gerente de Logística en ese departamento, me acogió bajo su ala. Con más de treinta años de experiencia corporativa y todavía con un corazón puro, me enseñó con un gran cariño lo que se hacía y no se hacía en el mundo de negocios. Hasta el día de hoy el recuerdo de Mona trae una sonrisa a mi rostro. Mi mayor lección en este puesto fue que el *feeling* y la intuición humana eran mucho más exactos que cualquier modelo de pronóstico computarizado. Mona siempre fue más precisa en sus pronósticos sobre productos, modelos y colores que el complejo programa de computadora desarrollado por una de las diez mejores y más caras compañías consultoras. ¡Ella era verdaderamente asombrosa!

Después de un año de sentirme cómoda con el departamento y habiendo desarrollado amistades con algunos compañeros, había llegado el momento de escoger mi siguiente posición. La Corporación estaba a punto de adquirir una porción significativa de una compañía de electrodomésticos global, y las personas dentro de la empresa que pudieran hablar un segundo idioma y comprender otras culturas podían ser contadas con los dedos de una mano. Por lo tanto, me enlistaron para participar en una nueva división internacional como *Gerente Global de Desarrollo de Productos*. A pesar de no tener una preparación como ingeniera, me tocaba administrar el desarrollo de electrodomésticos en cuatro continentes y quince fábricas. Esta fue una experiencia fascinante, porque aprendí acerca de los diferentes "hábitos del hogar" de gente alrededor del mundo. Fue también un gran desafío porque mi posición estaba en medio de los clientes internos (ventas, ingeniería y producción) y los externos (consumidores, distribuidores).

Una de las experiencias culturales más interesante que tuve, tenía que ver con nuestros distribuidores de Arabia Saudita. Como era mujer no podía ser invitada a sus oficinas principales porque las mujeres no trabajaban en el entorno empresarial. Me dijeron que muchos de los empleados hombres renunciarían si yo entraba a sus oficinas a hablar de negocios. De manera que accedí a reunirnos en territorio neutral. Nuestros clientes del Medio Oriente hicieron una demanda adicional. Tenía que llevar un "asistente hombre" conmigo a la reunión. Entonces le pedí a un amigo cercano que me acompañara. Aunque soy una persona respetuosa de todas las culturas y una antropóloga social de corazón, no podía entender por qué las mujeres eran tratadas de manera tan denigrante aun cuando íbamos a estar en territorio neutral. Estos eran los años ochenta y parecía peor que aquello con lo que yo había crecido en Latinoamérica. Pensé que si nos estábamos reuniendo en un territorio neutral los prejuicios no deberían haber estado presentes. ¡Qué ingenua era! Nos reunimos en una sala de reuniones de un hotel en Suiza: los clientes, mi amigo que se hacía pasar por mi "asistente hombre" y yo. Nuestros clientes tenían lentes oscuros para que no pudiéramos "leer" sus miradas durante las negociaciones; al parecer este era un comportamiento típico en su región. Comenzaron a hablar acerca de un electrodoméstico especial para la cocina que ellos querían, sus sillas volteadas hacia mi "asistente hombre", su conversación dirigida exclusivamente a él. Era yo quien respondía casi todas sus preguntas y aun así continuaban dirigiéndose a él. A pesar de saber que era yo quien tomaba las decisiones en este tipo de proyectos, ellos jamás me respetaron.

Cuando íbamos de salida, uno de los clientes preguntó cuánto tiempo tomaría su "solicitud". Esa fue la primera vez que él se dirigió a mí directamente. Me volteé hacia él y respondí: «¿Cuánto respeto le daría usted a una solicitud hecha por personas que no mostraron respeto hacia usted como ser humano?». Él vaciló, sorprendido e inmediatamente pidió disculpas. Yo creo que era la primera vez que sus prejuicios interferían con sus objetivos comerciales y tuvo que tomar una decisión rápida acerca de qué era más importante para él. Salí de esa reunión impactada ante aquella experiencia. Mi amigo que había actuado como mi "asistente hombre" aún estaba horrorizado. ¡No podía creer el comportamiento que acababa de presenciar por parte de ellos! Creo que era la primera vez en su vida que se daba cuenta de lo que una mujer en el mundo de negocios internacional tenía que soportar. Este trabajo me enseñó mucho acerca de las distintas culturas, acerca de los hábitos de vida y las tradiciones alrededor del mundo, y acerca de las diferentes áreas de especialización dentro de una corporación.

Después de 18 meses de desarrollo de productos era hora de un nuevo reto. La siguiente posición que me tocó fue la de *Gerente de Ventas y Mercadeo para México*. La Corporación era socia de una compañía mexicana y el manejo de las relaciones siempre había sido un desafío para ellos. Antes de que me dieran la posición, la gerencia mayor de la División Internacional tenía que decidir si era bueno o no para la empresa poner a una mujer a cargo de la cuenta de México. Los socios mexicanos nunca "habían permitido" que entraran mujeres a sus juntas directivas, y la corporación no quería hacer olas culturales en ese momento. Sentían que yo era la persona adecuada para el trabajo, pero aun cuando ya estábamos a mediados de la década de los noventas, mi designación fue pospuesta hasta que el socio empresarial diera su bendición. Una vez aprobada, pasaba una o dos semanas del mes en Monterrey, México. Este fue el inicio de otra aventura en el mundo corporativo global, trabajando en una de las sociedades patriarcales más fuertes del mundo.

Los caballeros con quienes más debía relacionarme en México eran el Director de Mercadeo y el Director de Ventas. El primero era un expatriado norteamericano. Era un sabelotodo y su actitud era la de una persona que estaba allí para enseñarle a su "contraparte mexicana". El segundo era un *Omar Shariff* mexicano, se vestía a la última moda y tenía todo el carisma del mundo, más interesado en ser popular y admirado que en su trabajo. Ambos eran mis clientes, sin embargo, no se hablaban el uno con el otro. Dada mi posición, debía trabajar de cerca con ambos, pero ellos permanecían en sus casillas separadas. El Director de Ventas era muy inteligente y sabía cómo operar dentro de su cultura, usando su carismática personalidad para motivar a sus gerentes de ventas a alcanzar sus elevadas metas. ¡Y lo lograban! Tanto así que México llegó a ser la cuenta #1 de todos los mercados internacionales de la Corporación.

En toda compañía existe un "grupo político" que siempre está de acuerdo con su jefe y hace todo por "pertenecer". Este grupo de aduladores no estaba contento con que México se hubiera convertido en la cuenta principal de la División Internacional de la Corporación, y como yo no formaba parte del "grupo político", me declararon una guerra silenciosa. Siempre rehusé participar en juegos políticos y por lo tanto decidí no engancharme. Esto significó que yo era también excluida de sus encuentros sociales. ¡Qué gran bendición! En aquel tiempo yo era la única mujer a nivel gerencial dentro de la División Internacional en las oficinas centrales. Como siempre pasa, había un "ángel" dispuesto a proteger a aquellos con intenciones puras. Tanto el presidente como el vicepresidente de la División Internacional me apoyaron y protegieron completamente de los numerosos dramas políticos. Eventualmente me convertiría en esa "defensora" para otras personas dentro del mundo corporativo.

En uno de mis viajes a México, mientras visitaba a clientes locales con el equipo de vendedores, recibí la noticia de mi próximo traslado. El equipo de ventas local lo supo primero y como habíamos desarrollado lazos muy estrechos durante los meses que duró mi cargo, se entristecieron con la noticia. Varios de ellos estaban viajando conmigo y me dijeron: «Acabamos de enterarnos que te estarás mudando a Miami como *Gerente de Mercadeo para Latinoamérica.* Estamos felices por ti, pero a la vez muy tristes de verte partir. Como despedida quisiéramos invitarte a algún lugar en México que hayas soñado conocer. Dos de nosotros te acompañaremos durante el resto de este viaje». Con lágrimas en los ojos les agradecí. ¡Qué gesto tan lindo! Elegí Oaxaca, un bello estado de México que me había llamado desde hacía mucho tiempo. El viaje fue maravilloso y la compañía súper amable. Mi experiencia con México y con su gente había sido maravillosa, gracias a este grupo sincero y amable de personas que fueron mis "clientes" durante casi dos años. ¡Y de allí partí hacia Miami!

Regresé a Michigan para definir los detalles de mi nuevo trabajo e inminente reubicación, y para empacar mis pertenencias. A mediados de 1991 iba en camino al sur de la Florida. Tenía sentimientos encontrados acerca de esto porque, aunque deseaba estar en un lugar soleado, nunca había vivido en el calor del trópico. La altitud de Guatemala es superior a los 1,500 metros de altura y el clima es primaveral a lo largo de todo el año. Viniendo del frío de Michigan, Miami sería un contraste drástico. "Por lo menos estaré más cerca de Guatemala—mi familia y mis amigos", pensé. El momento para Miami era perfecto. Los países latinoamericanos que estuvieron cerrados a las importaciones estaban abriendo sus fronteras, y la Corporación quería ser una de las primeras empresas en aprovechar esta oportunidad. Miami se estaba volviendo el portal de las Américas, convirtiéndose en un eje para las empresas *Fortune 200* que buscaban hacer negocios en Latinoamérica.

Decidí alquilar un apartamento cerca de la playa, en Aventura, durante mi primer año. Así podría familiarizarme con el área antes de decidir dónde comprar mi primera casa. El huracán Andrew tendría algo que decir acerca de esto, pues me sorprendió un par de meses después de que llegué a la Florida. Aunque ya había vivido un terremoto en Guatemala, esto era totalmente diferente. La gente fue informada de antemano que un serio desastre natural estaba por ocurrir, y se podía sentir y vivir el temor en las personas y alrededor de uno. Los terremotos son una total sorpresa, y por lo tanto la gente reacciona de manera amable y compasiva con los demás después que este ha ocurrido.

En el sur de Florida el temor había provocado un comportamiento extraño y agresivo en la gente. Uno tenía que tener cuidado al estacionar en el supermercado o en cualquier tienda de artículos para el hogar porque la gente estaba dispuesta a obtener el parqueo a toda costa, incluso chocando el carro de uno. En los supermercados la gente sacaba artículos de los carritos ajenos y los colocaba en los suyos, especialmente el agua. Me evacuaron de mi apartamento en el piso 16 cuarenta y ocho horas antes de la llegada del huracán. Interesante estar en la posición de decidir qué cosas quería llevarme. Aquellos artículos cercanos a mi corazón fueron los primeros, como fotografías y recuerdos familiares. Al salir de casa me fui a quedar con unos amigos que vivían a unos 30 kilómetros al oeste de Fort Lauderdale. Uno de los mayores impactos que este desastre natural tan inmenso tuvo para mí fue la decisión de buscar casa tierra adentro, lejos de la playa. Terminé encontrando mi primera casa en un lugar más cercano a los Everglades y lejos del tráfico, de las multitudes y de posibles evacuaciones. La vida silvestre era increíble, ¡especialmente las aves! En octubre de 1992, acabando de cumplir treinta y un años, compré mi primera casa.

Mientras todo esto sucedía tuve una gran sorpresa en el trabajo. Unos meses después de llegar a Miami me enteraría de que el expatriado norteamericano que había estado en México y que se había portado de manera arrogante y egoísta, ¡iba a ser mi jefe! Cuatro directores de departamento le reportarían a él: finanzas, ventas, logística y mercadeo; yo representaba a este último. Henry me asignó rápidamente las tareas de buscar oficina, seleccionar muebles y diseñar el espacio, porque en sus propias palabras— *eso es trabajo para una mujer.* Así que me tocó aprender sobre bienes raíces a nivel comercial, arquitectura y diseño de espacios abiertos, selección de muebles y los contratos correspondientes, así como coordinar la entrega de todos esos muebles y equipos que habíamos adquirido. La oficina completa estuvo lista en un par de meses, incluyendo la contratación del nuevo personal.

Hice lo mejor que pude en cumplir con las innumerables peticiones y en tolerar sus comentarios inapropiados, pero él siempre iba empujando los límites. Al cabo de un año estaba realizando dos trabajos: ¡el mío y parte del suyo! Nuestra oficina estaba repartida entre dos países; la mitad del personal estaba en Miami y la otra mitad en Brasil. Henry tenía que dividir su tiempo entre las dos oficinas, pero después de un par de viajes a Brasil decidió que estaba cansado de viajar y que sería yo quien viajaría entre las dos oficinas. Claro está que esta era una oficina internacional que atendía a veintidós países y viajar definitivamente formaba parte del paquete. Cumplí con lo que él me asignó y viajaba por lo menos dos semanas cada mes, aprendiendo bastante en liderazgo y manejo de recursos humanos. Poco después me asignaron la responsabilidad de desarrollar el plan estratégico para la región. Aunque ya estaba haciendo dos trabajos, esta era una gran oportunidad para aprender y, por lo tanto, la aproveché plenamente.

El sistema de incentivos que estaba establecido en la oficina de Miami, y el cual es muy común en muchas corporaciones norteamericanas, es el de reconocer a las personas que siempre dicen "¡sí!" y que no hacen olas. Son aquellas personas que siempre están de acuerdo con su jefe y que sacrifican sus propios principios y su creatividad por poder pertenecer. Cuando hay muchos de esos individuos en una organización surge la mediocridad. Por el otro lado, si uno usaba su cerebro y sugería mejoras, era ignorado o castigado por "desestabilizar al equipo". Por supuesto que yo era destructora de sistemas ineficientes, y esto se convertiría en uno de mis desafíos más grandes en mi carrera corporativa.

Después de un par de años me estaba cansando del ambiente político de la oficina y de lo que yo percibía como injusticias, cuando entró un pequeño rayo de luz. Un nuevo presidente fue nombrado para nuestra región, llamado Derek, a quien Henry debía reportarse. Derek era una persona sensacional y llegó a hacer una gran diferencia en mi vida. Uno de sus primeros objetivos era que la compañía se convirtiera en la empresa líder en Latinoamérica, y asignó a Henry para que desarrollara un plan estratégico para lograrlo. Rápidamente Henry me asignó el proyecto, pero no le informó a nadie que lo había hecho. Cuando llegó el momento de hacerle la presentación al Presidente Global (CEO) de la compañía y a Derek, Henry me pidió que fuera con él, pero que permaneciera en silencio durante la presentación.

Henry se levantó e inició la presentación. A medida que Derek y el Presidente Global comenzaron a hacer preguntas, se fue haciendo más y más evidente que Henry no estaba en pleno conocimiento de la información que apoyaba las recomendaciones estratégicas. Entonces Derek se volteó hacia mí y dijo: «Beatriz, quisiéramos escuchar de ti. ¿Podrías responder estas preguntas?». Comencé a responder despacio, tratando de no dejar mal a mi jefe. Yo creo que Derek tenía algunas sospechas y esta situación lo hizo todo más obvio. Procedió a felicitarme frente al Presidente Global y a Henry; luego el Presidente Global me felicitó también. No pude evitar sentir compasión por Henry, quien se había atrapado en su propia red política. Si uno espera el tiempo suficiente sin involucrarse en estos juegos, la energía densa y negativa usualmente regresa a quien los inició.

Inmediatamente Derek asignó a un Director de Recursos Humanos para nuestra oficina en Miami. Este fue el inicio de un cambio positivo. El Director de Recursos Humanos estaba horrorizado de las historias de maltrato que escuchó de la mayor parte del personal en aquella oficina y comenzó a entender por qué el ambiente de trabajo estaba tan tenso. Después de algunos meses en ese puesto comenzó a revisar todo, incluyendo las evaluaciones de desempeño tan injustas. El orden se comenzaba a sentir en el ambiente.

Durante mi tercer año en la oficina de Miami me enteré de que había sido promovida al cargo de *Directora de Mercado y Estrategias* catorce meses antes, pero Henry había decidido no informarme ni darme el ascenso. Derek había ordenado mi promoción de gerente a directora a los pocos meses de haber sido asignado como presidente de Latinoamérica. Cuando me enteré de ello y confronté a mi jefe, él adoptó una actitud cínica con el fin de evitar responderme; de hecho, se portó de manera bastante desagradable. Salí de su oficina sin decirle nada, recogí mis cosas y me fui, dejando que mis emociones se calmaran antes de tomar una decisión definitiva. Si decidía renunciar, mi mayor preocupación era por las personas de la oficina. Me había convertido en protectora de mis compañeros; era la única que se interponía entre los abusos de Henry y el equipo de trabajo.

Regresé el lunes siguiente, hablé con el Director de Recursos Humanos y le expresé mi deseo de presentar mi renuncia. Trató de disuadirme, diciéndome que fuera paciente, pero yo sabía muy dentro de mí que mi trabajo allí estaba terminado. Estaba desgastada y necesitaba cuidarme a mí misma. A la semana de haber tomado mi decisión, Derek y el vicepresidente de la región viajaron a Miami para pedirme que me quedara. ¡Llegaron incluso a ofrecerme la posición de gerente general y vicepresidente de Henry! Les dije que consideraría aceptar la posición por dos años, siempre y cuando me permitieran cambiar algunos de los directores de departamentos que se reportarían a mí. Había un par de aduladores en posiciones claves, y para poder hacer un verdadero cambio sabía que necesitaría un liderazgo sólido. El mayor problema de la oficina de Miami era claramente una situación de personal de trabajo. Me dijeron: «Tendrás que mantener a las personas en esas posiciones durante un año y entonces veremos». Sabiendo que darle vuelta a la oficina sería prácticamente imposible, decliné y les agradecí por la confianza depositada en mí.

Más tarde comprendí todos los regalos que este trabajo me había dado. A nivel profesional me había enseñado cómo dirigir una división multinacional, cómo desarrollar estrategias para la región entera que pudiesen ser implementadas localmente, y cómo manejar oficinas y plantas de producción en varios países. También me enseñó a manejar personal de diversas culturas y antecedentes profesionales, lo que se debe y no se debe hacer desde el punto de vista legal y de contabilidad en los varios países latinoamericanos, a organizar nuevas oficinas incluyendo la contratación de personal, a hacer pronósticos y extrapolación de datos para determinar el potencial de un mercado, y a tener la habilidad de tomar decisiones rápidas para apagar los fuegos diarios que surgían.

A nivel personal, aprendí sobre culturas y personas de más de veintidós países que estuvieron bajo mi responsabilidad. También aprendí a hablar portugués, llegando a conocer Brasil íntimamente y poder comunicarme más efectivamente. Viajé a sitios increíbles que me mostraron la magnificencia de la Madre Tierra, y en el proceso acumulé tantas millas de aerolíneas como para viajar durante varios años, ¡de forma gratuita! Como antropóloga cultural y pensadora estratégica, aprender acerca de los coloquialismos e idiosincrasias de los países latinoamericanos fue fascinante. Aprendí a separar mi trabajo de mi vida personal, sin dejar que lo laboral afectara lo más importante de mi vida; y aún más, reafirmé la creencia de jamás traicionar mi ética personal. Era el momento de agradecerle al Universo por las bendiciones y moverme hacia lo que amaba. Más tarde me daría cuenta de que esta fue una de las experiencias más valiosas en prepararme para lo que vendría en mi carrera.

Había otra situación importante que influyó en mi decisión de renunciar a mi trabajo en esta primera corporación multinacional. Tenía poco más de treinta años y me acababa de enterar de que mi padre fue diagnosticado con leucemia. Él había sido la persona fuerte y sana que estaba siempre allí para cuidar a mi mamá. Cuando tuve piedras en el riñón, él fue quien viajo de Guatemala hasta Chicago para acompañarme durante la cirugía. Obviamente esto fue un golpe duro a mi estabilidad, pues la red que siempre me había sostenido era de repente frágil. Ahora era mi turno para apoyarlo y me convertiría en el enlace principal con los médicos durante su lucha contra la leucemia. No pasó mucho tiempo para que me diera cuenta del efecto que la quimioterapia estaba teniendo en él, debilitando su absoluta presencia. Esto se convirtió en una tremenda motivación para que pocos años después yo comenzara a estudiar Medicina Energética, intentando encontrar una alternativa a la medicina occidental que lo ayudara a sanarse.

Tenía treinta y dos años y la enfermedad de mi padre me dio un llamado de atención. Era claro que los títulos, el dinero y los reconocimientos no me hacían feliz. La ajetreada vida de viajes, reuniones y hoteles era agotadora. Quería disfrutar más de la vida y ser más espontánea. Así que decidí que era el momento de trabajar en una de mis pasiones: la gente maya de Guatemala. Procedí a establecer mi propia empresa llamada *The Mayan Link (El Enlace Maya)*, con el propósito de conectar a las cooperativas de textiles mayas con mayoristas en los Estados Unidos. Resultó ser un sueño desafiante y una prueba cultural enorme. La gente maya sentía que era un gran privilegio para un cliente adquirir cualquier cosa que ellos confeccionaran, y el concepto de satisfacción al cliente no tenía ningún contexto o significado para ellos. Los mayoristas y compradores en los Estados Unidos se sorprendían al ver que sus pedidos eran frecuentemente "alterados" en el proceso. En una ocasión recibieron bolsas azules en vez de las bolsas rojas que solicitaron. Cuando contacté a la cooperativa para preguntarles, inocentemente me dijeron: «No pudimos conseguir hilo rojo y teníamos mucho hilo azul, así que las hicimos azules». Claramente era un dilema cultural. Eventualmente decidí involucrarme en enseñarle a las cooperativas mayas el concepto de cómo manejar una pequeña empresa, y aquellos que quisieron aprender lograron establecer una comunicación clara con los mayoristas internacionales.

Otra iniciativa humanitaria en la que me involucré brevemente fue en el área de "tecnología apropiada". Fui como voluntaria con un grupo llamado *De Hermano a Hermano*, visitando pueblos diezmados por la guerra civil donde había pocos hombres y abundaban las mujeres y los niños. Los hombres fueron reclutados por el ejército o por la guerrilla, y muchos jamás regresaron a sus hogares. Sus familias no sabían qué les había ocurrido y si intentaban averiguarlo, podían arriesgar sus propias vidas. Al no haber hombres en el pueblo entonces no había quien trabajara los campos, y por lo tanto la comida era escasa. Nosotros les llevábamos alimentos y medicinas. Además, venían ingenieros que les enseñaban cómo producir electricidad usando los desechos, y cómo reducir la cantidad de leña que consumían en sus hornos de barro al colocar túmulos de arcilla dentro de los quemadores— ayudando a que aumentara la recirculación del aire y por lo tanto se consumiera menos leña.

Era emocionante para mí ver los rostros de las mujeres y los niños cuando llegábamos, y muchos de ellos incrédulos de que les lleváramos ayuda sin querer algo de ellos. Se sentían tan lastimados por la guerra y por la "gente blanca" (cualquiera que no fuera de ascendencia maya) que era muy difícil para ellos confiar en alguien. Con el tiempo comenzaron a confiar en nosotros y se tornaron más hospitalarios. En una ocasión tenían un banquete preparado para celebrar nuestra llegada. Sabíamos cuánto esfuerzo habían hecho, especialmente para un pueblo que tenía poca comida. El concepto de reciprocidad era muy fuerte para los mayas. Hasta compartieron su *boj* con nosotros, que era la bebida alcohólica hecha por ellos mismos. La fruta era enterrada por un tiempo y luego extraída y machacada hasta que se volviera líquida. Esta bebida era ofrecida sólo en ocasiones muy especiales. Toda esta experiencia fue mágica para mí y por primera vez en mucho tiempo me sentí renovada y contenta. Fue también una gran lección. Durante todos mis años en el mundo corporativo de Estados Unidos, nunca me sentí tan satisfecha y realizada como me sentí en tan corto tiempo junto a la gente maya.

Apenas había transcurrido un año desde mi salida del mundo corporativo. Era el mes de septiembre y un amigo que me estaba visitando me preguntó si algún día regresaría al mundo corporativo. Mi respuesta fue: «No, si puedo evitarlo». Él continuó presionándome y me preguntó: «Si TUVIERAS que volver, ¿qué industrias considerarías?». Después de pensarlo por un momento, le contesté: «Quizás la industria de juguetes porque sería divertido hacer investigación sobre juguetes y mercadearlos… y tal vez la industria tecnológica, pues se movería rápido y tendría muchas invenciones». ¡Poco sabía sobre la energía que acababa de enviar!

Exactamente tres meses después, en el mes de diciembre, recibí llamadas de dos compañías. La primera era una empresa líder en la industria de los juguetes, mientras que la segunda lo era dentro de la industria de la tecnología. Las coincidencias eran demasiado impresionantes y pensé que quizás era un mensaje del Universo para que me preparara a regresar a lo que había considerado ser el "infierno de la vida moderna". Decidí llamar a ambas compañías de vuelta y agendar entrevistas. No quería pensar algún día que había dejado pasar una oportunidad.

El proceso de entrevistas comenzó en enero del siguiente año y las primeras que tuve con la compañía de juguetes fueron por teléfono. Estaban buscando un Director de Mercadeo para América Latina, pero con sede en California. Les pregunté si era más importante para ellos conocer a sus consumidores y la cercanía a sus territorios, o si el producto y los procesos de fabricación tenían mayor prioridad. Esto me diría si era una empresa orientada al consumidor y por ende ponían más énfasis en la capacidad de decisiones e inversión de dinero en esta región, o si era una empresa orientada a los productos y con un enfoque más interno, concentrándose más en desarrollo de productos. Me parecía muy extraño que quisieran ubicar una posición destinada a la región de Latinoamérica en el sur de California, en lugar del sur de Florida. Después de todo, había aprendido que las compañías que se enfocaban seriamente en sus consumidores y en sus respectivos mercados siempre trataban de establecerse lo más cerca posible de ellos. Esto significaba que el sur de Florida era el mejor lugar en los Estados Unidos para manejar Latinoamérica y sus consumidores. Si su prioridad era México entonces podía comprender la ubicación de California. La conclusión después de las cuatro entrevistas que sostuve fue muy clara: tenían un enfoque interno. Decliné la oferta de viajar al sur de California para más entrevistas, diciéndoles que yo creía firmemente que Latinoamérica debía ser atendida desde un lugar más cerca de la región que desde sus oficinas principales. ¡Quedaron en estado de *shock* al escucharlo!

Una semana después recibí una llamada de la División Latinoamericana de la segunda compañía, pidiéndome agendar cuatro entrevistas. La posición que tenían disponible era la de Director de Mercadeo y Estrategia para Latinoamérica, con oficinas en Boca Ratón, Florida. Pensé que como esta corporación era un gigante corporativo, les llevaría al menos unos dos meses para tomar una decisión y por lo tanto hacerme una oferta. Entonces sentí que tenía tiempo para prepararme porque pasarían muchas lunas antes de que me llamaran de vuelta, si acaso lo hacían. Dos días después de las primeras cuatro entrevistas recibí una llamada del Director de Recursos Humanos, pidiendo que agendáramos cuatro entrevistas más. Comencé a ponerme nerviosa. El mundo corporativo no estaba supuesto a moverse tan de prisa y yo no estaba lista para regresar tan rápido.

Aumenté mi tiempo de meditación para ver si había algo que no estaba viendo. Obviamente me estaba resistiendo en lugar de escuchar pues estaba destinada a regresar a otra experiencia corporativa, aunque fuera poco tiempo, esta vez con una empresa *Fortune 50*. Las palabras mágicas que me dijeron fueron: «Necesitamos que comiences el mercadeo desde cero. Hemos perdido el pulso de nuestros consumidores estos últimos 20 años. Tendrás que desarrollar el plan estratégico completo para la división, así como también una estrategia de mercadeo, además de contratar el equipo para tu departamento». A mí me encantaba iniciar cosas o compañías nuevas. ¡Quedé enganchada de inmediato! Y fue así como regresé de nuevo al mundo corporativo en Estados Unidos.

Mi trabajo de tiempo completo comenzó cuatro semanas después de la primera tanda de entrevistas. Esto era mucho más rápido de lo que había anticipado. Quizás un año me había hecho olvidar cómo era el ambiente corporativo, pero pronto entré en él de nuevo. Esta vez fue mucho más intensa que mi primera experiencia. Una compañía de tecnología me tenía "conectada" de muchas formas: el bíper estaba enlazado con el celular, con el e-mail, también al teléfono de casa… hasta que uno se convertía en un esclavo tecnológico. Fines de semana o no, uno estaba enlazado y por ende disponible, y la expectativa era que uno brincaba si su jefe llamaba.

La jefa de nuestra división era "especial" en todo el sentido de la palabra. Lucinda no hablaba español, conocía muy poco sobre la cultura latinoamericana y parecía importarle un bledo la gente que trabajaba para ella o nuestros clientes. El primer día que llegué a la oficina me dijo: «Beyatriz, prepárate para que viajemos juntas. Estaremos en Chile y en Argentina durante las próximas dos semanas. Quiero comenzar a presentarte a nuestra gente». De inmediato pensé: "Dos semanas en esos dos países… ¡es una locura! Ellos representan menos del 6% del negocio de la región entera". Supe entonces que algo no estaba bien. Suspiré aliviada cuando unos días después me enteré de que habría otra persona viajando con nosotras: el Director de Ventas del Cono Sur. Había hablado con él lo suficiente como para sentirme más cómoda.

Poco después de informarme sobre el viaje, Lucinda me pidió que escribiera mi biografía. Quería enviársela a nuestros distribuidores y clientes. Me dio la suya para que la leyera y luego de ver todos los elogios que se dio a sí misma, me sentí enferma. Sabía que esto no se hacía en Latinoamérica; el enfoque debía ser hacia nuestros distribuidores y clientes. Nosotros éramos quienes debíamos pedir las biografías de ellos para conocerlos mejor. Su enfoque era evidentemente al revés y muy egocéntrico. Le dije que prefería no enviar la mía porque no lo consideraba apropiado. Ella creyó que para mí era inapropiado enviar mi biografía porque siendo ella la "jefa", solamente debía enviarse la suya. Me pidió entonces que le tradujera la de ella al español. Una vez traducida,

Lucinda se la envió a los gerentes de ventas de Argentina y de Chile, y les ordenó que la enviaran a todos los clientes que tenían en esos dos países. Ellos siguieron sus instrucciones, sólo para recibir comentarios de sus clientes sobre lo inapropiada que había sido esa acción.

Partimos entonces, primero hacia Chile. Llegamos a Santiago y al momento de llegar, nos encontramos con otro vicepresidente de la corporación. Lucinda se enteró que este ejecutivo iba a tener una conferencia de prensa dentro de unas pocas horas e hizo lo imposible por incluirse, ¡con tal de obtener unos minutos de fama! Como no hablaba español prácticamente me arrastró al evento con ella. ¡Me sentí muy avergonzada de traducir muchas de las cosas que dijo!

Esa noche salimos a cenar con el gerente de ventas local y con el director de ventas de la región. Durante la cena platicamos de nuestros planes para la semana en Chile, que consistían en cuatro visitas a clientes y muchas visitas a lugares turísticos. Había varias cosas extrañas aquí: visitaríamos solamente a cuatro clientes y ella había puesto un máximo de una hora para cada uno de ellos. El viaje hubiera podido completarse en un par de días a lo sumo, ya que Chile representaba menos del 2% de las ventas totales de la región. Obviamente, los clientes no eran la razón principal de nuestra visita y muchos de ellos se sintieron insultados por sus acciones y demandas. Al terminar cada día nos tocaba sentarnos con ella en el bar del hotel para hacer "resúmenes" de las numerosas actividades, mientras ella disfrutaba de un cóctel. Luego Lucinda nos hacía preguntas sumamente personales, muchas de las cuales decidí no contestar. Después salíamos a cenar en grupo. No podíamos dejarla sola en ningún momento, excepto para ir a dormir.

Al día siguiente Lucinda me dijo que me había agendado para salir a cenar con el gerente de mercadeo de uno de nuestros clientes. No tenía otra opción que aceptar. A mitad de la cena descubrí que todo había sido un arreglo. Este chico ni siquiera trabajaba en la industria de la tecnología, pero mi jefa pensó que sería divertido que saliera a una cita a ciegas. El hombre con el que me agendó para salir se portó de manera completamente inapropiada y tuve que escaparme rápidamente del restaurante. Furiosa, me fui de vuelta al hotel. Subí directamente a su habitación y golpeé la puerta. Lucinda salió sonriendo pícaramente, pensando que su arreglo había sido una idea divertida. Al escuchar lo que había sucedido cerró la puerta de golpe y me dijo que yo era una malagradecida. ¡Imagínense!

Viajamos después a Buenos Aires, Argentina. Al llegar fuimos trasladados a nuestro hotel en el carro de la oficina. Lucinda había escogido un hotel muy exclusivo en Buenos Aires: el Hotel Alvear Plaza. En aquella época, Buenos Aires era considerada una de las ciudades más caras del mundo. Llegamos a medio día y nuestras habitaciones aún no estaban listas. ¡Se puso furiosa! Les dijo que ella era una alta ejecutiva de una corporación estadounidense sumamente importante, y que con tan solo una palabra de ella nadie más de la compañía volvería a hospedarse en ese hotel. Trataron de explicarle de manera muy amable que la mayoría de los hoteles en el mundo tienen establecido el ingreso a las habitaciones a las 3:00 p.m. o más tarde, pero ella no quería escucharles. Exigió hablar con el gerente del hotel, pero como él solo hablaba español, procedió a armar otro escándalo. La sacamos rápidamente de allí y nos la llevamos a almorzar; cuando regresamos las habitaciones ya estaban listas. Se dio una pequeña situación en el hotel debido a que los empleados pensaron que el hombre en nuestro grupo era el jefe. Nuestro Director de Ventas obtuvo una habitación muy linda, ¡más bonita que la de mi jefa! Se puso iracunda con los empleados del hotel y exigió que las habitaciones fueran cambiadas. ¡El Director de Ventas y yo nos reímos tanto con eso!

Gracias a Dios tenía amigos en Buenos Aires y decidí llamarlos y evitar cualquier otro plan de turismo que Lucinda hubiera hecho para nosotros. Esto me ayudó a recuperar mi sanidad mental temporalmente. El día de nuestro regreso finalmente llegó. Este viaje había sido demasiado largo y no podía esperar el momento de regresar a casa. Lo único que pensaba era, "¿Cómo fue que me metí en esto?". El director de ventas del Cono Sur estaba feliz de que había otra persona cuerda en el grupo, de la misma forma que lo estaba yo respecto a él. Juntos pudimos sobrevivir lo absurdo de aquellas dos largas semanas.

El regreso a la oficina era de temerse pues nunca se sabía qué ocurrencia iba a tener Lucinda. Uno de sus últimos caprichos era que quería instalar una puerta de vidrio en las oficinas principales de Latinoamérica, con el fin de separar claramente el nivel ejecutivo y el nivel gerencial. ¡No podía ni siquiera imaginarme una división entre niveles dentro de la misma oficina! Su jefe le negó la petición y estaba muy disgustada. Sucedieron muchas cosas durante los siguientes meses, incluyendo su salida de la compañía. Durante ese corto período, ¡Lucinda me enseñó mucho acerca de las cosas que **no** debo hacer!

Un par de semanas más tarde el vicepresidente interino de nuestra división vino a mi oficina. Era un hombre afable y brillante, a quien llegué a admirar tremendamente. Él terminó siendo para mí lo que era Derek en mi primera experiencia corporativa, un bastión de honestidad y apoyo en medio de un océano repleto de tiburones. Su nombre era Barry. Habíamos estado sin jefe durante varios meses y yo tenía muchísimas preguntas que hacerle. Luego de responderme pacientemente me dijo: «¿Puedo hablarte yo a ti ahora?». Me sentí un poco avergonzada y asentí. Calmadamente procedió a decir: «Queremos designarte como vicepresidenta interina y gerente general de esta división, y deseamos saber si lo aceptarías. Me he reunido con el vicepresidente ejecutivo de Recursos Humanos y con algunos otros altos ejecutivos de la compañía y nuestra decisión ha sido unánime. ¡Creemos que tú puedes hacer el trabajo!». En ese momento me quedé sin palabras.

Me dijo: «Nunca antes te había visto tan callada, Beatriz». Yo todavía no podía hablar. Me dijo que yo seguiría a cargo de las áreas de mercadeo y estrategia, y que estaría haciendo un doble trabajo por un tiempo. De modo que ahora tenía mucho más trabajo y me preguntaba cómo iba a ser capaz de llevar esto a cabo. Me sentía honrada, pero también me daba cuenta de la cantidad de trabajo que esto involucraba para mí. ¡Este sentimiento era demasiado familiar!

Me quedé durante un año más en aquella división hasta que me sentí totalmente drenada. La gota que rebalsó el vaso fue un viaje a Hong Kong para reunirme con otros gerentes generales y vicepresidentes regionales. Primero, me tomó el doble del tiempo viajar de ida y vuelta a Hong Kong que lo que duró la reunión completa. Segundo, ninguna de mis contrapartes parecía realmente interesada en sus regiones o en sus consumidores; todos ellos sabían que estas eran asignaciones temporales. Descubrí que, con pocas excepciones, había llegado a un nivel en el que la política era demasiado intensa y las batallas de egos muy dañinas.

Decidí pedirle a la secretaria de Barry que me agendara para una reunión con él. Me la programó para el día siguiente y me preguntó si había algo que ella pudiera hacer para ayudarme. ¡Ella también era una persona extraordinaria! Al entrar a la oficina de Barry, me di cuenta de que él tenía algo bajo la manga. Creo que había adivinado la razón de mi visita y se había preparado bastante bien. Cuando le dije que iba a dejar la empresa y le di varias razones personales, me ofreció una promoción. Lo decliné de inmediato. Él quedó sorprendido y dijo: «Eres la primera persona que renuncia después de haber recibido una oferta de promoción. No aceptaré tu renuncia y espero que trabajes en una asignación temporal con nosotros, y así darte el tiempo para que resuelvas tus asuntos personales». Estaba confundida, pero supe que debía haber alguna buena razón para que todo esto estuviera sucediendo.

Era el año 1996 y me di cuenta de que esta asignación temporal sería una gran bendición. Mi padre había entrado en una fase más avanzada de su leucemia y las cosas no se veían bien. La compañía me acababa de ofrecer un trabajo que me ocupaba solamente dos semanas de cada mes. Así que este empleo de tiempo parcial no solo me permitiría atender mis asuntos personales con mi familia, sino que también me daría la libertad para iniciar mi propia firma de consultoría. Esto no había sido planeado, sin embargo, podía ser libre nuevamente. Este trabajo me generaría ingresos suficientes para pagar mis cuentas.

Acababa de cumplir los 35 y estaba tan cansada de esta vía rápida corporativa que necesitaba unos cuantos meses para recuperarme. Esto me confirmó una vez más que los títulos, el dinero y el ego no eran parte de mi felicidad; sabía que esta era la última vez que estaría en este ambiente. Anhelaba los momentos de tranquilidad y paz en la naturaleza y en mi mundo interior. Me vi forzada a limitar mi práctica espiritual durante este último intento corporativo, pues el único tiempo que tenía disponible fuera de la compañía era para dormir. Ya era hora de regresar a mi espiritualidad con un mayor compromiso. Entonces decidí que iba a dedicar una semana al mes para mi búsqueda espiritual de "ese algo que me hacía falta". En ese mismo tiempo, mi amiga Maggie me dijo que estaría encantada si yo consideraba la idea de unirme a su empresa de investigación de mercados. A ellos les hacía falta alguien especializado en las áreas de asesoría de estrategias y de negocios internacionales. La oferta era muy tentadora, pero antes que todo estaba mi dedicación a mi camino espiritual. ¡Esta vez todo era muy claro para mí!

Unos meses después de haber puesto mi vida en orden y sentirme centrada nuevamente, llamé a Maggie. Ella y su socia me pidieron que considerara la posibilidad de unirme a ellas como socia, pero en vez de eso acordamos que yo trabajaría como consultora independiente por una semana al mes. Era muy claro para mí que no quería volver a ser empleada de nadie más, sino más bien ser la administradora de mi propio tiempo. Esta era la única manera en que podría comprometerme a mi camino espiritual sin ser empujada a tener horarios de trabajo y responsabilidades que pudieran distraerme. Me di cuenta de que una parte mía había sido enseñada a ser demasiado responsable, sobre todo con proyectos que alguien más me había dado. Así que abrí mi propia empresa de consultoría llamada *Marketing Solutions*.

Marketing Solutions se mantuvo muy activa durante casi siete años. Era una empresa virtual manejada desde mi casa, ubicada en el sur de la Florida. Durante los dos primeros años, dos tercios de los trabajos eran de clientes míos y el resto eran de la empresa de Maggie. La mayoría de mis clientes fueron compañeros de trabajo o jefes que se movieron a otras compañías, y que ahora ocupaban cargos como vicepresidentes y presidentes. La organización de Maggie era pequeña y tenía un par de clientes grandes; su objetivo era que yo le ayudara a crecer lo más posible, especialmente en el área internacional y en el área de estrategia. Mi objetivo era dedicarme a mi camino espiritual con mayor entrega, pues para ese entonces ya había decidido concentrarme en Shamanismo y en Medicina Energética.

Mis proyectos eran en diferentes industrias y de naturalezas diversas. Algunos de ellos involucraban desarrollar empresas nuevas o fusiones de empresas, otros tenían que ver con elaborar los primeros planes estratégicos o de mercadeo para alguna empresa, y otros más consistían en darle vuelta radicalmente a una compañía o departamento antes de que fuera devorada por la competencia. Algunos meses solo hacía viajes locales, mientras que otros, viajaba a Europa o a Latinoamérica.

En una ocasión que estuve en México con un cliente, los cambios en su estructura administrativa requirieron que trabajara con cuatro diferentes grupos administrativos. Curiosamente el último grupo era parte de la primera corporación con la que trabajé, ya que había adquirido el porcentaje restante de la empresa que yo había manejado unos diez años antes. La mayoría de los altos ejecutivos eran estadounidenses y no hablaban español. Mis presentaciones a la empresa tenían que ser en inglés y en español; en inglés para los altos ejecutivos y en español para el resto de la compañía. Esto resultó ser algo muy valioso durante el inicio de ***Awakening the Soul (Despertando el Alma)*** unos años después—mi recién formada escuela espiritual y centro de sanación—ya que todo tenía que hacerse en ambos idiomas para poder dirigirme a audiencias norteamericanas y latinoamericanas. *La vida es un perfecto rompecabezas cuyas piezas encajan perfectamente, ¿verdad?*

Durante esos siete años quedé maravillada de cómo en el momento que terminaba un proyecto, sonaba el teléfono y estaba llamando un cliente con uno nuevo. La gran mayoría de los proyectos eran de gran escala y tomaban entre dos y tres meses. ¡En ningún momento estuve inactiva o sin trabajo por más de unos pocos días en siete años! Viajar era intenso, a veces dos o tres semanas por mes dependiendo del proyecto. Sin embargo, la mayor parte del tiempo pude honrar mi intención de tomar una semana al mes para adentrarme en la profundidad de mi mundo interior. Entre más profundizaba en quién realmente era, más me atraía. Y mientras más tocaba esa quietud, ese reino de absoluta felicidad y paz interior, más adictiva se volvía. Mi pasión estaba en el mundo espiritual y cada vez era más y más difícil mantenerme en el mundo empresarial.

A finales de 2002 una "Florence Nightingale" madura sería llamada a la acción nuevamente. Recién había cumplido 40 años y mi mamá sufrió un ataque al corazón. Mi papá me llamó para pedirme que viajara a Guatemala de inmediato, diciéndome que ella estaba muriendo. Llegué al día siguiente y la encontré conectada a varias máquinas. Vacilaba entre la vida y la muerte. Para ese tiempo había estado practicando medicina energética por casi ocho años y mi mamá había participado varias veces. Mientras estaba en la unidad de cuidados intensivos comencé a hacer trabajo energético sobre ella; ella me ayudaba distribuyendo la energía a través de su sistema. Dos días más tarde, cinco de las seis máquinas fueron removidas y ella estaba suficientemente estabilizada para viajar. Contratamos una ambulancia aérea y nos dirigimos a la Clínica Cleveland en Ohio, pues su condición era tan rara que solo podía ser atendida allá. Ella debía someterse a una cirugía "manual" de corazón dos días después. Luego de varios exámenes para verificar si estaba lista para la cirugía descubrieron una úlcera sangrante, y la operación tuvo que ser pospuesta por dos semanas; la úlcera debía sanar primero. La cirugía finalmente se realizó a finales de diciembre de 2002 y ella pudo ser estabilizada milagrosamente de una condición que muy pocos sobreviven. Esta situación de haber tenido a una de mis almas más amadas en la Tierra tan cerca de la muerte me forzó una vez más a reflexionar sobre lo que es realmente importante en la vida.

A principios del 2003 el reloj de mi "verdadera vida" estaba anunciándome que este sería el año para hacer cambios importantes. En el mes de marzo finalmente tomé la decisión de que en unos pocos meses dejaría el mundo corporativo y la consultoría de negocios de forma definitiva. Le avisé a mis clientes y a Maggie con suficiente tiempo para que pudieran hacer sus planes de contingencia. Julio sería mi último mes de trabajo a tiempo completo. El mundo de los negocios se había convertido en algo extremadamente aburrido para mí y tenía que realizar un esfuerzo sobrehumano para hacer mi trabajo. El mundo de la espiritualidad contenía tanta magia diariamente que no había nada en el mundo ordinario que me satisficiera lo suficiente. *¿Por qué renunciaría alguien a lo extraordinario para tener rutina y seguridad?* Felizmente estaba a punto de explorar esa opción.

Para mayo ya había terminado los proyectos de mis clientes y me quedaba solamente un trabajo pendiente con un cliente de

Maggie. Supuestamente, era un proyecto innovador de un cliente de muebles de oficina. Trabajaba muy de cerca con el grupo que dirigía este nuevo emprendimiento que, de resultar exitoso, revolucionaría los espacios en oficinas pequeñas. Conocía a todos los trabajadores involucrados y tanto Maggie como yo pensábamos que la mujer que se hallaba a cargo del proyecto era inteligente e íntegra. Esperábamos con entusiasmo trabajar con ella.

Pero debía haberme imaginado que mis guías y ángeles tenían otros planes, pues este sería el último proyecto con el que querría estar involucrada en el mundo corporativo. La mujer en la que Maggie y yo confiábamos tanto resultó ser exactamente lo contrario de lo que habíamos pensado. Destruyó las iniciativas y la moral de todos y cada uno de los miembros del equipo, y rechazó los resultados de una investigación de mercado imparcial porque no apoyaba su agenda específica. Rechazó abiertamente las recomendaciones nuestras y las de otros, lo cual resultó en un fracaso tremendo en las juntas de aprobación con los altos ejecutivos de la compañía. Cada vez que fallaba nos culpaba a Maggie y a mí por no darle los consejos correctos. Lo que yo no podía entender era ¿por qué estaba saboteando su "proyecto favorito"? Los juegos políticos eran tan tóxicos que le sugerí a Maggie nos retiráramos del proyecto; la reputación de su empresa estaba en riesgo. Maggie decidió continuar intentando resolver la situación, pero mientras más lo intentaba peor se ponía. Un mes más tarde el proyecto fue cancelado. Me di cuenta de que todo este drama había tenido lugar para que yo pudiese decidir cerrar las puertas al mundo corporativo de una vez por todas. Había vivido estas situaciones tóxicas en el mundo de negocios muchas veces, pero esta en particular dejó un sinsabor tan fuerte en mí, que la posibilidad de regresar al mundo empresarial estaba completamente descartada. Era ya julio y por lo tanto decidí anunciar públicamente mi retiro del mundo empresarial. Como pude descubrir después, todo estaba en Orden Perfecto y Divino.

Maggie y yo conversamos acerca de la posibilidad de que trabajara una semana por mes hasta diciembre. Mi salida sería gradual y tendría cómo pagar mis cuentas mientras desarrollaba mi compañía espiritual. Durante esa semana yo estaría haciendo análisis o cualquier otra cosa que no requiriera el contacto con los clientes, pues concluimos que no sería muy profesional atender a un cliente durante solo una semana al mes. De esta manera organicé mi último viaje a Michigan para despedirme de Maggie y de la gente de su empresa. Sentía gran cariño por todos los compañeros de la oficina. Habíamos crecido juntos. Era testigo del momento en que fueron contratados, trabajé muy de cerca con todos y cada uno de ellos, y siempre me sentí honrada de estar en su presencia.

Unos días antes de mi viaje recibí un email sorprendente cambiando los planes, diciendo que viajaríamos a Evanston para una reunión de junta directiva. Yo formaba parte de la junta y usualmente las reuniones eran cerca de sus oficinas. Hubiera querido tener suficiente tiempo para despedirme de todos los empleados durante este viaje. Sin embargo, ¡terminé yendo a la oficina solo uno de los cuatro días! Mi ética personal se vio desafiada por aquellos que creí que eran mis amigos. El viaje terminó siendo una experiencia dura para mí, con muchas realizaciones, grandes desilusiones y acuerdos rotos. Hice un gran esfuerzo por no tomar las cosas de manera personal.

Cuando regresé a mi casa medité durante varios días, permitiendo que mi corazón sanara. Todas las señales me decían que dejara el mundo de negocios por completo. El quedarme una semana al mes trabajando en algo que iba en contra de mi esencia podía poner en riesgo mi nuevo emprendimiento. Tendría que soltar la seguridad de saber que mis obligaciones financieras serían cumplidas. Era tiempo de saltar con los dos pies e ir hacia adelante, honrando la claridad del mensaje que había recibido. Cuando tomé esta decisión fue como si una carga súper pesada hubiera sido removida de mi espalda. ¡Me sentí ligera y libre por primera vez desde que había comenzado mi vida laboral! Como anécdota adicional, Evanston es la ciudad en Illinois donde está la *Kellogg Graduate School of Management*. Al regresar allá, era obvio que estaba concluyendo un ciclo importante en mi vida, pues fue allí donde comenzó mi carrera profesional. Inconscientemente una parte mía sabía que un capítulo importante de mi vida se estaba cerrando en el momento que llegó ese e-mail diciéndome que debía viajar a Evanston.

Un patrón interesante había comenzado a emerger entre los intensos desafíos de salud de mis padres y mi vida. Por un lado, sus experiencias me impulsaron indudablemente a ejercer la medicina energética como parte de mi práctica espiritual. Estaba en búsqueda de una alternativa a la medicina occidental que pudiera ayudar a sanarlos. Por el otro lado, parecía que cada transición importante en mi vida había sido precedida por un evento significativo relacionado con la salud de uno de ellos. Cada vez que me dejaba sobrellevar por la responsabilidad y caía en patrones extremos de falta de cuidado propio que ponían en riesgo mi sanidad mental, sus situaciones de emergencia me forzaban a reevaluar la vida nuevamente y enderezar el barco. ¿Acaso era esto un arreglo de almas entre nosotros? La casi muerte de mi mamá resultó ser el empujón final que necesitaba para comprometerme con mi camino espiritual y la misión de mi alma. Había terminado definitivamente con el mundo corporativo. ¡Era el momento de comenzar a hacer una diferencia consciente en este mundo! *Después de todo es en aquello que nos **convertimos** lo que cambia el mundo, no solo lo que **hacemos**.*

Mientras más de lleno entraba al shamanismo, más fuertes eran las señales que apoyaban esta importante transición de mi vida. O quizás estaba más quieta y por lo tanto en mayor "sintonía" como para notarlo. De cualquier forma, uno de los grupos que más me apoyó en esta etapa fue el *Mundo de la Gente Animal*. Estaba completamente conectado conmigo, exhortándome y confirmándome que saltar a mi misión de lleno era lo que debía **hacer**.

*Al principio había **arañas** por todos lados, diciéndome que estaba muy desconcentrada y que debía enfocarme. Necesitaba hacer el tiempo para tejer mi propia red... mi nuevo emprendimiento dentro del mundo espiritual. Luego aparecieron numerosas **lagartijas**, indicándome que debía moverme hacia un nuevo estado de consciencia y que necesitaba "desprenderme" (como lo hacen sus colas) de aquellos que estuvieran impidiéndome entrar de lleno a mi misión. Las lagartijas también me dijeron que otras personas no podían ver, oír o sentir de la misma forma que yo, así que no esperara que ellos validaran las cosas. Tanto las arañas como las lagartijas me confirmaron que la decisión de dejar el mundo de negocios lo antes posible y entrar en el mundo de la enseñanza espiritual/sanación era la decisión perfecta.*

*Luego se acercó el **águila dorada** ¡posándose en la grama de mi jardín! Tenía a su presa atrapada y se mantuvo allí, aproximadamente, unos quince minutos. Sus patas estaban cubiertas de un plumaje blancuzco y su cola abierta como un abanico de color café oscuro. Su espalda era de color café oscuro también y su pecho de color dorado. ¿Qué significa el águila dorada entonces? Según Ted Andrews en su libro* Animal Speak, *el águila dorada representa ¡"iluminación del espíritu, sanación y creación"! Significa el balance entre estar **en** la tierra y no ser **de** la tierra, de resurrección y alquimia, del despertar de los poderes místicos, y de una mayor visión y percepción. Aprendería a moverme entre los mundos, tocando las vidas a través de la sanación, convirtiéndome en la mediadora y portadora de una nueva fuerza creativa dentro del mundo. El águila dorada me estaba diciendo que aceptara una nueva y poderosa dimensión, y que me dedicara más profundamente a mi crecimiento espiritual.*

*Después llegó la **garza gigante gris**, una que se convertiría en un poderoso animal de poder para mí. Esta hermosa y elegante criatura me enseñaría a tener una "fuerte autodeterminación y autosuficiencia". Simbolizaba el balance y la maestría de muchas destrezas, y representaba la habilidad para progresar y evolucionar. Implicaba la exploración de otras dimensiones en la Tierra, las cuales nos dan la capacidad de seguir nuestro propio camino. Me trajo un entendimiento innato que me ayudaría a maniobrar en mi vida si tan solo seguía mi sabiduría interior.*

*Por último, llegaron los **ruiseñores** y me dijeron que "encontrara mi canción sagrada" (misión), y que le enseñara a otros cómo escuchar su "verdadera canción". En otras palabras, me estaban diciendo que buscara nuevas oportunidades de entonar mi canción, por lo tanto, seguir mi propio camino. Necesitaba aprender a agarrar lo que pudiera, y aplicar mi imaginación y mi intuición para que pudiera cantarla de la manera y con el tono que fuera más armonioso para mí. Los ruiseñores son maestros del lenguaje hablado y no hablado, con una misteriosa habilidad de leer el lenguaje del cuerpo y enseñar los secretos de la comunicación a los demás. ¡Esto era exactamente de lo que se trataría* **Awakening the Soul (Despertando el Alma)!**

Evidentemente era el momento de hacer la transición radical del mundo corporativo a fundar una *escuela de misterio.* Una escuela de misterio es donde las personas estudian lo sagrado… las enseñanzas de sabiduría ancestral. Pero antes de hacerlo quería pasar unas semanas con mis padres en Guatemala. Mi padre había tenido otra situación de urgencia derivada de su leucemia, en esta ocasión con complicaciones que afectaban sus pulmones severamente y por lo tanto su capacidad de respirar. Luego de una cirugía bastante delicada del tórax, pudo regresar a casa para recuperarse.

Soñaba con ir de visita al Lago de Atitlán durante este viaje, aunque fuera tan solo por un par de días. Sabía que eso me ayudaría a centrarme para recibir los inminentes cambios en mi vida. No sabía si sería posible y mucho dependería de cómo estuvieran mis padres. Pero un amigo cercano parecía haber intuido mi sueño y tenía una sorpresa planeada para mí. Tan pronto llegué a la casa de mis papás me dijo que me preparara para salir a la mañana siguiente. Ya le había dicho a mis padres que me llevaría por un par de días.

Me recogió en la casa a las 7:00 a.m. y no me dijo hacia dónde nos dirigíamos. Pero mi alma sentía que me estaba dirigiendo a mi "hogar". Apenas tuvimos el primer vistazo del lago, mi corazón comenzó a latir más rápidamente. Con una mirada le agradecí y continué admirando las curvas de las montañas que rodean al Lago de Atitlán. Nos dirigimos a San Lucas, pues decidió que tomaríamos la lancha allí para llegar a la casa del lago. Mientras navegábamos hacia la casa sentimos que un fuerte Viento Sur envolvía al lago. En cámara lenta, el lago fue quedando completamente cubierto con una espesa neblina. El otro lado del lago se tornó completamente invisible en pocos minutos y ¡no podíamos ver ni la bahía al lado de nosotros! Fue como si estuviéramos entrando en un lugar místico de reyes y reinas de la época medieval. Después de almorzar, mi amigo se volteó hacia mí y me dijo: «¿Recuerdas tu sueño de pasar un día y una noche sola en el lago?». Asentí con la cabeza. «Bueno, esta es tu oportunidad. Nadie más lo sabe. Regreso mañana por ti. ¿Te parece bien?». Casi no podía responderle de lo emocionada que me sentía. Él lo sabía, así que tomó su pequeña valija y se fue en la lancha de vuelta. Conocíamos este lago como la palma de nuestra mano, así que, a pesar de la neblina, tenía la certeza de que encontraría el camino de vuelta.

Escuché el ruido del motor cada vez más tenue. A medida que se fue alejando en la distancia, realicé que estaba en una danza con mi santuario, ¡SOLITA! La neblina continuó cubriéndolo todo excepto la pequeña bahía en donde yo estaba. Era evidente para mí que todo esto había sido escenificado para que yo lo admirara. Me sentía en el cielo. Me convertí en parte de la neblina. Lentamente la capa más baja de la neblina se fue destapando y pude ver el otro lado del lago, cerca de la orilla. Los volcanes y las montañas aún seguían cubiertos. Me dormí en la terraza de la casa hasta que el rocío y el frío me obligaron a entrar. Fue una experiencia increíble y una que le agradecí a mi amigo desde el fondo de mi corazón. ¡Estaba más que lista para enfrentar lo que viniera!

La Búsqueda de
la Verdad

La Vida Espiritual—Cómo Empezó Todo

"Aquellos que bailaban eran considerados locos
por quienes no podían escuchar la música".
—Angela Monet

ERA EL FINAL DE LOS OCHENTA Y EL MUNDO ESPIRITUAL aún no se había abierto. A los veintisiete años de edad, tenía un buen trabajo corporativo y una carrera prometedora, un lugar cómodo donde vivir, y viajaba alrededor del mundo. Era "exitosa" en áreas importantes de mi vida que suponían hacerme feliz… o por lo menos fue lo que me dijeron. Pero no me sentía realmente feliz por dentro. Fue así como comenzó mi búsqueda por llenar ese "algo que faltaba". Aquellos que buscábamos plenitud y paz interior éramos vistos como extraños e inconformes, algunas veces hasta considerados ateos—si no nos suscribíamos a una religión organizada. La habilidad para encontrar nuestro propio camino no era apoyada por la cultura en la que vivíamos, lo que significaba que debíamos aventurarnos por nuestra propia cuenta.

Decidí comenzar a estudiar un poco de cada religión que despertara mi interés. El hinduismo y el budismo me intrigaban grandemente, pues ambos ponían la "espiritualidad individual" en el centro de sus enseñanzas. Estas religiones no buscaban "controlar" al grupo o que siguieran las reglas basado en el temor a ser castigados. Tampoco intentaban inculcar culpa. El enfoque era seguir el llamado de nuestra PROPIA alma para convertirnos en la mejor persona posible, y en encontrar esa guía interior que nos conecta a lo Divino. También se enfocaban en que la persona tomara responsabilidad de sus propias acciones y pensamientos. Me enamoré de la historia de Buda y sus similitudes con la de Jesús. Comencé a comprender que estos eran Maestros enviados por la Divinidad para ayudarnos a realizar que somos almas excepcionales, y que somos ilimitados en nuestro potencial de amar y de crear. A medida que las religiones comenzaron a tomar forma, las reglas y las interpretaciones empañaron los verdaderos mensajes de estos Maestros.

Así fue que, con la intención de reconectarme a la Fuente, me embarqué en mi propio viaje de descubrimiento. Estaba sedienta de conocimientos acerca de la VERDAD… mi verdad. Los libros de la llamada "Nueva Era" comenzaban a salir a la luz y la oferta era pequeña, pero era una de las pocas opciones. Recuerdo ir a librerías como *Barnes & Noble* o *Borders* y encontrar una pequeña sección de pocos libros esotéricos. Mientras esperaba que algún libro llamara mi atención, sentía los ojos del personal y de los clientes de la librería mirando cada movimiento mío. Me imagino que no era común ver a alguien interesado en estos temas en aquel entonces; la revolución espiritual apenas estaba comenzando al final de la década de los ochenta. Yo era una persona de la "Nueva Era" para ellos debido a mis preferencias de libros, y en ese tiempo eso significaba que yo era "diferente". Durante los años que siguieron devoré libros sobre diversos temas: regresiones a mi infancia y a vidas pasadas, manejo consciente de energías, física cuántica, medicina energética, shamanismo, diferentes formas de alcanzar estados alterados de consciencia de manera natural, hablar con ángeles, tocar el inconsciente colectivo, fenómenos psíquicos y de médium, psiconavegación, compañeros de almas y contratos de almas, y numerosos relatos de otras personas que compartían sus propias historias de despertar espiritual. Cada historia me motivaba a investigar más profundamente para encontrar a mi Yo Superior, para entrar a esa fuente de sabiduría absoluta que todos tenemos adentro. También me interesé en civilizaciones antiguas como la maya y la inca, e investigué continentes perdidos como Lemuria (conocido también como Tulea o Mu) y Atlántida. ¡Todo me era tan fascinante pero también se me hacía tan familiar!

En la década de los noventa la revolución espiritual fue más allá del grupo de los de "adopción temprana" y permeó a las "primeras masas". Esto quería decir que una porción significativa de la población estaba comenzando a prestarle atención a las preguntas que surgían de su interior; quizás también sintiendo que algo les hacía falta en sus vidas. El modelo de éxito y felicidad con el que crecimos ya no funcionaba y comenzaba una búsqueda cultural por una realización interna. Surgieron nuevos autores también. Algunos de mis favoritos eran: Carolyn Myss, Deepak Chopra, Joan Borysenko, Paulo Coelho, Brian Weiss, Carlos Castaneda y Jean Houston. Leía en promedio un libro por semana, además de asistir a conferencias en librerías esotéricas.

Uno de los mayores tesoros que encontré fue un autor que representaba a la mujer como una diosa. La mujer ya no era responsable de que hubiéramos sido expulsados del Jardín del Edén, ni tampoco era considerada pecadora ni prostituta. Por el contrario, la mujer era tenaz, creativa, cariñosa, amorosa y experimentaba la vida plenamente a través de todos sus sentidos. También descubrí que teníamos energía masculina y femenina por dentro, y que la habilidad de balancear ambas energías hacía el viaje aún más fascinante. ¡Esto me dio gran esperanza como mujer en este mundo!

Seminarios y talleres de diversas disciplinas espirituales comenzaron a surgir a finales de los 90 y principios de la década del

2000, y era difícil elegir entre tantas ofertas. Todas me parecían fascinantes en la fase de despertar espiritual en la que estaba, evocando mi curiosidad inmensamente y mostrándome un mundo que no sabía existía. Algunos de mis maestros favoritos en aquel entonces fueron: Carolyn Myss, Alberto Villoldo y Jean Houston.

Cualquier libro que leía o seminario al que asistía bajo la guía de Carolyn, Alberto o Jean era extraordinario y anhelaba más. Carolyn explicaba el manejo de energías con una sencillez que me dejaba sin aliento. Alberto era un auténtico visionario que de forma cautivadora me llevaba a entender cómo el shamanismo se podía aplicar al diario vivir. Jean Houston era una brillante profetisa, segura de sí misma, pero a la vez tan humilde. Yo sentía que ella realmente vivía lo que practicaba y predicaba. La pasión que sentía por los temas espirituales era incalculable. El Universo me llamaba y yo quería explorar sus profundidades con fervor. Y poco a poco el vacío interior comenzó a llenarse.

Luego de unos siete años buscando y estudiando con una variedad de extraordinarios maestros, sentí el llamado a dos áreas: el shamanismo y la medicina energética. ¡Ellos fluían naturalmente para mí y no me cansaba de aprender! El shamanismo es una de las disciplinas espirituales más antiguas en la Tierra; algunos dicen que tiene más de cien mil años de existencia. No es una religión sino más bien una forma de vida, una disciplina… una actitud. Se fundamenta en la armonía y el respeto a la naturaleza, y en la realización de que ***todos somos uno***. Es saber que podemos crear y ser testigos de milagros todos los días con tan solo prestar atención y percibir… en el ***momento presente***. En el shamanismo uno "sueña su mundo y su futuro y lo hace realidad", y el pasado ya no define quién somos. También está basado en la mitología de que formamos parte de, y vivimos en el Jardín del Edén. Muchos piensan que el shamanismo está limitado a los "curanderos" de civilizaciones indígenas. Pero es mucho más que eso. Ha llegado el momento de que actualicemos esa definición.

Siendo el shamanismo una de las disciplinas espirituales más intangibles que existe, mi mente tuvo que aprender a relacionarse con el mundo de una manera totalmente diferente. Mi percepción de la realidad cambió completamente mientras me fui adentrando en un mundo que usualmente era invisible y en muchas ocasiones indescriptible. He tenido tantas experiencias directas con el shamanismo que no puedo explicar con palabras; el lenguaje escrito es demasiado limitado para esto y tratar de describirlas le resta a lo que viví. Central a esta práctica es la interacción con la naturaleza y con los animales, el entendimiento de que venimos del cosmos y podemos viajar a él y a sus estrellas, prácticas mágicas como la invisibilidad, el roce con planos que no tienen ni espacio ni tiempo, rituales que reconocen y honran el todo de la Creación, rituales de iniciación llenos de significados, pero, sobre todo, una comunicación directa con el Gran Espíritu o Dios.

Los shamanes de hoy en día son aquellos que han dominado la vida tanto en el primer como en el tercer mundo, convirtiéndose en un puente entre ambos. Se esfuerzan por unir lo positivo de las naciones líderes industriales y económicas con las prácticas de aquellos que buscan estar en armonía con su entorno natural. El puente tiene que ver con personas intentando conectar la pureza de su corazón con la claridad de su mente. Es acerca de aquellos motivados por las posibilidades y no por los temores, que comparten información en lugar de ocultarla. Los shamanes son entrenados para viajar a otras dimensiones o realidades con la intención de traer algo que afecte positivamente la realidad humana actual… algo que la sane. Lo hacen sin juzgar la situación y sin la expectativa de recibir algo a cambio; simplemente quieren ayudar a otros a compartir en las redes de infinidad y de belleza. Han trabajado muy duro para abrir sus canales y en la mayoría de los casos son capaces de recibir mensajes de *seres de luz, ángeles, maestros ascendidos* y hasta de seres queridos que han partido.

El shamanismo involucra al alma y al espíritu antes de involucrar la mente y el cuerpo. Nos permite obtener una perspectiva más clara acerca de nuestro lugar en el Universo. También es una práctica de poder, especialmente de manejo de poder. Mis maestros shamanes solían decir: «No hay nada que un shamán no pueda hacer. Siempre existe una manera. Hay que ser creativo». ¡Me encanta esto! "El shamanismo es una disciplina para rebeldes", pensé. Además, invita a nuestro niño interior a participar, pues podemos tejer un aspecto juguetón a la ecuación de espiritualidad. Esto me ayudó a sentirme conectada con mi niñez y con la "magia" que había presenciado entre la gente maya. Fue como un puente de regreso a mis inicios pero que al mismo tiempo me permitía integrarme con lo que estaba por venir.

Algunas personas creen que el shamanismo y la hechicería son lo mismo. Aunque el aprendizaje tanto de la magia negra (hechicería) como el de la magia blanca (shamanismo) es el mismo, la diferencia radica en la "intención" de la persona. El shamán tiene pureza de intención y amor incondicional, y quiere efectuar un cambio positivo en esta realidad *ordinaria*; por otro lado, los hechiceros solo buscan el poder en aras del poder. Esta premisa de acumulación de poder es evidente en nuestras organizaciones hoy en día—ya sea que se trate de negocios, gobiernos, escuelas, etc.; todas denotan comportamientos "hechiceros" de una u otra forma. Cada vez que *queremos ganar y que otros pierdan*, estamos buscando poder. Debemos buscar muy dentro de nosotros para evaluar cuáles son nuestras intenciones en cada situación. Si tocamos nuestro corazón y nuestras intenciones vienen desde esa perspectiva, estaremos caminando un camino de luz... el sendero del shamán.

La medicina energética es fascinante y va mano a mano con el shamanismo. Nunca hubo una materia escolar o universitaria que hiciera tanto sentido para mí como la medicina energética, con su explicación del sistema de las chakras y cómo la energía es la fuente de todo. Me encanta la premisa de que nosotros somos responsables de nuestro propio bienestar, dependiendo de cómo manejemos la energía adentro y alrededor de nosotros. El poder es nuestro y las cosas no nos pasan por casualidad. No necesitamos entregar nuestro poder a otra persona para que nos diga qué sucede con nosotros o para que nos sane, o culpar a otros por lo que nos haya sucedido. Simplemente debemos prestar atención a nuestros pensamientos, actitudes y creencias, y decidir cambiarlos para poder sanarnos. ¡Esa revelación en sí fue un concepto nuevo, radical y liberador!

La medicina energética también estimulaba mi lado intelectual al exponerme a nuevas maneras de entender los eventos y las personas en mi vida, las elecciones que había hecho, y ultimadamente mis lecciones. Me enseñó que el cuerpo físico depende de, y está interrelacionado con los cuerpos energético, emocional y mental. ¡Trabajan todos juntos! Pronto comencé a percibir el mundo de manera totalmente diferente, entendiendo la interconectividad de todas las cosas en el Universo. Finalmente comprendí más profundamente la frase que dice que somos "seres espirituales teniendo una experiencia humana". La energía es la fuente de todo y es, por lo tanto, la continuidad; no tiene principio ni fin. ¡El mundo estaba volviéndose mucho más claro!

Mis primeras experiencias con el shamanismo se fundamentaron en amor incondicional. No había trucos, o intentos de proteger información o conocimientos, ni necesidad de gurús, sino más que nada, ¡una espontaneidad extraordinaria! Aprendí a escuchar a mis guías espirituales y a mis animales de poder mientras incorporaba a Jesús y a los arcángeles (especialmente Miguel) a mi propia mitología. Tomé consciencia de la Madre Diosa y de su inmenso amor por nosotros. Confiar en mi intuición y en mi guía interior es ahora parte clave de mi ser. *¿Cómo no iba a amar y acoger el shamanismo? ¿Fueron estas semillas plantadas en el Lago de Atitlán cuando era niña?*

En 1995 conocí a Dana, una sabia *lakota* que se convirtió en mi primera maestra en la práctica del shamanismo. Rondaba los cincuenta y tantos años, era robusta y de apariencia un poco descuidada, pero llena de vitalidad y con la inocencia de un niño. La premisa principal de sus enseñanzas era que las cosas debían hacerse siempre con pureza de intención y con absoluto amor. En el otoño de ese año viajé a Guatemala con Dana y con dos amigas mías. Era un viaje de provisiones para *The Mayan Link*, la compañía que había formado para ayudar a construir un puente entre los mayoristas de ropa en Estados Unidos y las cooperativas de textiles mayas. Cuando llegué a Guatemala muchas cosas lindas comenzaron a suceder. Por ejemplo, había un intercambio de mensajes del alma entre personas, sin importar el idioma. Los descendientes mayas de hoy no hablan español como primer idioma. Hablan dialectos mayas—de los cuales existen veintiún dialectos reconocidos e incontables dialectos adicionales—y un español rudimentario como segundo idioma. De nosotras cuatro, solo yo hablaba español. Pero el mismo fenómeno comenzó a suceder en cada pueblo que visitábamos. A los pocos minutos de llegar, los niños comenzaban a seguir nuestros pasos. Luego las mujeres se juntaban a nuestro alrededor. Se acercaban, se quitaban sus collares y nos los ponían por encima de nuestras cabezas y alrededor de nuestros cuellos, sin decir una sola palabra. Para cuando llegábamos al carro había una comitiva siguiéndonos. Nos saludaban con entusiasmo y los niños corrían junto al carro lo más lejos que podían. Jamás había presenciado encuentros tan hermosos, ¡ni siquiera durante mis primeros dieciocho años de vida allá!

Mientras estuvimos en Guatemala nuestra base fue la pequeña casa de campo de mis padres en el Lago de Atitlán. Tomaba unas tres horas en carro desde la ciudad de Guatemala hasta Panajachel (un pueblo al que los locales llaman Pana), y de allí nos desviábamos a un camino de tierra por unos diez kilómetros más. Como íbamos a estar allá por cuatro días, decidimos celebrar nuestro viaje haciendo una ceremonia cada día.

La primera que hicimos fue por la paz en la Tierra, la segunda fue para agradecer a la Madre Tierra por aguantar nuestros abusos mientras nos continúa alimentando y sosteniendo, otra fue para agradecer a la Diosa del Maíz por nuestros alimentos, y la última por la sanación de todas las personas. Incluso el guardián de nuestra casa del lago, José, se unió a nosotros. ¡La energía fue realmente maravillosa!

El segundo día viajamos hacia Totonicapán, un pueblo situado a unas dos horas de camino, al noroeste del Lago de Atitlán. Nuestra intención era visitar un pueblo cercano que tenía una cooperativa maya un tanto peculiar. Andrés, el jefe de una cooperativa de textiles grande de Totonicapán, sería nuestro guía. Mis amigas querían ver cómo los locales tejían los hilos y trabajaban en los telares, y tenían esperanza de poder platicar con algunos de ellos. Recogimos a Andrés a las diez de la mañana. Cuando llegamos corrió a saludarnos. Andrés y yo nos abrazamos, felices de vernos. Le presenté a mis amigas y les traducía del español al inglés y viceversa. Nos dirigimos entonces al pueblo de los tejedores. Después de unos kilómetros, Andrés me pidió que cruzara a la derecha. Cuando miré hacia la derecha vi solamente un precipicio. Le pregunté si acaso había querido decir que cruzara a la izquierda, pero nuevamente señaló hacia la derecha, y justo entonces apareció un pequeño camino de tierra. Apenas era lo suficientemente ancho para que cupiera el carro, un muro de tierra de un lado y un precipicio del otro. Tan pronto entramos en el camino Dana comenzó a hiperventilar. Se volteó hacia mí, agitada, y me preguntó: «¿Sabes qué pasó en el valle que está justo abajo? Hubo un evento significativo que acabó con la civilización maya durante la época de la conquista española. Veo las iniciales T.U. y tú estabas allí. Quizás hasta eras esa persona», dijo ella.

Yo no sabía qué había sucedido y le pedí a Andrés que me contara la historia del área. Él contestó: «Tuvimos la última batalla de los mayas contra los conquistadores, donde Tecún Umán fue derrotado. Una lanza de un conquistador español lo mató y al final un quetzal se posó sobre su pecho herido. Por esto es que el quetzal tiene el pecho rojo». ¡Por poco me quedo sin aliento! Las iniciales T.U. que Dana había visto eran las de Tecún Umán, el último líder del pueblo Maya. ¡Sin duda este había sido un valle importante en la historia maya!

Finalmente llegamos al pueblo donde vivían los tejedores y para sorpresa nuestra, ¡todos eran hombres! Esta era la primera experiencia de toda mi vida en Guatemala en donde todos los tejedores eran hombres. Nos llevaron a los salones de trabajo y vimos cómo preparaban los hilos, los separaban, y luego los ponían en gigantescos telares de pie. Entonces comenzaron a cantar, poniendo sus intenciones para el tejido. ¡Era una escena increíble!

Al terminar la demostración nos invitaron a tomar café y comer repostería en el centro del pueblo. Era una comunidad muy pequeña, y el centro consistía de cinco casas construidas una junto a la otra. Algunos de los ancianos nos saludaron como si no hubieran visto "gente blanca" en siglos. En un momento dado, nos hicieron señas a Dana y a mí para que siguiéramos a uno de los ancianos. Llegamos a la puerta de una casa y una señora súper anciana nos invitó a pasar. Nos llevó a una habitación en la parte de atrás, donde nos sentamos en silencio durante un largo rato, sólo nosotras tres. El aroma del incienso de copal era excepcionalmente fuerte y parecía que su rostro cambiaba a medida que la habitación se iba llenando de humo. Había una compleja conversación llevándose a cabo entre nosotras tres, aunque ninguna hablaba en voz alta. Después de un largo tiempo se levantó y nos llevó hacia afuera de la habitación. Esta mujer era la "anciana más sabia" del pueblo y rara vez salía a ver gente, mucho menos a "gente blanca". ¡Ellos estaban tan sorprendidos por el evento como nosotros! En ese momento la energía cambió y nos convertimos en parte de su tribu. Nos sentimos amadas y bienvenidas a un nivel mucho más profundo. Nuestras amigas que se quedaron afuera se morían por escuchar lo que había sucedido. Era el momento de regresar a la casa del lago. Llevamos a Andrés de vuelta a Totonicapán y comenzamos el camino de regreso.

Después de unos kilómetros entramos en áreas de tormentas eléctricas fuertes. Me empecé a preocupar por que el camino de vuelta a la casa estuviera dañado por las tormentas, pues no era raro que las fuertes lluvias arrasaran estos caminos. Luego de pasar Panajachel entramos nuevamente en el camino de tierra. Después de unos kilómetros, un extraño olor comenzó a permear el carro. Me bajé, y para mi sorpresa vi que una de las llantas se estaba desinflando. ¡Eso explicaba el olor! ¡No había gasolineras, mecánicos, ni lugares donde reparar una llanta! Estábamos lejos de la casa del lago y yo sabía cuán peligroso podía ser que cuatro mujeres caminaran solas por ese camino.

Cuando entré de vuelta al carro Dana me preguntó qué sucedía. Le conté, dejándole saber que estaba preocupada. Ella me dijo: «No te preocupes Bea. Le pediré a Miguel (el arcángel Miguel) que se encargue de esto. Todo va a estar bien». Ellas no tenían la menor idea de cuán peligrosa era la situación. Decidí rendirme y dejarla hacer lo suyo; no había otra opción. Continué conduciendo, sintiendo que la llanta jalaba el carro hacia un lado. Entonces llegamos a un punto del camino que tenía una grieta enorme, causada por una pequeña catarata que se había formado por el gran volumen de lluvia que había caído. Varios carros y camiones estaban atascados, algunos inclusive perdieron la parte delantera del chasís en el hoyo. Estaba en la camioneta de mi hermano, y aparte del potencial daño que le había hecho a una de sus llantas, no quería correr otro riesgo adicional. De nuevo Dana exclama: «¡Bea, continúa conduciendo! ¡Ellos se harán cargo de esto! Solo confía y sigue hacia delante». Vacilé durante un instante, pero luego me dirigí hacia el gran hoyo en el camino. ¡Pasamos como si hubiera habido un puente allí para nosotros! Yo avanzaba poco a poco hacia adelante, aún preocupada por la llanta. Tan pronto llegamos a la casa le di la vuelta al carro para revisarla. Para mi gran sorpresa, ¡estaba totalmente inflada!

Un par de días después, mientras conducíamos de vuelta a la ciudad, paramos en una gasolinera para revisar la llanta. ¡Estaba perfecta! El viaje entero había sido una experiencia increíble de confiar y rendirse, que cambiaría mi vida para siempre. Quería más de este tipo de vida, rica en milagros y en experiencias extáticas, confiando en la Divinidad. El "vacío" interior continuaba llenándose.

Y así es como la búsqueda sin fin comenzó, el imperioso impulso hacia el camino místico donde el enfoque espiritual es la prioridad principal. Comencé profundizando mi entendimiento del shamanismo a través de culturas, asistiendo a talleres con diferentes maestros. La medicina energética fue un subproducto natural del sendero shamánico. Uno se sana a si mismo primero antes de profundizar en las enseñanzas místicas, y por ende permite que los mensajes Divinos lleguen claros y sin filtros.

Una Reunión de Shamanes

Uno de los primeros seminarios a los que asistí se llevó a cabo en el estado de Nueva York, en el campus de una institución de enseñanzas espirituales bastante conocida. Fue una reunión de shamanes latinoamericanos que duraría una semana, donde los participantes experimentarían diversas ceremonias shamánicas y sanaciones. Había shamanes de Guatemala, Ecuador, Perú y Brasil... unos once en total. Mi amiga Annie y yo acordamos encontrarnos allá. Estábamos estusiasmadas por presenciar las diferentes prácticas sagradas que existen a través de Latinoamérica, vistas a través de los ojos de poderosos hombres y mujeres de la medicina ancestral.

Se dice que la palabra "Xaman" se originó en Siberia hace más de 100,000 años. Existen muchas interpretaciones sobre lo que un shamán hace y cómo son percibidos. Sin embargo, el primer día allí escuché una explicación que me ha resonado desde ese instante:

El shamán es una persona que viaja
a otros mundos o dimensiones para acumular
poder y energía, con la intención de efectuar
un cambio positivo para la comunidad
y para otras personas.

El taller inició con un par de ceremonias nocturnas cuyo propósito era preparar el camino para la semana que venía. Uno de los rituales se intentaría hacer por primera vez en varias décadas. Suponía darnos una noción acerca de lo que es "psiconavegación", pero había incertidumbre sobre si funcionaría o no. Kathy, una de las asistentes al seminario, tenía siete teteras de arcilla que había recibido de su amigo Edmund. Él era un antropólogo apasionado que había viajado alrededor del mundo y estaba fascinado con las prácticas shamánicas. Antes de fallecer víctima de cáncer, decidió regalarle las teteras a una de sus estudiantes más prometedoras. Al momento de dárselas a Kathy le dijo: «Esta ceremonia ha sido olvidada. Obtuve estas teteras de un amigo cercano en Perú y los incas las usaban como una herramienta para la psiconavegación. La ceremonia parece haberse vuelto un arte perdido, pues nunca pude averiguar cómo se utilizaban. Quizás algún día puedas revivir esta ceremonia». Las siete teteras fueron cuidadosamente guardadas en una caja especial, acolchonadas y protegidas para mantenerlas seguras. Kathy había decidido viajar con las teteras y traerlas a la reunión de shamanes latinoamericanos, en caso de que alguien supiera cómo usarlas. Resultó que la única shamán inca en el grupo había presenciado esta ceremonia de niña, y recordaba lo suficiente como para intentar recrearla. ¡Sin duda estaba siendo guiada por el Universo y por nuestros ancestros incas!

Era el momento del segundo ritual de la noche. La "Ceremonia de Hojas de Coca" que la precedió dejó preparado el terreno, creando un ambiente de misticismo mágico entre el grupo. Se sentía en el aire una sensación de paz, pero también de mucha expectativa a la vez. Yo estaba anticipando descubrir de qué se trataba la "psiconavegación". ¡Era una palabra tan nueva para mí que apenas podía pronunciarla!

La ceremonia comenzó con todo el grupo reunido en un círculo. Las siete teteras fueron colocadas en una hilera en medio del círculo. Frente a cada tetera estaba un shamán. Uno por uno, de izquierda a derecha, cada shamán comenzó a soplar su tetera de arcilla. ¡El sonido emitido era increíblemente profundo! Cada una de las siete teteras estaba afinada a intervalos de ¼ de nota de la siguiente. Comencé a sentir las células de mi cuerpo resonar con cada sonido, desarrollando una vibración interna que nunca antes había sentido. Los sonidos estaban despertando mi cuerpo celular, la parte de mi alma que había viajado libremente tantas veces. Lentamente fui olvidando que tenía un cuerpo físico. Los sonidos me elevaron y sentí como si me apartaran de la realidad física. Todo a mi alrededor se tornó borroso y comencé a tener visiones. Frotaba mis ojos con incredulidad, pero las visiones se hicieron aún más claras. En una de ellas yo era el "guardián de los árboles y de los bosques". Mientras más soplaban las teteras los shamanes, más rápido giraba yo alrededor de cada árbol y a través del bosque entero, y luego a través de los bosques del mundo, todo simultáneamente; ¡me había convertido en una chispa de luz! Entre más rápido giraba, los espirales de luz se hacían más grandes.

Era mágico cómo los árboles me hablaban. Me decían: «Recuerda, sólo recuerda... has sido el guardián de los árboles muchas veces...». También podía sentir su pulso latiendo más rápidamente mientras más giraba a su alrededor, felices divirtiéndose en la luz. No existía separación entre los árboles, los bosques y yo. Éramos uno solo, sintiendo más que viendo.

En otra visión tuve un "túnel" de luz en mis manos y me di cuenta de que podía pasar a personas con las que compartía una conexión de corazón a través de ese túnel. El túnel de luz transmutaría cualquier carga que las estuviera afectando. A medida que pensaba en cada persona y me daban su permiso, la pasaba a través del túnel y sentía cómo sus corazones se rendían a la luz. El brillo en cada una de ellas era inmenso. Tuve la oportunidad de hacer esto con cada miembro de mi familia, con amigos cercanos y con cualquier persona con quien sentía algún vínculo profundo de corazón. ¡Toda la experiencia fue increíble!

A medida que las teteras empezaron a disminuir su sonido, sentí que flotaba en otra dimensión. Apenas podía escucharlas. De repente sentí que alguien me abrazaba y en un tono muy suave me decía: «Bea, regresa. Estoy aquí para sostenerte. Es hora de regresar». Poco a poco comencé a regresar a la realidad ordinaria. Cuando abrí mis ojos vi a mi querida amiga Annie sosteniéndome en medio del jardín; todos los demás se habían ido de la ceremonia. Me preguntó si podía levantarme y caminar. Asentí con la cabeza.

Mientras me ayudaba a levantarme, me sentí un poco tambaleante. Sentí como si mi alma hubiera viajado tan lejos que mi cuerpo físico no sabía cómo actuar. Caminando con pasos cortos, nos fuimos del lugar de la ceremonia. Cuando comencé a verdaderamente "ver" a mi alrededor, noté que los árboles tenían colores diferentes, más vibrantes. Me quedé allí parada, sin palabras. Annie me miró perpleja. Volteé mi cabeza hacia el otro lado y vi un arbusto de hojas verde-amarillas que me sonreía. A medida que seguíamos caminando, comencé a notar que todas las plantas y los árboles tenían tonalidades diferentes. Había incluso un matiz etéreo alrededor de ellos. De repente comprendí que estaba mirando sus auras o campos energéticos. Lo único que lograba decirle a Annie era: «Esto es impresionante. Ahora realizo que nunca antes había realmente "visto" a nuestra bella Tierra». Ella sonrió y continuó guiándome de vuelta hacia nuestra pequeña cabaña. Esta era la primera vez que había visto auras.

¡Así que *la ceremonia auditiva de las teteras de arcilla incas* fue celebrada exitosamente una vez más! Y en el proceso finalmente entendí lo que significaba la "psiconavegación". Como resultado de esta experiencia, mi danza con la naturaleza sería completamente diferente de hoy en adelante.

Experiencias de Sanación en la Reunión de Shamanes

Cada uno de los 11 shamanes era diferente en su enfoque hacia la sanación, aun cuando la intención de bienestar para el paciente era la misma. El taller había destinado dos de los cinco días para sanaciones, y como participantes, nos ofrecían la oportunidad de aprovechar la presencia de estos increíbles shamanes. Podíamos anotarnos para un máximo de dos sanaciones, pero con tantas personas, esto iba a ser un desafío. Tuve la suerte de poder programar mi primera sesión con los shamanes ecuatorianos Doña María y su esposo Don Antonio, y la segunda con Eduardo, un shamán maya. Curiosamente ambas sanaciones quedaron programadas para el mismo día, que casualmente resultó ser el "día de sanación" del calendario Tzolkin maya.

Después del receso del almuerzo me dirigí a la cabaña de sanación de Doña María y su esposo Don Antonio. Todos sabían que ella dirigía la sanación y él era su asistente. La noche anterior Annie y yo habíamos descubierto que muchos de los shamanes ecuatorianos piden a sus clientes que se desnuden para las sanaciones, para que se despojen de su "traje occidental". Ellos decían que nosotros nos escondíamos detrás de nuestra ropa y que, si queríamos una sanación, debíamos venir como Dios nos trajo al mundo. Doña María era una de ellos, y yo tuve que enfrentar un conflicto interno impuesto por mi propia cultura. «¿Cómo así que tengo que ir desnuda a la sanación?», pregunté cuando me enteré de esto.

«Y eso no es todo», me respondió la persona, «habrá personas presenciando la ceremonia y sosteniendo la energía». O sea que no solo tenía que permanecer de pie completamente desnuda en una cabaña frente a los sanadores, sino que debía permitir que cualquiera que deseara venir, me viera tal y como llegué a este mundo. "Olvídate de pudor y autoestima", pensé. Luego de varias horas de enfrentarme con mi resistencia interna, decidí simplemente rendirme a la experiencia.

Cuando primero vi a Doña María en la ceremonia de apertura, con sus 1.22 metros de estatura, sentí un jalón en mi corazón, una inmensa dulzura y un profundo reconocimiento de su alma. Ella se me quedó viendo, y con la sonrisa más hermosa, me dijo en su medio español: «Hola, comadre». Este es un término en español que denota cierto reconocimiento o ternura hacia una persona… y una aceptación al círculo de allegados. Su lengua madre era quechua, el español su segunda lengua… un lenguaje aprendido para sobrevivir en el mundo después de la llegada de los conquistadores.

Sosteniendo su mirada, le dije desde el fondo de mi corazón: «Hola, un placer». Sentí como si hubiéramos reconectado… un acuerdo hecho muchas vidas antes para encontrarnos de nuevo.

Ella era conocida como una experta en temas de la mujer y en el cuerpo de la mujer, y aparte de nuestro mutuo reconocimiento, fue su manera de ser amable pero firme a la vez, lo que me atrajo a ella. Estaba decidida a sanar aquella parte mía que estuviera lista. Nos pidieron que trajéramos dos huevos, dos claveles rojos y una candela blanca para la sanación.

Cuando entré a la pequeña cabaña de madera me llevaron hacia una silla a la derecha. Había sillas alrededor de toda la habitación. Los individuos que recibían sanación se iban moviendo hacia la pared derecha. Aquellos que sostenían la energía y que "observaban" en silencio se juntaban a lo largo de la pared más lejana. Doña María y Don Antonio colocaron sus artefactos de sanación a lo largo de la pared de madera hacia la izquierda, directamente debajo de la única ventana. La entrada debía estar libre de sillas, personas u objetos. Se les pedía a las personas que no se acomodaran frente o cerca de la puerta, pues podían absorber las energías densas que liberaban de los pacientes.

Mientras esperaba mi turno miré a Don Antonio abriendo la puerta de la entrada y soplando las energías densas que coleccionaban los huevos. Luego miré hacia mi derecha y noté que todos los que estaban en la pared se encontraban desnudos. Había llegado el momento de mi sanación, así que respiré profundamente y comencé a quitarme la ropa. Me senté nuevamente, sintiéndome un tanto vulnerable mientras esperaba mi sanación. Don Antonio me indicó que frotara la candela blanca por todo mi cuerpo; después de terminar, se la di a Doña María, quien la colocó a un lado. Ella terminaría la sanación haciendo una "lectura de la candela".

Pocos minutos después fui llamada por Don Antonio para que me parara sobre un tapete de nylon azul; esta era su estación de sanación. Comenzó haciéndome una limpieza ("camay"), que consistía en escupir Agua de Florida alrededor de mi cabeza, hombros, espalda, brazos, piernas y por último, el frente de mi cuerpo hasta estar completamente cubierta. Luego agarró los huevos y los frotó ferozmente alrededor de mi cuerpo, usando uno para el frente de mi cuerpo y otro para la parte de atrás. Los huevos son utilizados en muchas tradiciones shamánicas para remover las energías densas de una persona. Después de frotarlos por un rato, sostuvo los huevos en su mano, se inclinó hacia la puerta de la entrada y sopló hacia afuera las "energías densas" que los huevos recogieron. Luego tiraba los huevos a un basurero.

Agarró dos huevos más de su recipiente y continuó haciendo "camay". Verbalmente alentaba a los malos espíritus a salir en su nativo quechua, por lo que yo no podía entender. Sin embargo, de vez en cuando salían palabras en español. Una de esas veces escuché "Sanación, sanación, sanación… curación, curación, curación. Ay carajo, vete ya". Estaba ahora lista para moverme hacia donde trabajaba Doña María. Antes de dejar a Don Antonio le pedí que abriera uno de los huevos que estaba en el basurero. Aunque los huevos fueron comprados esa mañana en un supermercado, este estaba completamente negro por dentro. ¡Nunca había visto algo igual!

Doña María trabajaba intensamente, invocando la asistencia del Espíritu Santo, la Virgen María y Jesús para mi sanación. Amarró los dos claveles rojos con una cuerda. Luego los unió con una de sus piedras sagradas (llamadas huacas) y bendijo mi tercer ojo y mi cabeza. Colgó los dos claveles alrededor de mi cuello con otra pita. Me dijo que me levantara y que fuera a su estación de trabajo, donde había una sábana blanca sobre el suelo. Me acosté encima de la sábana boca arriba. Ella manipuló mis órganos inferiores con sus pequeñas pero poderosas manos, moviéndolas alrededor como si estuviera explorando el paisaje interno de mi cuerpo. Luego se volteó hacia mí y me dijo: «Tenés gusanos».

Habiendo tenido experiencias con los mayas a lo largo de mi crecimiento realicé que estaba hablando metafóricamente, y que yo debía descifrar de qué se trataba. Le pregunté: «¿Dónde están los gusanos?». Se volteó hacia mí y movió sus sabias manos hacia la parte baja de mi espalda, deteniéndose en mi riñón izquierdo. «¡Aquí hay uno!» dijo. Después se movió hacia el otro lado y gritó: «¡Aquí también hay! ¡Hay varios en este lado!». Luego supe que los "gusanos" eran ¡piedras en los riñones!

Ella llamó a uno de los hombres que estaba sosteniendo energía y le pidió que se acercara y sostuviera mis pies, mientras ella y otra mujer agarraban ambos lados de la sábana y me sacudían vigorosamente por encima del suelo. Jalaban la sábana de arriba hacia abajo, moviendo mi cuerpo rítmicamente de un lado al otro. Cuando regresé al suelo nuevamente sentí como si hubiese sido agitada dentro de una lavadora de ropa. Doña María me dijo entonces que me vistiera y que me sentara a su lado.

Bendijo dos hostias y me las dio. Después agarró una bebida anaranjada y la bendijo poniendo los pétalos de los claveles y algunas de sus huacas adentro. Mientras yo comía las hostias y tomaba la bebida anaranjada, ella encendió la candela que me había frotado por todo mi cuerpo. Noté que ella le hablaba muy atentamente a sus guías mientras procedía a "leer" mi candela. Me dijo que yo había estado llorando y que seguiría llorando por unos cuantos días más (mientras las piedras eran expulsadas), pero que después de eso no habría más llanto. Me dijo que como la llama se estaba elevando recta, eso significaba que yo estaba ascendiendo rápidamente y que no lloraría más por dolor... sólo por alegría.

Mientras terminaba la sesión me dio instrucciones para completar el proceso de sanación. Me dijo que no me bañara en tres días, que no comiera puerco/carne de res/mariscos por tres días, y que no tuviera relaciones íntimas por tres días. Los claveles debían permanecer colgados de mi cuello hasta que se secaran, y luego debía ponerlos debajo de mi almohada hasta que se desintegraran. Cada noche debía frotar la candela alrededor de mi cuerpo y luego encenderla.

¡El proceso entero de sanación fue absolutamente transformacional para mí! Sentí como si Doña María y Don Antonio hubieran transmutado amorosamente el dolor que había sido sostenido en mis riñones y que, sin duda, ¡tenía mucho que ver con mi última relación! Annie me estaba esperando afuera de la cabaña, pues su sanación ya había terminado. Yo salí algo en las nubes de la mía. Primero me ojeó y después me miró intensamente a los ojos. «Tus ojos han cambiado», me dijo. «No solo su color, sino también su intensidad». Me dirigí hacia el lago y me senté a reflexionar y a integrar la sanación tan poderosa que acababa de tener.

Esa noche soñé que había ido a una cueva profunda en forma de espiral, para tratar de recuperar una "pequeña luz" que había al fondo de un hoyo. De repente apareció un monstruo, y se hacía más grande cada vez que lo alimentaba con mis miedos. Cuando se volvió gigantesco me rendí y liberé mis miedos, enviándole amor desde lo más profundo de mi corazón. El monstruo desapareció de inmediato. Cuando comencé a subir del hoyo, atravesé varios prismas de luz. La luz se hacía más brillante con cada prisma que atravesaba. Cuando al fin salí del hoyo y hacia la luz, Doña María estaba afuera esperándome. Me dio el más cálido y cariñoso abrazo, ¡como si fuera su niña siendo bienvenida a la luz!

Un par de semanas después de la sanación con Doña María, uno de los "gusanos" (cálculos renales) que ella había visto salió sin ningún dolor. Aproximadamente un mes más tarde comencé a sentir una fuerte molestia en la parte baja de mi espalda y en la vejiga, y en pocas horas otro "gusano" salió. Este último medía como 1.3 cm de largo y era muy delgado. Cuando se la mostré a mi urólogo quedó impresionado de ver que aquella piedra hubiera salido sin haber causado mayor complicación. En sus palabras,

«Era tan larga que hubiera podido perforar tu uréter. No tienes idea de lo afortunada que eres». ¡Pero por supuesto que yo sí lo sabía! No he vuelto a tener piedras en los riñones desde entonces y como había dicho Doña María, "No más lágrimas de dolor".

La segunda sanación estaba programada para la tarde con Eduardo. Aparte de tener un aire de impecabilidad y una disposición de mártir, me recordaba mi herencia maya. Esa fue la razón por la cual lo elegí para una de mis sanaciones.

Nos reunimos en grupo alrededor del fuego preparado por Eduardo, el shamán maya de Guatemala. Éramos ocho personas en el grupo. Comenzó acercándose y dándonos a cada uno nuestro signo de nacimiento maya correspondiente. Luego nos acomodó en un círculo alrededor del fuego según nuestro signo maya. Eduardo me dijo que el significado general de mi signo era "el agua, las visiones paranormales y sueños proféticos, cambios…". Le rezamos trece veces a cada signo maya, de acuerdo a las trece puertas que cada signo tiene en el calendario Tzolkin. Cada signo maya era llamado en voz alta a medida que rezábamos. Si alguien en el círculo tenía el signo llamado de acuerdo a su nacimiento, debía entrar al centro para su sanación individual; el resto de nosotros sosteníamos espacio sagrado.

Antes de que comenzaran las sanaciones individuales, cada uno de nosotros se acercó al fuego y le sopló cuatro veces, estableciendo nuestra intención. Lo sagrado del espacio era palpable. Eduardo nos había repartido a cada uno un limón para que lo frotáramos alrededor de todo el cuerpo, con la intención de limpiarnos, purificarnos y remover las energías "negativas". Cuando Eduardo llamó mi signo maya, di unos pasos hacia el centro. Tomó el limón de mi mano con gentileza y se lo ofreció al fuego. El limón silbaba y se desintegraba mientras el fuego tomaba todo lo denso de él y lo transmutaba a la luz.

Luego colocó una candela en mi mano derecha y otra en mi mano izquierda, las cuales sostuve por lo que pareció una eternidad. Comencé a perder la noción del tiempo y a medida que el humo permeaba mis ojos, me fui hundiendo en un espacio donde todo parecía moverse en cámara lenta. Volví a tomar consciencia de Eduardo, esta vez percibiéndolo como un sacerdote de los tiempos antiguos mayas. Procedió a limpiarme ("camay"), escupiendo una mezcla de vodka a todo mi alrededor. Me paré descalza sobre su colcha, una tela maya preciosa y colorida. Perdida en los tejidos regresé en el tiempo a mi tierra natal y a los rituales que había presenciado de niña. Me mantuve allí, paralizada. Agarró su mesa (una tela maya cuadrada que contiene los instrumentos de sanación del shamán) y después de pasarla alrededor del fuego varias veces, frotó cada una de mis trece chakras limpiándome aún más. En las prácticas mayas, estas chakras—conocidas también como vórtices de energía—corresponden a las principales articulaciones del cuerpo físico.

Comencé a sentirme aún más ligera y etérea al arrodillarme frente al fuego para ofrecer mis dos candelas. Regresé a mi espacio. Sentí como si una parte esencial de mi ser hubiera sido restaurada. Miré a mi alrededor y no reconocí a nadie. Obviamente había cambiado lo suficiente, pues estaba viendo sus caras originales, no sus rostros humanos. Me mantuve en silencio mientras las demás personas recibían sus sanaciones individuales. Al salir de allí me di cuenta de que la ceremonia había durado más de dos horas.

Al final de la tarde y luego de dos sanaciones, sentí la necesidad de permanecer sola con la naturaleza. Pasé varias horas junto al río descansando perezosamente en una hamaca. El sentimiento era mágico. Sentí que me comunicaba con los árboles, con el río y con los pájaros. Comencé a sentir que la Tierra se fusionaba conmigo mientras me derretía en reverencia. Los árboles se mecían e inclinaban ante mi inminente iniciación. Las aves y los animales se reunían para presenciar otra alma que se despertaba a caminar el sendero de la luz… ¡y por primera vez pude "ver" el mundo con mi corazón y con todos mis sentidos! Era brillante y lleno de vida, una cinta dorada de luz uniendo todas las cosas. Tenía una sensación indescriptible de pertenencia y de paz, de unidad con todo. Era una reverencia que jamás había sentido.

Ceremonias Sagradas en la Reunión de Shamanes

Tuvimos el privilegio de participar en varias ceremonias fascinantes. Cada una era única y especial, y nos llevaba cada vez más a un estado de quietud y paz. La primera fue la Ceremonia de la Hoja de Coca. Esta fue seguida por la Ceremonia de las Teteras de Arcilla que describí antes. Luego tuvimos una ceremonia maya, seguida por la ceremonia de iniciación shamánica, y por último la ceremonia que simbolizaba la fusión del águila y el cóndor. Explico a continuación mi experiencia con cada una de ellas.

Una shamán inca guió la Ceremonia de la Hoja de Coca. Nos dijo que esta ceremonia estaba desapareciendo debido a la manera en que el "hombre blanco" estaba utilizando la coca; su venerada hoja ceremonial y espiritual estaba siendo usada hoy para entretenimiento, amenazando todos los rituales de ellos que utilizan hojas de coca como un pasaje sagrado hacia el Mundo de la Gente Planta. Nos dieron hojitas a cada uno y nos enseñaron cómo hacer *K'intus*. Esto consistía en tres hojas colocadas una sobre la otra, y una vez se le soplaba una oración con toda la intención, el *K'intu* estaba listo para ser ofrecido al fuego.

Durante esta ceremonia recé por los miembros de mi familia biológica. Sentí cómo me fusionaba con el corazón y el alma de cada uno de ellos, con una intensidad que nunca había sentido. Era como si la fusión estuviese ocurriendo a diferentes niveles y en diferentes dimensiones simultáneamente. La única sensación física que tuve fue la de las lágrimas que caían por mis mejillas, llegando hasta mis antebrazos, muy lentamente...

El cuarto día tuvimos el privilegio de presenciar una ceremonia maya. Comenzó con nosotros honrando las cuatro direcciones. Una candela simbolizando una de las razas humanas más importantes fue colocada en cada una de las cuatro direcciones: la candela blanca en la dirección Este (simbolizando Europa), la amarilla en el Oeste (simbolizando Asia), la roja en el Norte (simbolizando a los indígenas nativos del continente americano) y la negra en el Sur (simbolizando África). Llamamos las 13 puertas y las 20 energías del calendario Tzolkin maya mientras ofrecíamos candelas y ocote (astillas de madera humedecida con resina de pino, que encienden fácilmente).

La ceremonia duró unas dos horas y media ¡y nos dijeron que esta había sido la versión condensada! La ceremonia regular hubiera durado unas ocho horas, ya que cada una de las 20 energías y 13 puertas hubiera sido honrada y tenido una oración de mayor duración. Sentía un cosquilleo en mi corazón que usualmente significa una profunda familiaridad con algo que mi alma ha experimentado antes. Me dejó súper energizada.

Estábamos casi al final de nuestro recorrido con este grupo. En la cuarta noche nos reunimos alrededor del fuego para la *ceremonia de iniciación en el sendero del shamán*. A cada persona se le entregó un instrumento para participar: un tambor, un chin-chin (maraca) o una lata de metal. Todos se veían más ligeros, más contentos. Antes de la iniciación debíamos establecer una intención acerca de lo que soñábamos era nuestra misión con Pachamama (la Madre Tierra y el Universo).

La ceremonia comenzó. Mientras tocaba el tambor, empecé a sentir mi cuerpo moverse con su ritmo. Me coloqué en una de las tres filas que la gente estaba formando, caminando lentamente hacia un arco hecho de enredaderas y flores. El arco simbolizaba nuestra entrada al camino del shamán. Justo antes de cruzar la entrada, una mezcla de aromas y sensaciones me llevaron a adentrarme más en el ritmo del tambor. Cuando llegué abajo del arco, los shamanes comenzaron a limpiarme ("camay") con los cuatro elementos—agua, fuego (salvia simbolizando al fuego), aire y tierra. Me limpiaron para que pudiera embarcarme en mi camino. Al pasar por el arco sentí cómo se iban desprendiendo capas de mis propias cargas, preparándome para un despertar espiritual más profundo. Me arrodillé frente al fuego para hacer mi ofrenda y susurré mi intención para Pachamama. Luego me levanté y regresé a mi sitio en el círculo, ¡sintiéndome vigorizada!

Esa noche en nuestra cabaña, mientras nos preparábamos para dormir, Annie comenzó a describir una visión que estaba teniendo de mí. «Es un hombre viejo y algo gordito, con una barba blanca, y está vestido de color morado. Su sombrero tiene estrellas que giran alrededor de su cabeza». A medida que seguía hablando, me di cuenta de que estaba describiendo al Mago Merlín. ¡Entendí en ese momento que la magia acababa de regresar a mi vida!

El último día participamos en una ceremonia increíble para celebrar una profecía antigua común tanto de los incas como de los hopis. Se dice que la tierra del "corazón"—simbolizada por el cóndor—se unirá con la tierra de la "mente"—representada por el águila, creando el balance necesario para entrar al nuevo milenio y al mundo de la luz. Esta ceremonia es simbólica de la unión de las Américas, desde Canadá hasta Chile. Comenzó con un viaje shamánico guiado y terminó con una danza espiritual.

Nos acostamos en el suelo al ritmo de los tambores, y luego nos transformamos en un águila volando alto en el cielo, dejándose llevar por las corrientes de aire. Nuestro punto de partida era algún lugar en las Rocky Mountains del norte, y comenzamos a volar hacia el sur. Nuestro destino: los Andes. Las montañas se veían claras y el sol comenzaba a salir. Me vi volando por encima de México y de Guatemala, contemplando las montañas, los volcanes, los ríos, los lagos… todo lo que había abajo. Cuando llegué a los Andes me recibió un cóndor, y comenzamos un bello ritual de danza en lo alto de las montañas. Era una danza de apareamiento que representaba la unión entre el norte y el sur. Saliendo lentamente de mi cascarón, me transformé en un polluelo. Me fui levantando lentamente hasta comenzar a volar. (En este momento debíamos encontrar a una persona a quien no hubiéramos conocido antes y hacer una danza silenciosa.) Mi compañera era una mujer de cabello largo y oscuro y los ojos color cielo. Miramos fijamente el alma de la otra a través de nuestros ojos y comenzamos a movernos en una danza rítmica y compleja de dos aves. ¡Sentí su espíritu dentro de mí! Estábamos participando en una danza universal que habíamos aprendido mucho tiempo atrás…

La noche después de regresar a casa tuve mi sueño de culminación. Me transformé en una serpiente y lentamente comencé a cambiar mi piel. Sintiéndome más ligera, le eché un vistazo a mi nueva piel… brillaba y relucía con la luz del sol. ¡Mi renacimiento era inminente! Y la reunión estaba completa.

"Shapeshifting"
(Transformación a Nivel Celular)

Al *shapeshifting* se le conoce también como "transmutación". Involucra una tremenda transformación a nivel energético, que luego afecta a los cuerpos emocional, mental y físico. Se logra a través de continuos viajes shamánicos durante un corto espacio de tiempo, viajando a diferentes dimensiones o planos para poder tener acceso a los mapas de nuestra alma. Es a este nivel que la sanación profunda sucede. El tambor guía el camino, repicando al ritmo de la Madre Tierra. Es muy importante establecer nuestra intención antes de hacer un viaje, ya sea para sanación, para obtener información, para crear balance en la Tierra, armonía, o cualquier otra razón.

Este segundo taller de shamanismo se llevó a cabo en un viejo monasterio a la orilla del mar en North Palm Beach, Florida. El tema era *shapeshifting*, y sentaría una base sólida para mi práctica shamánica. ¡Estaríamos haciendo más de 16 viajes shamánicos en un período de cinco días! A continuación, relato algunos de mis viajes más increíbles.

Algunas veces viajamos para nosotros mismos, mientras que otras veces lo hacemos para ayudar a otros. Este viaje era para otra persona y la intención era recobrar un objeto sagrado (planta, animal u objeto) que le permitiría "abrir su corazón" de manera segura. Este objeto es conocido como una "huaca", y ya que este viaje era específicamente para ayudarle a abrir el corazón, debíamos recuperar una "huaca del corazón".

Todos se movían por el salón para encontrar un compañero y un espacio para acostarse en el suelo; de repente alguien tocó mi hombro. Era una chica encantadora con acento australiano que me dijo: «¿Te gustaría ser mi compañera?». Asentí con la cabeza y procedimos a preparar nuestro espacio en el suelo. Yo debía recuperar la huaca de su corazón primero, de manera que establecí mi intención. Me acosté cuidadosamente a su lado derecho, asegurándome de que un lado tenía contacto desde los hombros hasta los pies. En cuanto empezaron los tambores empecé a moverme a otra realidad. El ritmo de mi respiración comenzó a sintonizarse con el de mi compañera. Justo en ese momento, vi un ave blanca, grande; parecía tener prisa, y luego de subirme a ella, me llevó hacia un arcoíris espectacular. Le pregunté al arcoíris: «¿Eres tú la huaca del corazón de mi compañera?».

Me respondió: «Sígueme». Lo comencé a seguir y a unos pasos apareció una catarata preciosa con forma de herradura. Le pregunté a la catarata si era la huaca del corazón de mi compañera, y con gran entusiasmo, me contestó: «¡Sí!». Estiré la mano para agarrar la catarata y la jalé hacia mi corazón, sujetándola bien para que estuviera segura durante mi viaje de regreso a la realidad ordinaria. Al regresar, me levanté y luego me arrodillé frente a mi compañera. Soplé la huaca, primero en su chakra corazón y luego en su chakra de la corona, para así balancear la energía de su cuerpo.

Ayudé a mi compañera para que se sentara y cuando abrió sus ojos pude ver una chispa que emanaba de ellos. Le conté sobre mi viaje y sobre la huaca de su corazón, y se quedó con la boca abierta del asombro. Justo antes de esta meditación habíamos tenido otra para encontrar nuestro lugar sagrado y ella había ido a una hermosa catarata… ¡en forma de herradura! Me dijo que las cataratas eran uno de sus lugares favoritos.

La siguiente meditación fue para ayudarnos a superar obstáculos que nos hayan impedido alcanzar nuestros sueños. Fue un viaje intenso y totalmente distinto a cualquier otro que haya realizado.

Comenzaron a sonar los tambores al momento en que terminaba de establecer mi intención. El ritmo me llevó profundamente a mi lugar sagrado. Caminé por un sendero que me era familiar y al aparecer una bifurcación en el camino, continué hacia la derecha. El sendero hacia la izquierda parecía más fácil, más brillante, más limpio. Sin embargo, algo me impulsó a seguir en la dirección opuesta. Este camino estaba lleno de piedras y ramas, pareciendo más peligroso y menos transitado que el otro. Mis amigos, parientes y seres queridos aparecieron de repente, alentándome a continuar.

A medida que avanzaba vi una caverna. Me acerqué y eché un vistazo adentro, y vi a un gran dragón durmiendo. Realicé que la única forma de alcanzar mis objetivos y sueños era pasando hacia el otro lado del dragón. «La abundancia está del otro lado», una voz dentro de mí me dijo. Pronto mis seres queridos se dieron cuenta de hacia donde iba y se quedaron atrás. Ahora iba por mi propia cuenta. Lo único que llevaba era una espada, pero el dragón era tan enorme que la espada se veía muy pequeña en comparación con él. Decidí seguir adelante y hacer mi mejor esfuerzo.

Al entrar a la caverna el dragón se despertó, abriendo sus ojos de par en par. Me miró furioso, pues él era el guardián de todos los sueños. Expulsó una llamarada de fuego mientras trataba de golpearme con su enorme cola. Clavé mi espada en el dragón, esperando distraerlo lo suficiente como para poder pasarlo. Mientras él me perseguía, yo seguí clavándole la espada una y otra vez hasta que colapsó y cayó. Corrí lo más rápido posible hacia el otro lado de la caverna sin mirar atrás, y descubrí que lo había logrado. Pero sentía una extraña tristeza por el dragón. Sabía que él había sido una parte de mí y que siempre había estado allí; pero ahora se había ido. Después de una respiración profunda, agarré mis tesoros y los llevé fuera de la caverna. ¡No habría más obstáculos para la abundancia en mi vida a partir de ese momento!

El siguiente viaje fue una meditación tibetana muy especial, donde conoceríamos cinco nuevos guías espirituales que nos ayudarían a lo largo de nuestra misión y nuestra vida. Nos llevarían a un lugar donde encontraríamos un "árbol de refugio". Las hojas de este árbol contenían magia y cuando los energizábamos con nuestra respiración, cobraban vida frente a nuestros ojos. Hubo muchas transmutaciones diferentes dentro de este viaje.

Nos acostamos en el suelo una vez más, estableciendo nuestra intención antes de comenzar. Me transporté hacia mi lugar sagrado de manera muy fluida, sintiéndome muy relajada. Miré hacia el horizonte y vi una laguna con una pequeña isla en el medio. Había una gigantesca planta de loto en la isla. Mientras me acercaba, la planta de loto comenzó a abrirse mostrando toda su belleza y creciendo hasta convertirse en un árbol. En lo más alto del árbol había una hoja que me invitó a posarme sobre ella, desde donde podía observar todo lo que sucedía. Me convertí en parte del árbol. Miré hacia una rama y vi a alguien sentado sobre una de sus hojas.

Energicé la hoja con mi respiración y se convirtió en mi "guía de la compasión"—una hermosa paloma blanca. Le hablé y le pedí que me ayudara a tener compasión con todas las personas y con todas mis relaciones. Una vez sentí que el trabajo estaba completo, le di las gracias por estar allí. Mi atención se movió hacia otra hoja en otra rama y la energicé nuevamente con mi respiración. Vi que se transformaba en mi "guía consejero"— un monje lama con anteojos redondos y una túnica color café. Me acerqué y le pedí que me ayudara con mi misión y con mis gestiones en la vida. Después de que él asintió, le di las gracias y continué mirando alrededor del árbol hasta ver otra hoja y proceder a energizarla. Mi "guía sanadora" vino a la vida. Una nativa norteamericana apareció sonriendo, y le faltaban algunos dientes. Le pedí que me ayudara con mi propia sanación y me dijo: «Lo haré, y además te prepararé a ti, pues pronto estarás sanando a otros». Le di las gracias, respiré profundo de nuevo y busqué alrededor del árbol una vez más. Vi otra hoja, y al soplar sobre ella se convirtió en mi "guía guerrero"—un guerrero Vikingo. «Mi nombre es Gregor y no debes temerle a nada». Le di las gracias por su valiente disposición y continué mi camino.

Al mirar hacia una rama lejana buscando el último guía vi algo que parecía estar haciendo piruetas sobre una hoja. Respiré sobre la hoja. Una niña de diez años de edad apareció, corriendo a mi alrededor mientras me decía: «Yo soy tu "guía salvaje". ¡No te olvides de jugar!». Abracé a la niña y le agradecí por sus bendiciones y por su inocencia. De un brinco descendí del árbol de loto. Mirando hacia donde estaban mis guías, les agradecí, prometiendo regresar a lo largo de mi vida para obtener su guía y orientación. Dejé la isla y regresé a mi lugar sagrado. Lentamente me fui haciendo consciente del mundo ordinario.

Después de terminar los viajes del segundo día me fui hacia el agua para ponderar. Faltaban pocos minutos para el almuerzo. Los viajes de estos dos días fueron muy profundos; en uno de ellos me enseñaron mi futuro como conferencista ante grandes audiencias. Mi amiga Bonnie vino y se sentó a mi lado, en silencio. Compartí con ella algunos de mis viajes y le comenté que quizás había estado delirando, especialmente en el que suponía me convertiría en conferencista. Eso era tan lejano a mi trabajo actual, que a menos que me lo topara de frente, no le prestaría atención. ¡Vaya confianza que le tenía a mis guías espirituales y a sus mensajes! Nos levantamos y nos dirigimos hacia la cafetería para almorzar. Una mujer que no había conocido antes se me acercó y me dijo: «Mi nombre es Susan. He querido conocerte». Sorprendida, le contesté: «¿Y por qué?». Me contestó: «Yo represento a expositores y conferencistas, y me parece que tú serías una conferencista sensacional». Me quedé con la boca abierta. Bonnie se ahogó con su bebida. ¡Definitivamente me había pegado de frente!

El último de los cinco días de este taller intensivo debíamos trabajar con algún compañero para encontrar un logo que simbolizara nuestra misión y nuestro sueño. Trabajé con una nueva pareja. El logo que ella recuperó para mí tenía una "espiral", simbolizando el camino que recorremos en la vida; también tenía una "diosa". que simbolizaba lo femenino. Fuera de ella había un "sol" que daba luz y energía a la espiral. Unos años después mientras escribía sobre mis experiencias místicas, realicé que el logo de mi nueva compañía—*Awakening the Soul (Despertando el Alma)*—¡tenía una parte que era idéntica a la imagen que me dieron tres años antes! ¿Era hora de dejar de estar tan sorprendida ante las frecuentes sincronías en mi vida?

Mi viaje de regreso del seminario fue un desafío. Nos advirtieron que tuviéramos cuidado al regresar a casa porque nuestro cuerpo físico se podría sentir un poco desconectado. No sabía lo que realmente querían decir, pero pronto lo descubriría. Mi casa quedaba como a una hora y media del sitio del taller. Manejar siempre me había sido tan natural, pues mi madre me enseñó cuando yo tenía diez años. Ella había corrido carros cuando era joven y quería que nos sintiéramos seguros en la carretera.

Después de manejar unos treinta minutos mi cerebro se "congeló", y se me olvidó cómo conducir. Mi cuerpo no respondía y mis habilidades para manejar desaparecieron. Era obvio que estaba vibrando en otra dimensión, pero no sentí temor. Le pedí a uno de mis animales de poder, al águila calva, que tomara control y me llevara hasta mi casa. Me rendí y aproximadamente una hora después, me encontré abriendo la puerta de mi casa. Le di las gracias a mis guías, a mis ángeles y sobre todo a mi águila.

Encendí una candela y puse música de tambores para viajar a mi espacio sagrado. Mi intención era "agradecimiento", por llevarme a casa sana y salva y por el taller. Al sentarme frente a un hermoso altar con piedras, noté la silueta de alguien que venía caminando hacia mí. Parpadeé y froté mis ojos varias veces porque no podía creer lo que estaba viendo. ¡Era Jesús! Vestía una túnica larga de colores blanco y celeste. Le pregunté: «¿Qué estás haciendo aquí? No te he llamado desde los once años, cuando dejé mi religión». Me miró con ojos lindos y llenos de amor, y me dijo: «Yo soy tu maestro en el otro lado y siempre he estado contigo mientras estás en la Tierra». Me dijo que sabía que me había alejado de Él porque me costaba ver la imagen de la crucifixión que presenta nuestra cultura y nuestra religión. También me dijo que debía soltar el dolor que sentía cuando lo veía con la corona de espinas. Me explicó que no habíamos entendido el mensaje al enfocarnos en la crucifixión, y que debíamos recordarlo resucitado y feliz en vez de sufriendo. ¡Este episodio cambió mi vida! He sentido a Jesús cerca de mí desde entonces, y a veces durante mis meditaciones lo veo. Su presencia me ha dado un sentimiento de paz y de humildad.

Aunque sabía que la transformación del taller de *shapeshifting* había sido intensa, me tomaría varias semanas comprender cuán poderosa había sido. Algo sí era muy claro. Había llegado el momento de comprometerme totalmente con mi camino espiritual y disciplinarme. Entonces decidí encontrar un programa que combinara mis dos pasiones: el shamanismo y la medicina energética… como también mis dos culturas: la latinoamericana y la norteamericana. Le pedí ayuda al Universo y comencé mi búsqueda. En pocos días encontré una escuela de misterio que me pareció perfecta.

Las escuelas de misterio datan de la época de los egipcios y posteriormente de las civilizaciones romanas y griegas. Eran escuelas en donde se estudiaban las "enseñanzas antiguas de lo sagrado". Me inscribí rápidamente, comprometiéndome a un total de siete seminarios—cada uno durando una semana—que tomarían dos años completar; el currículo incluía muchas tareas. Otro elemento interesante de esta escuela de misterio era que al maestro le gustaba combinar la antropología mental con el shamanismo, lo que significaba que la mente estaría invitada a participar en este camino de magia. Su preparación académica tradicional había sido en antropología y su entrenamiento como shamán había seguido las enseñanzas de los incas Q'ero. Los Q'ero son conocidos como los guardianes del camino de la medicina inca, y mantienen los conocimientos y enseñanzas de sus ancestros por medio de la tradición oral. Hasta se mudaron a tierras de más de 4,500 metros de altura para escapar a los conquistadores españoles y poder mantener su sabiduría intacta.

La escuela de misterio seguía los lineamientos de la Rueda de la Medicina, un camino de sanación y enseñanza que ha sido utilizado por más de 100,000 años. La intención de la Rueda de la Medicina es que a medida que uno "se limpia y se sana", aprende también a sanar a otros. La responsabilidad de sanar nuestra historia es únicamente de uno, y esto es prioridad antes de embarcarte a dar clases, sanar o simplemente ser.

Una de las frustraciones más grandes que encontré durante mi búsqueda espiritual fue ver que algunos sanadores o maestros sentían que no tenían ninguna responsabilidad de confrontar sus propios fantasmas y sanarse a sí mismos, o aquellos que comprometían su ética y no caminaban el camino que enseñaban. Sé que hay personas que nacen con maravillosos "dones" y que están destinados a compartirlos con la humanidad y con la Tierra. Pero como almas todos venimos a aprender, y esto significa que debemos hacer nuestro propio trabajo antes de emprender nuestra misión espiritual. Y a medida que entramos en este camino de servicio, la responsabilidad de continuamente mejorarnos a nosotros mismos y a caminar el mundo con más humildad es mucho mayor.

La Rueda de la Medicina es un proceso shamánico que aún se mantiene vigente en muchas culturas indígenas y escuelas de misterio alrededor del mundo. Lleva al estudiante a un camino de auto-sanación y de iluminación espiritual. En el linaje que yo sigo comenzamos con la *dirección del sur*, la cual involucra soltar el pasado y reconocer las lecciones que los desafíos del pasado nos han enseñado; es simbolizada por la serpiente, pues el soltar de su piel es una metáfora de nosotros dejando ir nuestras propias historias. Hacemos esto como un acto de amor y de poder. A medida que la Rueda de la Medicina gira con el reloj, llegamos a la *dirección del oeste*. Aquí enfrentamos nuestros temores, incluyendo el más grande de todos: la muerte. También morimos a todo aquello que hemos sido hasta ese momento: nuestra identidad y, por lo tanto, obtenemos el regalo de la libertad. Luego continuamos con la *dirección del norte*, donde ya no somos guiados por el pasado ni por nuestros temores. Aquí tenemos acceso a nuestros ancestros y a nuestros guías, a nuestros ángeles. También desarrollamos una relación íntima con nuestro Yo Superior, aquella parte sabia y eterna de nosotros que es parte de Dios. En el norte aprendemos un nuevo concepto del tiempo: el tiempo shamánico. El linaje shamánico reside afuera del tiempo, pero se expresa en el tiempo. Es únicamente cuando viajamos afuera del tiempo, al infinito, que nos encontramos cara a cara con el Gran Espíritu o el Creador. La Rueda termina con la *dirección del este*, donde comenzamos a crear basado en aquello en lo que nos podemos convertir, visualizando un mundo lleno de luz y con infinitas posibilidades. En otras palabras, ¡recordamos soñar el nuevo mundo a la realidad desde un esquema completamente puro!

Después de remover muchas capas y completar la Rueda de la Medicina, finalmente permitimos que nuestra alma brille, nuestra esencia primordial. Emergemos más felices, dejando de ser prisioneros de un mundo que se suscribe a las limitaciones humanas. Entendemos nuestra Divinidad y nuestra conexión con la Divinidad, asumiendo la responsabilidad de crear nuestro futuro en cada momento. El mundo de la magia y de las coincidencias se convierte en algo normal, y comenzamos a vivir cada día y cada momento con absoluto éxtasis. Esto no quiere decir que los desafíos y dificultades han salido de nuestras vidas. Estamos en esta escuela llamada Tierra para el aprendizaje de nuestra alma, comprendiendo siempre que con estas herramientas podemos lidiar mejor con esos desafíos y aprender de ellos, en lugar de convertirnos en sus víctimas. En la quietud observamos…

La Rueda de la Medicina Shamánica

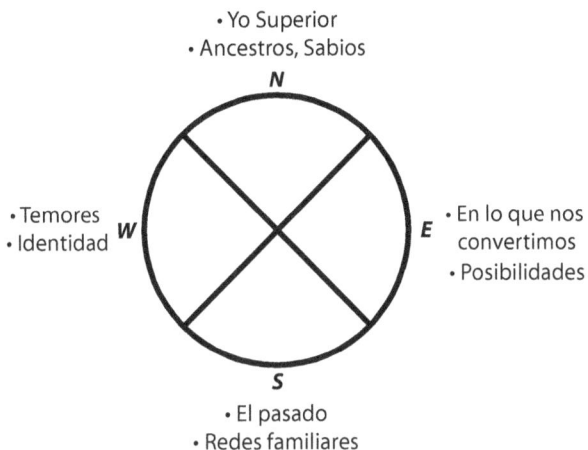

• Yo Superior
• Ancestros, Sabios

N

• Temores · Identidad W   E • En lo que nos convertimos
• Posibilidades

S

• El pasado
• Redes familiares

Sanando el Pasado

"No son las montañas las que conquistamos,
sino a nosotros mismos".
—Sir Edmund Hillary

A LA TIERNA EDAD DE TREINTA Y NUEVE AÑOS PARECÍA que había vivido una vida entera entre familia, profesión y relaciones. Había sido una vida intensa hasta ahora y a pesar de las adversidades, la alegría y la belleza superaban cualquiera de las "historias" que cargaba acerca de temas y situaciones que había enfrentado. Esto no quería decir que podía permanecer quieta y continuar repitiendo los mismos discos rotos, ni en mi mente ni en mi corazón. Después de mi última relación realicé que necesitaba tomarme un tiempo para sanar viejos patrones, o continuaría atrayendo experiencias cada vez más dolorosas. Además, aunque mi carrera estaba encaminándose por la dirección correcta en términos de permitirme mayor libertad para seguir profundizando en mi espiritualidad, ya no me motivaba como antes. Mi familia continuaba poniéndome retos en cuanto al tiempo y compromiso que demandaban y esperaban de mí, y esto estaba afectando significativamente tanto mi vida profesional como la personal. Espiritualmente estaba comenzando a llenar el vacío que había sentido por más de una década, pero mi propósito en esta vida continuaba eludiéndome. Era claro que había mucho que necesitaba sanar y cambiar para que yo pudiera vivir la vida plenamente, y ¡la responsabilidad recaía únicamente en mí!

En los pocos años de estar profundizando en el tema espiritual, me quedaba claro que nadie sanaba con tan solo entender las situaciones que habíamos enfrentado. Si la energía es la fuente de todo, entonces la sanación debía comenzar en el plano espiritual—con el cuerpo energético. Por supuesto que el cuerpo emocional me proporcionaría el mapa para entrar a las lecciones de mi alma, y eventualmente la mente podría venir a bordo con realizaciones grandes y cambios reveladores. Había visto a mi madre intentando por décadas poner su vida en orden a través de la psicoterapia y los resultados fueron insignificantes y poco duraderos. Por lo tanto, sabía que debía haber una manera más profunda de moverme hacia las memorias y sus correspondientes heridas, y que el análisis jamás iba a sanar mi alma. También quería aprender acerca del amor incondicional, particularmente sobre el amor propio. *¡Era el momento de romper paradigmas acerca de la sanación y empezar a escribir una nueva historia!*

En la tradición shamánica, lo que **vivimos como experiencia** es lo que es verdad, no lo que nos han enseñado o lo que pensamos. En efecto, la mayoría de las disciplinas espirituales se enfocan en ese "saber" interno como verdad y no en las "creencias". Las creencias se desarrollan en base a la experiencia de otra persona, que no necesariamente es la nuestra. Estaba lista a tener mis propias experiencias shamánicas. La primera aventura con la Rueda de la Medicina era la *dirección del sur*, y en agosto de 2001 iba en camino hacia Joshua Tree, en California. Durante los siguientes siete intensos días y noches nos iban a enseñar sobre el shamanismo inca con un pequeño destello de antropología occidental. Sentía una cierta intimidación de reunirme con más de 100 potenciales practicantes shamánicos, sobre todo porque iba sola. ¡Pero mi alma estaba lista para este desafío! Era solo cuestión de físicamente mover hacia adelante mi parte humana y el Universo entero conspiró para que esto sucediera.

Antes de continuar debo aclarar un par de conceptos, pues me referiré a ellos repetidamente a lo largo de mis experiencias shamánicas. El primero es la ***mesa*** del shamán, que es un ser energético vivo que nos ayuda a participar con ese mundo energético de manera íntima. Consiste en una tela sagrada que contiene objetos de poder cargados de luz, varios de los cuales se convierten en herramientas de sanación. Muchos de estos objetos de poder se van sumando a la mesa a medida que recorremos toda la Rueda de la Medicina, pero también pueden ser agregados mientras caminamos por nuestro sendero espiritual. Pueden ser piedras, plumas o cualquier cosa que sentimos es especial y que queremos incluir en nuestro bolso sagrado. A medida que avanzamos a través de iniciaciones shamánicas, la mesa se va convirtiendo en un mapa mítico y energético de nuestra alma.

La ***ceremonia sagrada de fuego*** es central al shamanismo. Nos conecta con una dimensión mítica fuera del tiempo y del espacio. Es muy importante **siempre** establecer nuestra intención cuando hacemos un ritual o una ceremonia. En la *dirección del sur* la intención es liberar todo aquello de nuestro pasado que necesite ser sanado… cualquier cosa que cargamos en nuestro "pesado morral" personal. Una vez lo soltamos a nivel mítico, nos rendimos y observamos cómo la ligereza se manifiesta gradualmente en nuestras vidas. Las ceremonias de fuego son hechas para celebrar una etapa de la vida, para limpiarse o sanarse de una situación desafiante, para entregarle situaciones o problemas a la Divinidad, para hacer crecer las semillas de los arquetipos en nuestras chakras, para honrar a alguien o a algo, para celebrar a la Madre Tierra, y para agradecer por una sanación que nos hayan hecho. Las ceremonias también nos fusionan con la Madre Tierra y todo lo que vive en ella, como también nos ayudan a agradecerle a nuestros guías espirituales y a nuestros ángeles por su ayuda. Las ceremonias de fuego nos ayudan a convivir con el Gran Espíritu y a expresarle agradecimiento, y nuestra relación entera con todo lo que nos rodea se realinea. Después de cada ceremonia usualmente emerjo en un estado de paz e introspección, sintiéndome conectada con la dimensión de mi alma.

Las pinturas de arena o mandalas han sido utilizadas desde hace muchos siglos por los budistas tibetanos y por los nativos norteamericanos. Son creadas a nivel mítico como una poderosa herramienta de sanación, o como una fuente de sabiduría y forma de meditación. Ellas trazan la vida de una persona de forma simbólica, aunque se manifiestan con el tiempo a nivel físico. Hay muchas razones por las que se hacen las pinturas de arena: salud, creatividad, para simplificar nuestras vidas, para apreciar quiénes somos o para comprender una situación que estamos enfrentando. También nos ayudan a soltar lo que ya no nos sirve, rastrear aquello en lo que nos estamos convirtiendo, cambiar comportamientos, o pedir orientación. Al igual que con las ceremonias sagradas, **siempre** debemos establecer nuestra intención antes de comenzar una, permitiendo que el Universo se entere para que pueda alinearse tras de nosotros. Los nativos americanos también las utilizan para sanación, para adivinación y para crear transformaciones o cambios poderosos.

Los mandalas empiezan con un círculo sobre arena o sobre tierra, utilizando materiales que puedan quemarse para representar simbólicamente los aspectos de nuestras vidas. Es mejor si encontramos estos materiales en el suelo en vez de arrancarlos vivos. Es un ejercicio de expresión, no de perfección. Ponemos nuestra intención en la pintura de arena y comenzamos haciendo un círculo exterior con nuestro dedo; seguidamente usamos los elementos de la naturaleza para diseñar, por ejemplo, cómo luce nuestra vida hoy. Luego de observar pacientemente comenzamos a mover los elementos que colocamos dentro del círculo para así crear cambios en nuestras vidas a nivel físico. Es importante mantener nuestra historia mítica como un compás—siempre. Los mandalas son extremadamente poderosos y nos ayudan a modificar aspectos de nuestra vida en un plano que es amigable y cautivador (mítico), en vez de en uno que es desafiante y reactivo (literal).

Cuando nos relacionamos con el mundo, aprendemos a utilizar y a movernos entre **estados perceptuales**. Esto es una práctica común en psicoterapia, pero también puede ser usada en el shamanismo. Aunque hay muchos estados perceptuales, los que se usan más son los siguientes cuatro:

- El primero es el estado *literal*, que es el que nos enseñan y en el que "aprendemos" a vivir; es el nivel del cuerpo, de los cinco sentidos, de detalles y de hechos.

- El segundo es el **simbólico**, que es el nivel de la mente y de las emociones, de la personalidad, de la imaginación y de la creatividad.

- El tercero es el *mítico*, que es el nivel del alma… de historias y mitologías. Es nuestra "historia", la perspectiva a 50,000 pies (15,000 metros) de altura.

- El cuarto es el *energético* o *esencial*, que es el nivel del Espíritu, de la energía, de todo lo que es.

A medida que aprendemos a trabajar conscientemente con los cuatro niveles, entendemos que el *esencial* informa al *mítico*, el cual a su vez informa al *simbólico*, que finalmente informa al *literal*. Es parecido a nuestro espíritu informando a nuestra alma, que entonces informa al corazón y a la mente, y por último a nuestro cuerpo físico. Aunque no estemos conscientes de eso antes de nuestro despertar espiritual, ya operamos en estos cuatro niveles; sin embargo, muchos comienzan y permanecen en el estado *literal*. Jean Houston llama a estos "los cuatro niveles más comunes de la psique". Entre más de cerca trabajamos con la fuente o el nivel *esencial*, menos energía usamos. Idealmente permitimos que el nivel *esencial* informe a los otros tres niveles. Dado que este es la fuente de todas las cosas, es el estado perceptual más efectivo con el cual trabajar, pero a la vez es el más difícil de comprender.

El lenguaje de los niveles *literal y simbólico* es la "palabra", el lenguaje del nivel mítico son las "imágenes", y el lenguaje del nivel esencial es la "energía". Por ejemplo, las visualizaciones son mucho más efectivas que las palabras, pues involucran los cinco sentidos además de nuestra intuición. Así que el shamán o persona de medicina ancestral desarrolla la habilidad de cambiar conscientemente los niveles de interacción con el mundo, seleccionando el estado que más le empodera en una dada situación y el cual utiliza la menor cantidad de energía.

En la mayoría de los casos tratamos de obtener consenso con otros al nivel *literal*, ya sea con un socio, amigo, cónyuge, compañero de trabajo, jefe, empleado o grupo. Esto es lo que nos han enseñado a hacer. Sin embargo, es muy difícil llegar a un acuerdo con solo palabras y detalles, pues las personas tienen diferentes interpretaciones para una misma situación. Esta es la razón por la cual hemos establecido reglas y definiciones, intentando hacer un puente entre percepciones y lograr un consenso. Los poetas, por ejemplo, inician su participación con el mundo en el nivel *simbólico*, donde las metáforas y el simbolismo proporcionan un bello lenguaje para intentar alcanzar al alma; tener consenso *podría ser* posible en este nivel.

Un poco más allá se encuentra la persona de medicina ancestral que sabe que puede obtener consenso en el nivel *esencial*. Es en este y en el nivel *mítico*, donde podemos soñar nuestro futuro a la realidad. Una vez que aprendemos a operar en estos dos niveles, comenzamos a caminar por el sendero del "Guerrero de la Paz", donde ya no interactuamos desde la perspectiva del ego sino desde la de nuestra alma. Entonces, si enfrentamos una situación difícil o estresante a nivel *literal*, elevamos nuestra percepción al nivel *mítico* o al *esencial* para tener otra perspectiva y cambiarla, en vez de reaccionar desde el nivel *literal*. Podemos elevarnos al nivel *mítico* o al *esencial* mediante la meditación, la oración o haciendo mandalas.

Soltando Huellas

Las chakras cuentan la historia de cómo la persona "absorbe" un evento, un patrón o un trauma en la vida. Una huella se puede formar si uno no lidia o sana las emociones negativas asociadas con esa situación. Para permitir que las chakras y el cuerpo energético regresen a la salud, debemos encontrar y eliminar esa huella. Esto significa que debemos elevar nuestro estado perceptual para trabajar desde el nivel *esencial* de la persona, y evaluar cómo pueden haberse afectado las chakras por un evento o situación en particular. Una vez la huella haya sido removida, reforzará o transformará los niveles físico, emocional y psicológico. Utilizamos un proceso shamánico para removerlas, pues nos permite sanar afuera del tiempo y del espacio, permitiéndonos acceder al *origen* de una herida. Algunas veces una persona puede recordar instancias relacionadas con lo que está sanando, remontándose a cuando estaba en el vientre materno; sanaciones impresionantes ocurren en pocos minutos. La limpieza de las chakras nos ayuda a liberarnos del tiempo, además de ayudarnos a entender cómo sostenemos nuestras historias, nuestras heridas.

En la psicoterapia tradicional trabajamos dentro de la historia del cliente. Los shamanes, por el contrario, trabajan afuera de la historia y motivan a sus clientes a liberarse de ella. La filosofía es que una vez sanadas, las heridas de nuestro pasado dejan solo lecciones, por lo tanto, liberándonos de nuestras historias. Revivir y continuamente reevaluar nuestras historias puede incrementar esas energías y, por ende, atraer situaciones similares a nuestra vida.

Queremos que nuestra historia deje de informarnos en el momento presente. La intención es soltar nuestro apego a una historia o a cómo sucedieron las cosas, así liberándonos de nuestro pasado. Lo que somos hoy comienza a definir las posibilidades de lo que podemos ser en el futuro. Creamos nuestro futuro en el presente, y la sanación nos ayuda a soltar las heridas del pasado para que podamos re-informar a nuestra alma y liberarla, y así crear el futuro que quiera. Esta es una de las principales premisas shamánicas:

Nos sanamos primero, ya sea que entendamos o no por qué las cosas sucedieron como sucedieron, y luego soñamos nuestro mundo a la realidad.

Para comenzar a sanar nuestro pasado debemos empezar por identificar nuestro mapa actual. Un mapa nos muestra cómo procesamos y cómo nos aferramos a situaciones en nuestras vidas, y utilizamos las chakras para ilustrar esto. La clave es obtener una emoción muy clara y definida relacionada al tema que se va a sanar, para que el cuerpo energético se active. Una vez conectamos con nuestro cuerpo energético, nuestro mapa emerge. En esta parte del proceso de sanación soltamos nuestra historia actual y rehacemos la manera en que procesamos situaciones. Esto resulta en un nuevo mapa que disminuye el daño y nos empodera más, permitiéndonos cambiar comportamientos que ya no nos sirven.

La sanación es un viaje y la mayor parte del tiempo nos encontramos "en proceso". Una vez la semilla de la sanación es sembrada, esta crece y comienza a informar al cuerpo y a la mente de nuestra intención. Mientras más nos acercamos al nivel *esencial*, obtenemos más sabiduría y consciencia, y menos detalles y materia. Entre más cerca estemos del nivel *literal*, más información material y datos específicos obtendremos, pero menos sabiduría y consciencia. Por lo tanto, queremos mantener nuestra percepción donde podamos obtener más sabiduría, pues esto nos ayudará a liberar viejas historias. El proceso shamánico que usamos sana el nivel *energético* inmediatamente, pero su expresión física puede ser gradual.

Mis propias experiencias soltando huellas transformaron todo. Comencé por elegir los tres temas más desafiantes a través de mi vida: la familia, el rol de cuidadora y el poner límites. Luego elegí tres piedras y le soplé una situación a cada una de ellas. Las piedras me ayudarían a transmutar estos tres temas. El proceso de sanación empezó, un tema a la vez.

El primero trataba con **mi familia** y las expectativas excesivas que ponían sobre mí. Había sido entrenada a responder a esas expectativas desde muy pequeña y por lo tanto lo permitía, pero no sabía que podía elegir cómo respondía a ellas. Eventualmente comprendí que tenía que venir desde una posición de poder cuando respondía a sus llamadas de ayuda.

Comencé soplando varias memorias acerca de situaciones que involucraban a mi familia a una de las piedras del sur en mi mesa. Cuatro de mis siete chakras estaban seriamente afectadas. Comenzó el proceso… Un miembro de la familia apareció primero. Vi un túnel oscuro con una apertura de luz al final. Intuitivamente empujé toda la oscuridad hacia esa apertura y fue extraída como un sifón hacia fuera.

Luego apareció el segundo miembro de la familia y vi un pasillo con muchas puertas abriéndose y cerrándose simultáneamente. Cuando le pregunté a las puertas qué eran, me dijeron que cada una de ellas guardaba una situación o una enfermedad de este miembro de la familia. Llené todo el pasillo de luz y lo comprimí desde ambos lados. Utilizando mi intención, lo envié todo hacia la piedra que estaba en mi chakra raíz. La piedra lo absorbió, quitándomelo.

Apareció después el tercer miembro de la familia y vi un disco iluminado. De un lado estaba todo mi amor hacia esta persona y del otro lado estaban todas sus situaciones a las cuales yo había sido jalada. Por un momento dudé en darle el disco a la piedra, pues me preocupaba que mi amor por él pudiera ser consumido por el fuego también. Entonces apareció una esfera de luz que giraba y me pidió que le enviara el disco. Así lo hice, dejándolo ir.

El cuarto miembro de mi familia había sido sanado por los primeros tres. Me sentí mucho más ligera y noté que el amor por mi familia había crecido inmensamente, pero de una manera más sana.

El mensaje principal que recibí de esta sanación fue que el amor más grande está en decir "SÍ" a uno mismo antes de darle a los demás. Solo entonces está uno suficientemente completo y capaz de darle a los demás desde una posición de abundancia y de poder.

El segundo tema relacionado con el rol de **cuidadora en mis relaciones** fue algo que aprendí muy temprano en la vida mientras estaba en el vientre materno. Cuando somos pequeños no sabemos cómo sanar esas situaciones y por lo tanto formamos huellas. Esto me afectó de tal manera que comencé a repetir esa historia en mis relaciones amorosas ya de adulta. Mi primera relación seria duró más de una década y pronto comencé a ver patrones similares a la relación de mis padres. Yo era la cuidadora/rescatadora, ya fuera en amor, finanzas, fortaleza mental, curiosidad en la vida, y la que se hacía cargo de cualquier tema o situación que pudiera surgir. Mi pareja era la víctima, percibiendo que la vida era injusta con él y que todo el mundo era malo con él. A pesar de que estaba consciente de mi rol de cuidadora y de cómo afectaba mi vida, aún no sabía nada sobre las huellas. Era capaz de identificar el patrón y de entenderlo, pero no de sanarlo.

Así que repetí el mismo patrón en mi relación más intensa y profunda justo después. En este caso mi pareja estaba ausente en su vida y, por lo tanto, ausente también en nuestra vida juntos. Estar profundamente enamorada de una persona ausente es una de las cosas más difíciles con las que he tenido que lidiar. Era como encontrar el compañero de alma más profundo, pero de repente, ¡uno de los dos no está listo para participar en la danza más hermosa de la vida! Fue ese dolor tan profundo de su ausencia el que me motivó a finalmente sanar la rescatadora, ese ciclo interminable de cuidadora y víctima que continuaba manifestándose en mi vida. Ése fue también uno de los principales factores que influyeron en mi decisión de comprometerme a la Rueda de la Medicina shamánica y poner mi espiritualidad de primero, y por esa razón le estaré siempre agradecida.

Procedí a soplar dos de mis relaciones personales más intensas a la segunda piedra de mi mesa, una a la vez. Evaluaron mis chakras y tres de ellas estaban afectadas. Cuando soplé situaciones relacionadas con la primera relación vi una imagen de un castillo oscuro con muchas chimeneas negras y humo negro; todos los alrededores estaban negros también. No sabía qué hacer, así que le pedí ayuda a mi guía sanadora anciana. *Ella me dijo que debía comenzar a "pintar" la imagen de blanco, pues la luz solo puede entrar cuando la oscuridad sale. Comencé con las chimeneas y el humo, luego con el castillo, y por último con los alrededores. Una vez se llenó todo de luz encendí una llama en la chakra de mi plexo solar y quemé todo. ¡Instantáneamente sentí un tremendo alivio!*

Después le soplé a la piedra las situaciones relacionadas a mi segunda relación y mi guía sanadora anciana *me preguntó si me gustaba desempeñar el rol de rescatadora. Le contesté que me gustaba cuidar de mis seres queridos pero que deseaba una relación donde esto sucediera en ambas vías. Me preguntó si estaba lista y dispuesta a dejar que otra persona cuidara de mí ... ¿estaba yo dispuesta a recibir? Contesté con un "SÍ" rotundo, y prometí que aprendería a recibir. Me preguntó si estaba lista a soltar que "la gente me necesitara", y después de pensarlo unos segundos, asentí. Entonces ella procedió a quemar las situaciones que fueron sopladas a la piedra y yo suspiré aliviada.*

Podemos seguir cuidando a aquellos que amamos, pero el rol de rescatadora tiene un lado de luz y también uno de oscuridad. El lado de luz se da cuando la víctima está lista para sanar y pide ayuda, entendiendo que tiene que poner su propia energía para sanarse a sí misma. Entiende que tiene acceso a las mismas energías universales que tenemos nosotros, si decide aprovecharlas. Nosotros actuamos únicamente como una chispa para ayudarle a iniciar la sanación. El lado oscuro de la rescatadora se da cuando corremos a "salvar" a alguien que no lo ha pedido y, por lo tanto, no está preparado para ayudarse a sí mismo. En este caso la persona que rescatamos usualmente repite este tipo de situaciones, pero cada vez con mayor intensidad. ¿Por qué quisiéramos que alguien repita una situación hiriente que cada vez sea más intensa? ¡Esta ha sido una de mis más grandes lecciones! Con el tiempo aprendí a aceptar tanto el lado de luz como el lado oscuro del rol de la salvadora, entendiendo que siempre puedo elegir cómo quiero participar.

La tercera sanación tuvo que ver con **"poner límites"**. Muchas veces tenemos miedo de poner límites porque no queremos herir a alguien, o quizás hemos sido culturalmente entrenados para decir 'Sí'. Independientemente, siempre terminamos en una posición de resentimiento, pues traicionamos lo que realmente sentimos y, por ende, nos traicionamos a nosotros mismos.

Tomé la tercera piedra y le soplé varias situaciones de mi vida en las que no establecí límites y por lo tanto terminaron aprovechándose de mí. Trabajé cada historia, una por una, lentamente. Durante la sanación vi los rostros de todas las personas con las que no puse límites. Un rostro se derretía en el siguiente, el siguiente con el que aparecía después y así sucesivamente. Todos aparecieron en una esfera redonda, incluso algunos que no recordaba y situaciones que ocurrieron hace mucho tiempo. Llené la esfera con luz y la envié a la piedra en la chakra corazón.

A medida que la energía tóxica iba ardiendo, se iba dando una tremenda transformación de energía en mí. Me sentí liberada y poderosa. Un gran peso había sido levantado de mis hombros.

Cuando aprendemos a poner límites, aprendemos a defendernos a nosotros mismos. El respeto propio es esencial para tener una vida llena de quietud y una fuerte conexión con la Divinidad, pues al respetarse uno crea la plataforma para respetar a todo y a todos. Es más, por ese respeto propio decidí hacer el compromiso con mi alma de que hasta que no me hubiese sanado de manera significativa, no iniciaría una nueva relación con alguien aparte de conmigo misma. No quería volver a repetir ninguno de esos patrones. Esto me trajo el regalo de estar presente en mi relación conmigo misma. Aprendí que solamente yo puedo completarme, y que sólo cuando esté completa estaré lista para entrar en una relación con los demás. ¡Fue un gran paso adelante!

Todas estas experiencias me han enseñado que cuando enfrente una situación emocional difícil puedo elegir: enfrentar mi dolor y seguir hacia adelante reinventándome en el proceso, o regresar a lo que era antes de enfrentar la dolorosa situación e intentar falsamente recapturar un momento en el que no sentí ese dolor. La primera nos permite sanar y amar más profundamente; la segunda nos lleva a un estado de complacencia y negación, y eventualmente abre un hoyo mucho más grande. ¡Seguir hacia adelante es la indiscutible elección!

Partes del Alma y Rostros Originales

Después de sanar las huellas, me adentré en otros viajes y procesos que me ayudarían a continuar sanando mi pasado. Primero fue un "viaje de recuperación de un pedazo del alma", que tiene que ver con traer de vuelta un fragmento de nuestra alma que fue dejada atrás debido a un evento traumático. Generalmente un shamán hace este proceso para un cliente, pero como estaba involucrada con la Rueda de la Medicina, lo hice para mí misma. Esto también me ayudaría a conocer sobre el paisaje del *inframundo*. El *inframundo* es usualmente donde encontramos pedazos del alma perdidos y respuestas a situaciones relacionadas con nuestra actual encarnación. No es bueno ni malo, sino simplemente es. En cada uno de los viajes para recuperar pedazos del alma, la intención es la de "buscar aquello que nos hará sentirnos completos", esa parte de nuestra alma que dejamos atrás como resultado de un trauma.

El primer pedazo del alma que vi fue de cuando tenía catorce años de edad. Se fue durante un terremoto horrible en Guatemala a mediados de los setentas. Al principio vi destellos de la experiencia de esta adolescente. Comenzó con ella siendo despertada abruptamente por el rugido de la Tierra y luego por las continuas sacudidas de un lado a otro. Las ventanas explotaban por todos lados... los cuadros caían a su alrededor... devastación. Sin luz. Cuando salió de la casa vio a la muerte a su alrededor. Estaba muy asustada. El rey del inframundo, de manera amable y cortés, me ayudó a recuperar esa parte perdida y asustada. Se quería sentir segura, y me tomó un tiempo convencerla de que podía confiar en que mi "yo adulto" la protegería; ella aceptó regresar. Entonces comprendí por qué cualquier sonido o movimiento repentino me asustaba después del terremoto. También necesitaba tener una luz prendida cerca para poder dormir. ¡Todo había ocurrido como resultado de la partida de ese pedacito de alma!

Una vez de regreso, comencé a dialogar con ella, no solo para entender por qué se había ido, sino también para saber qué necesitaba para integrarse a mí. "¿Quién eres?", le pregunté. "Soy una niña alegre y despreocupada", contestó. "¿Por qué te fuiste?", le dije. Ella respondió: "Estaba asustada, confundida y me sentía sola". Le pregunté: "¿Por qué tenías miedo"? Respondió: "El rugido estruendoso de la Tierra; la fuerte sacudida que me botó al piso... el dosel de la cama moviéndose enloquecido; bajar las escaleras corriendo mientras las ventanas explotaban y todo caía al suelo a mi alrededor... salir de la casa... buscar a mi cachorra; el olor a muerte... los temblores continuos... la pérdida del refugio".

"¿Cuáles son tus dones?", continué. "Me siento cómoda cuando estoy sola, sin preocupaciones y le traigo emoción a cada situación", respondió. Continué preguntándole: "¿Cuál es tu medicina?". Ella sonrió y dijo: "La Madre Tierra siempre cuidará de mí... al igual que de aquellos que deben morir". Finalmente le dije: "¿Cómo puedo hacerte sentir segura?". Me dijo dulcemente: "Sólo ámame y sostenme en tu corazón sin importar lo que esté pasando a tu alrededor". Le prometí sostenerla cariñosamente mientras una lágrima escapaba de mis ojos.

Una vez estuvo a salvo conmigo, miré hacia el otro lado y vi otro pedazo de mi alma. Era una niña de cinco años sentada en la playa. Mi familia estaba nadando. De repente mi mamá comenzó a gritar pidiendo ayuda, con mi hermano menor colgado de su cuello. Mi papá se dio cuenta de que la resaca los estaba arrastrando mar adentro. Logró agarrar a mi hermano mayor, quien estaba justo al lado de mi mamá. Lo tiró hacia la orilla donde la niña de cinco años lo agarró y arrastró fuera del agua.

Luego mi papá nadó hacia donde estaban mi mamá y mi hermano menor, pero la resaca lo comenzó a jalar. Mi mamá entró en pánico y tiró los brazos alrededor de mi papá. Él me gritó que fuera a buscar ayuda. La playa estaba desolada, pero la niña corrió hasta el bosque más allá de la arena. Estaba descalza y la arena estaba extremadamente caliente. La planta de sus pies le dolían del ardor. Finalmente encontró a un hombre desarrapado y sin dientes; ella estaba segura de que los ángeles lo pusieron allí. El anciano agarró un lazo y corrió hacia el mar, usándolo para jalar a cada miembro de mi familia hacia la orilla. La pequeña niña respiró profundo, aliviada, pero una parte de la esencia de su alma la abandonó. Presenciar esa historia me ayudó a recordar. No traje esa parte de mi alma de vuelta conmigo esta vez.

La siguiente parte de mi alma que vi fue una niña de unos doce años. Mi familia había estado involucrada en un extraño accidente justo antes de las fiestas de Año Nuevo. Estábamos en el supermercado comprando alimentos, camino a la playa. Un pickup se atravesó la luz roja del semáforo, se volcó y rodó hacia el baúl de nuestro carro. Mi padre y mis dos hermanos estaban poniendo las bolsas de comida en el baúl justo en ese momento. Mi padre vio de reojo la situación que se estaba desarrollando y empujó a mi hermano mayor fuera del camino. Luego se salió él del camino, pero no logró alcanzar a mi hermano menor mientras lo hacía. La cabeza de mi hermano quedó atrapada entre el baúl de nuestro carro y el pickup que se había volcado. Yo lo presencié todo desde la entrada del supermercado. La cabeza de mi hermano menor se abrió y chorros de sangre comenzaron a salir. Me preguntaba si saldría vivo de esta. Justo en ese momento el pickup rodó de vuelta y explotó en llamas. La cabeza de mi hermano se había liberado. Vi cómo mi pedazo del alma se fue, literalmente muerta de miedo.

La cuarta parte que vi fue cuando tenía cuarenta y un años de edad. Mi madre había sufrido un ataque cardíaco devastador y regresó a la vida milagrosamente. Los cardiólogos en Guatemala no podían ayudarla porque su condición era un caso raro. Tuvimos que llevarla en ambulancia aérea hasta la Clínica Cleveland en Ohio, para que pudiera ver a un especialista. Al llegar allá descubrimos que no podían hacerle la operación porque ella tenía úlceras estomacales y debían sanarse primero.

Le dijeron que regresara a Guatemala por un par de semanas, pero en vez de eso decidió viajar a Florida para pasar el Año Nuevo conmigo. Mi padre y mi hermano mayor vinieron también. Los doctores estaban probando una variedad de medicamentos con ella y nos dijeron que debíamos monitorearla de cerca. Una de estas medicinas estaba produciéndole convulsiones severas, y yo era quien usualmente la sostenía y calmaba durante estos episodios. Eran momentos de miedo, porque ponía sus ojos en blanco y mi corazón podía sentir su alma atemorizada. En esta ocasión en particular, ella iba subiendo las escaleras para ir a dormir. Al llegar a la curva de las escaleras, miró hacia abajo y vi sus ojos en blanco. Mi padre, que se había sentado en la grada a su lado, no se dio cuenta de que ella estaba por convulsionar nuevamente. Corrí subiendo las escaleras con una pila de almohadas en mis brazos, justo a tiempo para agarrarla antes de que cayera boca abajo por las escaleras. Me senté junto a ella, calmándola y sosteniéndola cariñosamente. En el momento en que ella se relajó, yo me desmayé. En ese entonces pensaba que había tenido un ataque de hipoglucemia, pero luego realicé que un pedazo de mi alma se había ido, porque estaba tan aterrorizada de estar sosteniendo "la posible muerte de su mamá".

Los viajes para recuperar pedazos del alma son parte del proceso de sanación. La joven de catorce años que regresó a mí era la parte que yo necesitaba para sentirme "completa" en ese momento de mi vida, y las otras tres partes me fueron reveladas para que pudiera regresar a traerlas después.

Luego del viaje de recuperación del alma, participé en un ejercicio para "rastrear al Ser". El objetivo era darle un vistazo a las muchas caras de mis vidas anteriores. Debía utilizar los cuatro estados perceptuales, donde el *literal* significaba "ver las cosas como son"; el *simbólico* era "ver las cosas cuando empiezan a cambiar porque nada es como parece ser"; el *mítico* seguía, donde "las cosas entran en quietud"; y el *esencial* se trataba de "ver el rostro original". Trabajé con una compañera y me senté directamente frente a ella.

Trabajé con Katie, una mujer canadiense maravillosa y muy poderosa… Nos miramos una a la otra con nuestro ojo izquierdo y cambiamos de estados perceptuales hasta que todo se tornó borroso. Aparecieron muchas caras, una transformándose en otra y luego en la siguiente. La primera cara que vi era una mujer con un velo, alrededor del año 1820, de Egipto o de la India. El siguiente rostro fue el de un hombre alto de Asia que parecía mongol. El siguiente era un niño de ocho años en América, quizás un nativo americano, y mientras sostenía la mirada, realicé que el niño había sido asesinado a una edad temprana. Terminamos el ejercicio, pero la última cara me había impactado. Sentí compasión por el niño y por Katie, asumiendo que estaba viendo los rostros de sus vidas pasadas. De repente descubrí que todas esas caras eran mías. Este ejercicio no se trataba de ella; ¡se trataba de mí! Katie era un reflejo de mis vidas pasadas. O sea que todo esto era para percatarse del caminar de mi Ser.

Luego de numerosos ejercicios y ritos de pasaje, mi sensibilidad se elevó a un nuevo nivel. Comencé a percibir el mundo invisible de una manera que nunca pensé fuera posible, mientras realizaba que apenas estaba comenzando a tener vistazos de la totalidad de mi Ser. Con los días y las semanas comencé a tener realizaciones acerca del camino de mi alma e hilvanar ciertas experiencias que había accedido a tener.

• La primera realización fue que la muerte había estado cerca de mí en varias ocasiones. Yo parecía ser la testigo de las posibles muertes de los miembros de mi familia que, para mi alivio, no se manifestaron.

- La segunda realización fue que necesitaba "amarme y respetarme a mí misma primero que nada".

- La tercera tuvo que ver con mis maestros y mi deseo de tener una maestra espiritual mujer. Pensé que con una mentora espiritual aprendería con amor y un mayor apoyo. Los hombres, por lo que yo había leído, usaban trucos y buscaban el poder simplemente para tenerlo. Después de este taller, sin embargo, entendí que el trabajo y las enseñanzas de Andrés no se ajustaban a mis preconcepciones. Pensábamos parecido y habíamos tenido experiencias similares. Entonces realicé que a lo largo de mi vida había tenido muchos maestros **hombres**: todos los hombres durante mi carrera corporativa, mi padre, mis hermanos, amigos y compañeros anteriores. Entendí que el género era irrelevante si yo estaba dispuesta a escuchar los mensajes. Todos tenemos energías femeninas y masculinas, y es fundamental que desarrollemos ambas. Los hombres me enseñaron tantas lecciones valiosas como, por ejemplo, *cómo establecer límites, cómo ser firme pero también flexible y cómo darme reconocimiento a mí misma*. ¡Definitivamente han sido excelentes maestros!

- La cuarta gran realización tuvo que ver con el hecho de que *la tristeza es una señal del alma.* Nos deja saber que hay una parte adentro de nosotros que debemos soltar para poder movernos hacia delante en nuestro camino. Si nos vamos hacia adentro para encontrar esas heridas que nos hacen sentir triste, podemos sanarlas y ver el regalo que la tristeza nos trajo. Si nos escondemos de ella o continuamos repitiéndonos que nos sentimos tristes, podemos caer en una depresión o nuestra vida puede paralizarse. La tristeza puede ser utilizada como un puente para accesar a las profundidades de nuestra alma, y en el viaje de sanación resolvemos soltarla.

Enfrentando Mis Temores

"La seguridad no es más que una superstición. No existe en la naturaleza, ni los hijos de los humanos la viven en su totalidad. Evitar el peligro no es más seguro a largo plazo que el riesgo absoluto. La vida es una aventura atrevida o nada".
—Helen Keller

HABIÉNDOME EMBARCADO DE LLENO EN LA ESCUELA de misterio y después de haber re-enmarcado mi pasado, era el momento de enfrentar mis miedos. Necesitaba liberarme de ellos para que mis creaciones incluyeran únicamente posibilidades increíbles, en vez de aquello que no quería que ocurriera. La intención general era moverme de un lugar de *desempoderamiento* a uno de *empoderamiento*. Pero enfrentar mis temores involucraría muchos aspectos de mi vida, como mi identidad, mi linaje ancestral, las miles de vidas que he vivido y cómo afectan a la persona que soy hoy, además de enfrentar el mayor de todos los temores: la muerte. Había mucha ansiedad e incomodidad con tan solo pensar en la "muerte". Había escuchado que la *dirección del oeste* era una de las direcciones más difíciles en la Rueda de la Medicina, así que respiré profundo antes de dar el paso hacia adelante.

Una gran parte de la identidad que me mantenía presa era esa expectativa de comportamiento basada en "lo que hacía". ¿No es esa la primera pregunta que le hacemos a alguien para poder ponerlo en una categoría? No importa si realmente somos buenos en lo que hacemos, pero da una referencia sobre cómo otras personas nos ven. Pronto nos apegamos a la descripción de esa manera, usándola como nuestra tarjeta de introducción; en nuestra sociedad esa identidad nos coloca en una cierta posición *vis-à-vis* con otros que conocemos. Había llegado el momento de soltar y comenzar a redefinir quién era. Mi identidad profesional como *ejecutiva corporativa* o como *experta en estrategias* o como *líder de negocios globales* estaba a punto de disolverse.

Además, este trabajo era acerca de soltar el ego y los prejuicios, lo cual es hecho a través de estar consciente y con impecabilidad de pensamiento. Nos percatamos completamente de nuestra mente, su ego, su prejuicio y esa charla incesante, para que podamos empezar a soltarla y liberarnos de sus garras. Con tan solo aprender a observarla, hemos dejado de participar y de formar parte de todo esto. Este cambio de percepción requiere respeto y humildad, y no deja espacio para el ego.

El shamanismo es una práctica sagrada, pero de ninguna manera una práctica técnica. Los shamanes toman su trabajo en serio, como si fuera un llamado Divino. Pero muchos de ellos son juguetones y no se toman a sí mismos muy seriamente. Esta disciplina involucra una participación con todo y todos a nuestro alrededor, ya sea en la realidad *ordinaria* o en realidades alternativas. Como humanos nos enseñan a describir las cosas y a originarnos de la realidad física, pero como shamanes queremos experimentar el lado extraordinario de la realidad. Entrar en estados alterados nos ayuda a accesar esa realidad *no-ordinaria*, pero para poder hacerlo, debemos entrar a un estado de absoluta quietud.

Recientemente escuché a un ambientalista de renombre internacional que también es shamán explicar este concepto de una manera muy sencilla. Él dice que en nuestra existencia hay un lado físico y un lado espiritual o sagrado. El primero es la realidad *ordinaria*, mientras que el segundo es la *no-ordinaria*. Ambos mundos son parte de la realidad del UNO, así que debemos prestarles atención a los dos. Y es precisamente el shamán quien une estos dos mundos y crea armonía entre ellos al conectar lo espiritual a lo físico.

Entonces, ¿qué es la realidad ordinaria vs la no-ordinaria? La realidad *ordinaria* es la de nuestros cinco sentidos… la percepción humana que nos han enseñado. Es lo que podemos ver, tocar, saborear, oír y oler; aquello que podemos "explicar" y "manipular". Comprende todo el mundo material—el mundo de limitación—y define lo que podemos hacer y lo que no, lo que es y lo que no es posible. Es la dimensión linear de espacio y tiempo, donde uno o ambos nos limitan. La realidad *ordinaria* es donde la mayoría de nosotros crecimos y donde la mayoría de la gente aún vive hoy. Contiene y mantiene un sistema basado en creencias de que la vida es una dualidad de amor y temor, de bueno y malo. No puede explicar los aspectos espirituales, y por lo tanto los tiene que definir como "milagros".

La realidad *no-ordinaria*, por el otro lado, es una realidad donde el tiempo y el espacio dejan de existir. Un movimiento o acción muy sutil en un área crea un efecto en algún otro lado, y el efecto ocurre *simultáneamente* en dos lugares físicos diferentes (donde se originó y donde terminó). Es una realidad donde tenemos otros sentidos además de los cinco usuales, sentidos intuitivos que desafían explicaciones o lógica. Un lugar donde nuestra experiencia manda, lo que percibimos es "real" para nosotros. La realidad *no-ordinaria* es la realidad de nuestra alma, donde es libre de ser, hacer y sentir lo que quiera. Nos despoja de limitaciones y todo es posible; *si lo puedes soñar, lo puedes hacer*. Es ver lo que no hemos visto: un sentido de percepción agudizado a la naturaleza espiritual de todo lo que está vivo, y un sentirse conectado y unido con todo y con todos. La realidad *no-ordinaria* contiene a la realidad *ordinaria* dentro de ella, pero no de la otra manera.

Un sentimiento de absoluta paz nos envuelve cuando descansamos y meditamos en la realidad *no-ordinaria*. Es como si nadáramos en el océano del espacio sideral. Los shamanes pueden entrar a la realidad *no-ordinaria* mediante el sonido de los tambores, mediante patrones de respiración o haciendo danza extática. La realidad no-ordinaria también es muy poderosa cuando se hace trabajo de sanación, pues abre una puerta para que los clientes se muevan a un estado "sin tiempo y sin espacio". De esta manera pueden recordar situaciones o incidentes de su pasado que son relevantes a lo que están sanando. En muchas instancias pueden regresar a la herida original de lo que los está afectando hoy y sanarla. Es un espacio mágico donde ocurren cosas increíbles.

Emerge el Guerrero de la Paz

El Guerrero de la Paz es el individuo que no tiene enemigos y que no necesita violencia o venganza en su vida. Él o ella siempre practica la paz, independientemente de las circunstancias. Para llegar a ello, sin embargo, el miedo y el enojo no pueden vivir dentro de nosotros. Debemos liberar al Guerrero Oscuro que hay adentro para poder ir más allá del miedo. El primer paso para que emerja el Guerrero de la Luz involucra liberarse del triángulo del *desempoderamiento*. Este triángulo es impuesto sobre nosotros por la mentalidad occidental, donde el poder es tomado de los demás. Es una sombra con la que crecemos y sigue el viejo paradigma de la *víctima, el rescatador y el perpetrador*. Es un antiguo modelo donde el guerrero violento es alimentado por la pérdida de poder, que es parte del Mundo del Temor. Los tres arquetipos intercambian posiciones continuamente y crean un interminable ciclo de miedo, dependencia y sufrimiento. Pero nunca somos víctimas cuando caminamos el *sendero de la medicina ancestral*. Aun cuando seamos lastimados, una vez decidimos recorrer este camino de la medicina ancestral, no podemos caer más en el arquetipo de la víctima. ¡Esto significa no rescatar más, no más ser víctima y no perpetrar más!

Los shamanes sueltan este triángulo aprendiendo a acoger su propio poder, lo que significa moverse más allá del miedo. Comenzamos enfrentando el mayor de todos los miedos: *la Muerte*. Existen dos centros en el cerebro que se encuentran uno al lado del otro, pero que son opuestos en sus funciones. El centro de la "comunión extática" está contiguo al centro del "enojo". La *gente de medicina ancestral* reconoce que el miedo es la ausencia del amor. Entonces, al desprender nuestro cuerpo energético de nuestro cuerpo físico a través de los Ritos de la Muerte, separamos estos dos centros. Resulta una experiencia de profunda comunión con la vida. Todos sabemos que vamos a morir, más no sabemos cuándo. *Pero cuando nos movemos intencionalmente más allá de la muerte mientras estamos encarnados, ¡tocamos la infinidad de la forma más milagrosa!*

Los Ritos de la Muerte marcan grandes transiciones. Nos ayudan a mantenernos fuera de la violencia. No podemos hacer nada mientras sintamos miedo o temor porque nuestra práctica es una sin violencia. El enojo ya no habita más en nosotros; podemos disgustarnos, pero lo soltamos y no reaccionamos. En la *dirección del oeste* aprendemos la práctica de no-involucramiento. Si **necesitas** involucrarte, debe ser rápido y decisivo; no debes alargarlo. El shamán escoge sus batallas y no las batallas a él.

Mi primera experiencia con la *muerte* fue más una experiencia de "casi-muerte" en vez de una muerte completa. Aprendería después que la muerte completa sucedería en la última dirección de la Rueda de la Medicina, como una culminación de nuestra habilidad de viajar entre mundos. De todos modos, desprender el cuerpo energético del cuerpo físico es una iniciativa muy delicada. Esto solo debe hacerse si uno está estudiando la Rueda de la Medicina y en presencia de un shamán de mucha experiencia.

Alguien estaba sentado atrás de mi cabeza mientras otra persona leía los elogios que yo había escrito, y otra persona más comenzaba la separación de mi cuerpo energético. Una por una fueron abriendo mis chakras, comenzando con la primera y girando cada una de ellas en sentido contrario a las manecillas del reloj. Al principio lo único que vi era luz. Me sentía calmada y segura. A medida que el cuerpo energético era separado de mi cuerpo físico comencé a ver negro. No era un tono de negro que me era incómodo, sino más bien una infinidad tranquila. Cuando mi cuerpo energético estaba sobre mí, vi mi cuerpo físico desde arriba. La única cosa de la que estaba consciente era de mi respiración. Había un cordón luminoso que salía de mi vientre y que conectaba a mis cuerpos energético y físico. Al tocar este cordón se sentía tibio, pero el resto del cuerpo se sentía frío. El cordón era ancho, suave y palpable.

La sensación de tener a mi cuerpo energético arriba de mi cuerpo físico era hermosa… tan hermosa y tranquilizante que estaba lista a irme con mi cuerpo energético. No sentía remordimiento de dejar mi cuerpo físico. Este sentimiento era semejante a lo que ocurre cuando se tiene una "experiencia extracorpórea". Cuando regresaron mi cuerpo energético para unirlo a mi cuerpo físico, vi luz nuevamente. Había una cierta tristeza cuando los cuerpos se fusionaron de vuelta, ¡tristeza por atar nuevamente a mi alma libre y por darme cuenta de que era humana de nuevo!

La noche después de mi "experiencia con la casi muerte" tuve sueños extraños; todos tenían que ver con resucitar, tanto en esta vida como en otras. Debe haber sido parte de lo que mi psique necesitaba liberar. Hubo por lo menos cuatro sueños relacionados con morir y volver a la vida. A continuación describo lo que vagamente recuerdo:

*En el primer sueño estaba en un vehículo en movimiento, charlando con mis amigos. Estaba sentada en el asiento del pasajero y había un espejo frente a mí. Miré por el espejo y vi la cara de una mujer. Instintivamente, supe que "**ella**" era la Muerte. Volteé a ver de nuevo y ella continuaba allí, sonriendo. De alguna manera comprendí que era mi momento de morir. Le dije "adiós" a mis amigos y me fui con ella. Cuando me uní a ella, pensando que simplemente me escoltaría, me sorprendí al ver que agarró mi mano, se volteó y caminó hacia el Cielo… de una forma angelical, pero distante a la vez. Justo cuando me resignaba a la idea de morir, vi a mis seres queridos lamentándolo. En un instante regresé a la vida.*

En el segundo sueño, una de mis perritas Schnauzer miniatura había muerto en mis brazos, pero continuaba volviendo a la vida una y otra vez. No entendía como revivía, pero estaba tan emocionada, que renuncié a la necesidad de saber y únicamente acepté el regalo.

En el tercer sueño me encontraba claramente en otra vida, conduciendo en el campo con mi amado; él estaba manejando un carro antiguo de los años veinte. Era un día lindo y estábamos muy, muy enamorados. De repente ocurrió algo. No puedo recordarlo con exactitud, pero sí sabía que había habido un accidente. Me vi elevándome de mi cuerpo. Mi amado sostenía mi cuerpo físico mientras lloraba desconsoladamente. De repente me jalaron de vuelta a mi cuerpo; cuando abrí mis ojos lo abracé profundamente. ¡Él no podía hablar! Después de una eternidad abrazándonos realizamos que nos dieron otra oportunidad.

No pude recordar los demás sueños. Me levanté la mañana siguiente muy calmada pero sumamente energizada, consciente de que algo dentro de mí había cambiado. Parecía que la "experiencia de muerte" había abierto caminos a mi alma, aunque aún no tenía idea sobre la magnitud del impacto de ello.

Trabajando para Soltar a Mis Ancestros

Antes de encarnar, y desde un lugar bendecido, nuestras almas escogen las lecciones que van a aprender y los servicios que ofreceremos mientras estemos en la Tierra. Estas lecciones proporcionan más que suficientes retos, pero si aprendemos de ellos y los sanamos, ¡recibiremos inmensurables regalos! Sin embargo, existen otras influencias importantes que se añaden a nuestra experiencia en esta vida, como el *linaje genético*. Las generaciones previas afectan cómo vivimos y cómo reaccionamos ante ciertos eventos, personas y situaciones. Ya sea como consecuencia de sus actitudes o creencias, de las historias que nos cuentan, o por esa matriz genética que es parte de nuestra composición energética, de una manera extraña ellas continúan viviendo a través de nosotros. La cultura occidental es la única que no honra a sus antepasados como lo hace el resto del mundo. Por lo tanto, nuestra intención en sanar líneas ancestrales es la de honrar a nuestros ancestros y al mismo tiempo extraerlos de nuestro cuerpo energético.

Mi trabajo ancestral comenzó por identificar y luego liberar las líneas ancestrales que obstaculizaban mi libertad. Seleccioné a tres ancestros, asegurándome de que venían de mis dos progenitores. Entonces rastreé dónde vivían dentro de mí energéticamente, identificando las chakras específicas y el área de mi cuerpo asociada con cada uno. Terminé removiéndolos de mi cuerpo energético, liberándolos tanto a ellos como a mí. Los tres ancestros que elegimos actúan como "ganchos" para ***todas*** nuestras líneas ancestrales. No necesitamos liberar a ningún otro ancestro después de esto pues estos tres liberan a todos los demás.

El shamán siempre elige recordar su pasado como un legado positivo. Es un acto de poder y de amor. Independiente de las heridas y lecciones aprendidas que se relacionan con los ancestros, el shamán los perdona y los libera. Ya no viven más en sus cuerpos físico, emocional, mental o espiritual. De esta manera el shamán cambia la forma en que elije recordarlos, reconociendo el legado positivo que le dejaron.

En un ejercicio de liberación de los ancestros trabajé con otras cinco personas; la intención era "soltar las líneas ancestrales". La persona que soltaba sus líneas ancestrales se paraba en el centro, mientras el resto de las personas sostenían una de las cuatro direcciones (sur, oeste, norte y este). Antes de esto, habíamos evaluado cuál o cuáles chakras, y qué parte o partes del cuerpo energético fueron afectadas por cada antepasado. Para desenredar las líneas ancestrales utilizamos tres ramitas pequeñas y una de las piedras de nuestra mesa. El desenredo se hacía moviendo la mano contra el reloj, tejiendo los hilos energéticos de las líneas ancestrales al palito y fuera de nuestro Cuerpo Energético.

Esa noche participamos en una ceremonia de fuego y metimos las tres ramitas al fuego. Esto liberaría nuestra energía de los ancestros y de las líneas ancestrales que acabábamos de desenredar, y en el proceso elevaríamos a nuestros ancestros.

Me paré en el medio de la frazada mientras hacía el "ejercicio de las siete respiraciones", diseñado para moverme a estados alterados de consciencia naturales. Cuando cerré mis ojos, comencé a ver una red de luz frente a mi tercer ojo. Agarré la primera ramita y mi piedra, y enrollé los cordones de energía a su alrededor con movimientos contrarios a las agujas del reloj.

A medida que iba enrollando, la red revelaba los cordones que yo iba recogiendo. Continué enrollando los cordones en los palitos y la red comenzó a desaparecer. Seguí haciéndolo alrededor de todo mi cuerpo luminoso hasta que la red se deshizo y solo quedó luz. El ejercicio de las siete respiraciones me llevó a un estado de trance, ayudándome a entrar a la realidad no-ordinaria *rápidamente. Como la realidad* no-ordinaria *nos lleva afuera del tiempo y del espacio, nos ayuda a limpiar las líneas ancestrales independientemente de si conoces a tu ancestro o no. Uno de mis antepasados del lado de mi padre tuvo gran dificultad soltándose, y mientras enrollaba los cordones de energía, sentía como si me estuviera quitando unos grilletes que me pusieron. Una vez me liberé, sentí una mezcla de tristeza y éxtasis, aunque la tristeza duró solo unos segundos. Dos de los tres ancestros eran del lado de mi padre. Curiosamente, ambos estaban afectando mi chakra corona; esto había creado una neblina que me impedía entender mi misión en esta vida y también afectaba mi comunicación con la Divinidad. Una vez que puse las tres ramitas al fuego en la ceremonia de esa noche, sentí la última liberación de esos ancestros.*

Las líneas ancestrales nos brindan un gran entendimiento. Una vez removidas, nos sentimos liberados. Las energías ancestrales no nos pertenecen y debemos esforzarnos por liberarnos de ellas. Sin embargo, no debemos intentar hacer esto solos porque nos podemos enredar en nuestros propios hilos. Necesitamos cuatro shamanes más que sostengan el espacio sagrado para nosotros.

Cuentan las historias de la *gente de medicina ancestral* que llevamos a nuestra madre en nuestras caderas y a nuestros padres sobre nuestros hombros. He logrado comprender esto mucho mejor después de haber realizado varias sanaciones a personas cuyos padres han fallecido y que presentan dolor en su cadera o en sus hombros, dependiendo de cuál de sus padres murió. En otras ocasiones, cuando estamos jóvenes—incluso desde que estamos en el vientre materno—hacemos acuerdos energéticos serios de asumir problemas de nuestros padres y seres queridos, pensando que podemos ayudarlos a sanar sus heridas.

Una de mis compañeras me hizo una extracción en el inframundo. *Sintiendo que iba a encontrar algo importante en esta sanación, le pidió al* rey *del inframundo que la acompañara cuando comenzó a descender. Él le respondió que tanto sus animales de poder como los míos estarían con ella y que no debía sentir temor alguno. Pasaron algunos segundos. ¡De repente escuché un grito! Descubrió un cuarto que parecía una biblioteca, manchas de sangre cubriendo las paredes (Recuerden que esta imagen es usualmente metafórica). La sangre que encontró era de gente que yo había ayudado a través de mi vida. Yo me había identificado con ellos, me había hecho "dueña" de su dolor, y había tratado desesperadamente de resolver cualquier situación que estaban enfrentando. Yo era la típica rescatadora. Era un contrato que había hecho cuando estaba en el vientre de mi madre: "adueñarme del dolor de la gente que amaba para que pudiera hacerlo desaparecer". La* mujer de medicina ancestral *procedió a destruir aquel contrato energético que yo había hecho, lo cual reveló mi contrato original. Mi misión Divina era ser una "maestra espiritual" en esta vida. Ella dijo que tenía algo que ver con "ayudar a las personas a encontrar su propia estrella". Esta mujer sintió que al principio yo estaba muy emocionada de encarnar debido a mi misión Divina; pero cuando hice el nuevo contrato de "adueñarme del dolor de otros" mientras estaba en el vientre materno, me aterroricé. Antes de terminar la sanación me sopló una "estrella" en mi chakra corazón.*

Liberándome de las Líneas Reencarnatorias

Otra gran influencia sobre nuestras experiencias en esta vida tiene que ver con **vidas pasadas**. Nuestras encarnaciones pasadas jalan líneas "kármicas" que afectan cómo actuamos, cómo percibimos, y cómo nos relacionamos con otros y con nosotros mismos. Nuestras líneas ancestrales (biológicas) nos informan a nivel genético, mientras que las líneas kármicas (reencarnatorias) nos informan a nivel celular. Estas dos líneas convergen en nosotros y debemos trabajar para sanarlas, de manera que podamos eliminar la influencia que tienen sobre nosotros. Ambas líneas existen fuera del tiempo; usualmente hacemos el trabajo ancestral (biológico) primero y posteriormente limpiamos las líneas reencarnatorias (vidas pasadas). Al limpiarlas, puede que recordemos nuestras vidas y recuerdos pasados, como también las antiguas historias que pertenecen al colectivo y que hemos escuchado antes. En estas instancias, nos conectamos y somos informados por el linaje de *hombres y mujeres de medicina ancestral*, quienes han existido desde el principio de los tiempos.

Los shamanes se mueven conscientemente entre el mundo *ordinario* y el *no-ordinario*; este último también se conoce como el Mundo del Espíritu. Con el fin de liberarme de **encarnaciones pasadas**, me moví a la realidad *no-ordinaria* y comencé por viajar a tres vidas anteriores. En cada una de ellas fui instruida a ver "quién era", "cómo vivía", "cómo amaba" y "cómo era amada". Trabajé en la realidad *no-ordinaria* para poder observar sin estar involucrada y para que la persona que yo era en aquellas vidas entendiera que todo estaba perdonado y liberado. Después de observar, me ayudaría a mí misma a morir, para luego seguir a mi Espíritu. Un ser de luz me invitaría entonces a regresar a Casa.

*Utilicé tres piedras—una para cada vida—y las impregné con la esencia de lo que yo había sido, para que así pudiera ser liberada de esas líneas kármicas. La intención para la primera encarnación fue viajar a **aquella vida en la que más había sufrido**. Coloqué una piedra en la chakra afectada y dejé que me guiaran en esta meditación. Yo era un hombre de color en África, el segundo hijo de una familia muy pobre. Nuestra familia era muy numerosa y vivíamos en las afueras del pueblo. Un día que fui al bosque a cazar, encontré a una mujer muy bella; ambos quedamos deslumbrados y nos enamoramos locamente. En ese momento ninguno de los dos sabía de dónde venía el otro. Lo único que sabíamos era que nos amábamos profundamente y que podíamos permanecer contemplándonos el uno al otro por toda la eternidad.*

Más tarde me enteré de que ella era la hija del jefe del pueblo, y realicé que nuestra unión no sería aceptable para su familia. Pero el amor que sentíamos el uno por el otro era inmenso, y no podíamos concebir la vida separados. Continuamos encontrándonos y amándonos en el bosque durante varios meses. Un día, mientras hacíamos el amor en el bosque, los guardias del pueblo nos encontraron. Se la llevaron rápidamente y la mataron por deshonrar a su familia, y luego exiliaron a nuestra familia del pueblo; nos tuvimos que mover hacia el bosque.

Éramos tan pobres que mis hermanos pequeños comenzaron a morir de hambre. Luego mi madre murió de tristeza al ver a sus hijos morir y no ser capaz de hacer nada para evitarlo. Mi padre estaba tan enojado conmigo que me expulsó de la familia. Me adentré más en el bosque y viví en una cueva, con animales como única compañía. Pasé varios años viviendo en el bosque sin ningún contacto con la humanidad.

Luego nos dieron la instrucción de movernos a cinco minutos de nuestra muerte, y que observáramos nuestros alrededores y los ojos de quienes estaban con nosotros. Yo estaba en la cueva, con 32 años de edad aproximadamente, y los únicos ojos que noté fueron los de dos lobos. Al recostarme y mirar los ojos de los dos lobos que me acompañaban, reconocí el amor eterno de mis dos actuales compañeritas de vida: ¡mis dos perritas!

@ @ @

*En la segunda vida viajé a **la vida en la que tuve una gran sabiduría y poder, y los usé indebidamente**. Coloqué una piedra en otra chakra e inicié el viaje shamánico. Era una mujer de tez blanca en Massachusetts, nacida dentro de una familia de brujas. Nuestra especialidad consistía en desarrollar pociones, usando una variedad de hierbas y conjuros sagrados. Mi madre y mi abuela comenzaron a enseñarme desde que yo tenía doce años de edad, y aprendí a preparar pociones rápidamente. Como era muy joven cuando comencé, no entendía la aplicación de la ética y la moral en relación con las solicitudes de los clientes. Yo creía que estaba jugando más que ayudando. Comencé a usar indebidamente mis poderes, dándole pociones a personas que querían manipular situaciones, como hacer que alguien se enamorara de ellas en contra de su voluntad y otras que buscaban venganza por algún daño percibido.*

A medida que me fui moviendo hacia adelante en esa vida descubrí que estaba casada y que tenía dos hijos: un niño y una niña. Cuando mi esposo averiguó que yo preparaba pociones que podían ser utilizadas para manipular situaciones, me abandonó. Me mudé a la casa de mi abuela, mi maestra más importante, y traje a los niños conmigo. Luego me guiaron en la meditación a cinco minutos antes de mi muerte, y me encontré recostada en mi lecho de muerte con ambos hijos a mi lado. Sus ojos hablaban del enojo que sentían hacia mí por arruinar sus vidas. ¡Morí envenenada por alguien que había recibido un daño por causa de mis pociones!

@@ @@ @@

En la tercera encarnación viajé a **la vida en la que tuve la mayor sabiduría y la utilicé bien.** *Coloqué la tercera piedra en la chakra correspondiente y dejé que la meditación guiada me llevara hasta allá. Era un hombre en un poblado maya muy poderoso, nacido en una familia noble de linaje de caciques. Era el segundo hijo en mi familia. Mis hermanos y yo estábamos sumamente entrenados: cacería, liderazgo, compasión, medicina, historia, familia y muerte. El consejo de ancianos del pueblo era el responsable de seleccionar al cacique que debía liderar a la tribu y también de removerlo cuando no sirviera bien a su gente. (Esta estructura es similar a la de los nativos lakota de Norteamérica.)*

Me eligieron a mí como su nuevo cacique en vez de a mi hermano mayor, por mi corazón tan abierto, por mi compasión. Mi hermano mayor se puso furioso y se fue de la tribu. La gente del pueblo me quería tanto que cuando me dirigía a ellos desde lo alto del templo levantaban la imagen de un "sol" hacia mí, como símbolo de su aprobación. Uno de mis más grandes dones en esta vida fue el de la "adivinación", y sabía cómo gobernar y liderar gracias a esa habilidad de ver el futuro. Me casé con el amor de mi vida y tuvimos dos hijos: un niño y una niña.

Después de 25 años de gobernar al pueblo de manera pacífica, los aztecas comenzaron a invadir nuestro territorio. Deseaban nuestras riquezas y se estaban preparando para la guerra. Yo había visto esto en mis adivinaciones varios años antes, pero no le había hecho caso, porque no quería ir a la guerra y ver que mataran a mi gente. Los ancianos me dijeron que debía enfrentar lo que había visto y pelear por nuestra gente. En los últimos cinco minutos de esta vida, mientras lideraba a mi tribu hacia la batalla, una flecha penetró mi abdomen. Morí viendo los ojos amorosos de mi hijo; él estaba en la batalla conmigo.

Vi también el rostro de mi hermano mayor; se había unido a los aztecas y estaba peleando contra nosotros.

Removiendo Energías Intrusivas

Después de liberarme de las líneas ancestrales y de las reencarnatorias, era el momento de limpiar mi cuerpo energético de energías indeseables. Existen dos tipos de energías que pueden penetrar nuestros cuerpos físico y energético; las cristalizadas y las fluidas. Las *energías cristalizadas* son aquellas que se han solidificado en el cuerpo físico de una persona. Muchas de estas energías tienen emociones asociadas con ellas y a veces pueden tener manifestaciones psicológicas también. Pueden o no ser de esta vida actual; la mayoría son muy antiguas. La parte del medio de nuestro cerebro que se llama cerebro límbico, recuerda situaciones emocionales que hemos tenido a lo largo de miles de años y, por lo tanto, a lo largo de muchas vidas. Es la segunda región del cerebro que desarrollamos y es responsable de las emociones y de nuestra capacidad de sentir empatía. Cuando tocamos una energía cristalizada en una persona, las memorias almacenadas en el cerebro límbico se activan. La historia que la persona recuerda puede ser una metáfora de una condición en su vida actual o de una en una vida pasada. Puede ser que el shamán vea la historia también. Siempre hay una chakra asociada con una energía cristalizada y esto puede darnos más información acerca de la historia.

Para remover la energía cristalizada el shamán comienza por rastrearla, sintiendo su forma, su temperatura y su material, antes de tratar de darle un nombre. Luego las energías a su alrededor deben ser removidas para que esta pueda ser extraída. Esto es parecido a excavar la tierra alrededor de una raíz o de una roca que estamos tratando de arrancar del suelo. Una vez removidas, las energías cristalizadas pierden su memoria. Las regresamos a la naturaleza para que la Madre Tierra pueda transmutarlas.

La primera vez que escuché este concepto estaba reacia a aceptarlo. ¿Cómo puede ser que algo que sucedió en una vida pasada pueda manifestarse físicamente de nuevo cuando estamos en un cuerpo diferente? ¡Aún más increíble es que usualmente aparece en el mismo lugar físico en el que había estado en aquella vida anterior! No podía comprender el concepto en sí. Pero el Universo tiene su manera de alinearnos con lo que es. Mi propia experiencia cambiaría mi forma de pensar.

Mi compañera para este ejercicio comenzó a rastrear mi cuerpo buscando energías cristalizadas, primero con sus manos y luego con una piedra de rastreo. Ella no tocaba mi cuerpo físico, sino que lo escaneaba unos cuantos centímetros por encima. Había un "punto de calor" justamente bajo mi pecho derecho, atravesando mi hígado y mis costillas, y yéndose directamente hacia atrás, abajo de mi omóplato derecho. La chakra asociada con este "punto de calor" era mi segunda chakra, aunque el área física estaba dentro del perímetro de la tercera chakra. Mi compañera procedió a realizar una Iluminación en la chakra del ombligo. Después comenzó a limpiar el área alrededor de la energía cristalizada para que le extracción fuera más sencilla. Cuando empezó a sentir la energía, la describió como un cristal vacío que había entrado por mi espalda y atravesado hasta la parte delantera de mi cuerpo. Había una punta afilada en un extremo que apuntaba hacia el frente de mi cuerpo. Era importante rastrear la forma de entrada, pues removerla dependería de hacia dónde se dirigían las puntas afiladas.

Ella sostuvo el objeto y lo movió de un lado al otro para aflojarlo. Yo podía sentir claramente que algo se movía dentro de mi propia carne. Me pidió que inhalara profundamente y que exhalara rápidamente varias veces. Mientras yo respiraba, ella comenzó a jalar desde la espalda; yo visualicé empujarlo del frente de mi cuerpo hacia atrás. Ella continuó jalando. ¡Sentía como si una gran parte de mi espalda estaba siendo arrancada! Ella se detuvo unos momentos para que yo descansara, y luego continuó jalando con ambas manos hasta que salió todo. Durante el tiempo que ella estuvo jalando, el objeto vibraba fuertemente, tanto así que ella tuvo que sostenerlo fuertemente con sus dos manos.

Una vez lo sacó, limpió el área alrededor y me dijo que imaginara agua color verde-azul limpiando el área infectada; luego le pidió al viento que entrara en el hoyo que había dejado la energía cristalizada y lo llenara. Sentí una ráfaga de aire sellando lentamente el espacio vacío. Continuó limpiando el área de cualquier residuo y luego armonizó mi segunda chakra para que yo ya no tuviera afinidad a esta energía. ¡La energía cristalizada era enorme! Era un cristal transparente, de múltiples facetas, con un diámetro aproximado de más de seis centímetros y unos veinte centímetros de largo. Después de la extracción sentí que había un gran hoyo cilíndrico bajo mi omóplato derecho, con puntos sensibles a su alrededor. El área me dolía al moverme o sentarme, y el dolor continuó durante toda la noche. ¡Me sentía como si me hubieran hecho una cirugía!

Una semana después, mientras recibía un masaje de la terapista que me había atendido durante muchos años, ella me preguntó: "¿Qué ha ocurrido en la parte derecha de tu espalda? ¡El espasmo que has tenido desde que te conozco ha desaparecido!"

Es importante señalar que la historia detrás del enorme cristal es irrelevante. La sanación precede el entendimiento, así que si necesitaba saber más al respecto el tiempo lo diría. Sin embargo, ¡todavía no puedo creer cómo este objeto físico pudo re-energizarse en un cuerpo físico de otra encarnación!

Una ***energía fluida*** es muy diferente a una energía cristalizada. Esta corre a través del sistema nervioso y no está localizada o estancada como las energías cristalizadas. Se adhiere al sistema nervioso—al fluido de la médula espinal—con el fin de sobrevivir, pues necesita energía para vivir. Es importante mencionar que muchas de estas energías no están conscientes de que están adheridas y generalmente se sienten aliviadas cuando son liberadas.

Las *energías* intrusivas y las *entidades* intrusivas se comportan de manera similar, pero son de carácter distinto. Una "energía intrusiva" es fluida y se mueve a través de los meridianos de acupuntura. Una "entidad intrusiva" también es fluida, pero se adhiere a las chakras para poder alimentarse del fluido del sistema nervioso. Ambas energías pueden tener una emoción vinculada a ellas—como tristeza, pesar o enojo—y siempre están asociadas con una chakra. Después de extraerla debemos cambiar las afinidades energéticas dentro de esa chakra para protegerla. Las entidades intrusivas no son comunes, pero las energías intrusivas son extremadamente frecuentes. Existen muchas posibilidades acerca de dónde provienen, pero esto no debe preocuparnos. En lugar de ello, nuestro enfoque debe estar en liberarnos de ellas para que nuestra propia energía pueda permear nuestro cuerpo energético y, por lo tanto, sanarse. Las entidades pueden venir de muchas fuentes: alguien que falleció y tenía miedo de morir, una encarnación previa nuestra que compite por energía, o seres queridos que fallecieron de manera traumática o que fueron sumamente medicados y que generalmente se sentían atrapados entre los mundos.

Una energía intrusiva, por el otro lado, es más común y la mayoría de nosotros ha lidiado con ella. Cualquiera que tenga una entrada a nuestra alma puede enviar una energía intrusiva, aún y cuando están vivos. Penetran nuestra resistencia porque nuestro cuerpo energético los reconoce y no las identifica como intrusiva. Una persona que sienta enojo, celos o rabia hacia nosotros, o alguien que está triste por causa de un rompimiento puede enviar una energía intrusiva. El término "cuchillazo por la espalda" es una clara metáfora acerca de alguien que nos envía energías densas, que puedan o no adherirse a nuestro cuerpo energético. Entre más abiertos estamos psíquicamente, más vulnerables estamos a estas energías intrusivas. Nos esforzamos por abrirnos cada vez más espiritualmente, pero queremos permanecer protegidos de estas energías o entidades intrusivas.

Tanto las energías fluidas como las entidades pueden ser extraídas fácilmente. Algunos practicantes shamánicos las extraen con un pañuelo rojo, otros usan su respiración y algunos utilizan un cristal. Yo prefiero utilizar el cristal, no solo porque me siento más segura, sino también porque es más cómodo para la entidad o energía entrar a él, ya que es Luz. El cristal actúa como una aspiradora que extrae la energía de manera cómoda y sin esfuerzo. Los cristales deben ser limpiados después de extraer, y es entonces cuando a veces se puede determinar si era una energía o una entidad. Sin embargo, hay que tener en cuenta que lo más importante es sanar y liberarse de ellos, no el saber qué eran o de dónde vinieron.

A veces las energías o entidades rehúsan salir y otras veces la persona está reacia a dejarlos ir. Es por eso que debemos sorprender a la energía o entidad para que se vaya. Alguien que está continuamente enfermo probablemente tiene una energía o entidad intrusiva. Puede mejorar momentáneamente y luego misteriosamente se enferma nuevamente. Solo puede recuperar la salud una vez la energía o entidad haya sido extraída y las afinidades del chakra armonizadas. Las extracciones pueden ser hechas en grupo o de manera individual. Si se hacen en grupo, cada persona tiene una tarea específica, con una persona haciendo la extracción y las demás personas apoyando.

Éramos cinco personas en el grupo. Íbamos a tomar turnos para realizar cada aspecto de la extracción. Dos personas rastreaban la energía o entidad a distancia; una tercera persona enviaba energía "caliente" a lo largo de la espina dorsal del cliente (para aflojar la entidad o energía fuera de la chakra de la cual se está alimentando), y una cuarta persona, que era yo, hacía la extracción. Mientras realizaba la extracción, la energía en la persona parecía como una medusa con un tentáculo muy largo. El tentáculo estaba aferrado a la médula de la persona, moviéndose hacia arriba al cerebro y para abajo hacia el cuello. Una vez extraída, la visión de la persona mejoró significativamente. También manifestó haber tenido una sensación de ligereza y paz de manera casi inmediata.

Entonces vino mi turno de ser la paciente. Inicialmente el rastreo de energías o entidades en mí había salido negativo, pero uno de los cuatro miembros del grupo dijo que había sentido algo en mí. Efectivamente, la energía estaba escondida detrás de mi chakra corazón y no quería salir. Era negra en el centro y gris alrededor con un borde rojo. Una vez extraída sentí una profunda sensación de alivio en la parte baja de mi espalda. Poco después vi la imagen de una ex-pareja que me la había enviado, obviamente herido tras el rompimiento.

La siguiente persona tuvo una situación parecida, donde inicialmente el rastreo fue negativo. De alguna manera sabíamos que su mente estaba obstruyéndonos, y para distraerla de sus pensamientos le sugerimos que contara para atrás en voz alta mientras repetíamos el rastreo. La energía intrusiva era como un disco que giraba, escondido detrás de su cuello.

El siguiente miembro del grupo nos dijo que se había enfermado repentinamente la noche anterior, y que sentía que alguien le había enviado algo energético intencionalmente. Yo era la que le estaba circulando la energía "caliente" a lo largo de la espina dorsal y podía ver una energía oscura y muy larga, parecida a una lombriz. Trató de agarrarse a su columna vertebral hasta que se puso demasiado caliente. Finalmente salió. Todos estábamos exhaustos después de las cinco extracciones, sin embargo, ¡nos sentíamos mucho más ligeros y tranquilos!

Hacer extracciones uno solo es mucho más desafiante, porque la shamán debe realizar todos los pasos en una secuencia rápida. Es mejor no informar al cliente que tiene una energía o una entidad hasta el momento de la extracción, sino su mente informa a la energía o entidad y puede esconderse en un intento de negarse a salir. Durante la extracción, la shamán sostiene el cristal con una mano; el hecho de que ella está en la realidad *no-ordinaria* crea un "espejo" que duplica el cristal a la otra mano de la shamán.

Después de obtener una fuerza muscular base de mi cliente, comencé a correr la energía por su columna. Cuando esta comenzó a calentarse, vi un círculo redondo y claro en su omóplato izquierdo. Empecé a incitarlo para que viniera hacia el cristal que estaba sosteniendo en mi mano derecha; comenzó a moverse hacia su hombro derecho y se quedó detenido allí. Al poco tiempo, empezó a bajar por el brazo derecho muy lentamente. Esperé un poco y entonces lo sorprendí para que saliera. Cuando evalué sus chakras la de su garganta estaba afectada; la energía se había adherido allí. Curiosamente, ella había tenido problemas en la garganta durante los últimos años y los médicos no habían podido ayudarla. Después de la extracción ¡su garganta se sintió muy bien!

Peregrinaje Espiritual al Perú

Luego de liberarme del pasado y de enfrentar mis temores, llegaba el momento de viajar hacia uno de los sitios fundamentales de todas estas enseñanzas: la comunidad inca de los Q'ero. Mi maestro de shamanismo me había insistido en varias ocasiones que lo acompañara a él y a su grupo a las montañas sagradas de Perú. Sin pensarlo mucho, arreglé mi agenda e inmediatamente llamé a mi amiga espiritual Dana para ver si quería compartir esta mágica experiencia conmigo. Le expliqué que mi maestro iba a ser nuestro guía y shamán principal. Quedó tan entusiasmada que apenas podía responderme. Sería un peregrinaje escabroso y difícil que iniciaría en Pisaq y en el Valle Sagrado de los incas, para luego continuar hasta Ausangate—una montaña sagrada de medicina ancestral localizada a más de 6,300 metros de altura; el viaje terminaría en Machu Picchu con una ceremonia nocturna.

En junio de 2002 viajamos desde Miami hacia Lima, pasamos la noche en Lima y a la mañana siguiente salimos hacia Cuzco. Llegamos a nuestro hotel en Pisaq en la tarde del día siguiente, donde pacientemente esperamos nuestras instrucciones y observamos a otras personas que serían nuestros compañeros de viaje en esta aventura. Reconocí a varios compañeros que estaban participando en la Rueda de la Medicina, algunos de ellos amigos míos. En unas horas comenzaron a llegar los hombres y mujeres de medicina ancestral locales que nos estarían acompañando. Primero llegaron los Q'ero: Doña Bernardina, Don Francisco, Don Humberto y Don Mariano, todos muy serios y con sus trajes ceremoniales completos. Después llegó una mujer de medicina ancestral de Cuzco llamada Doña Berna, cuya energía y disposición me encantó. Era la única que hablaba español y rápidamente comenzamos a entretejer energías que nos parecían familiares a ambas. El resto de los hombres y mujeres de medicina hablaban únicamente quechua.

Nuestro viaje comenzó en Pisaq, donde visitamos las ruinas locales. ¡Teníamos todo el lugar solo para nosotros! Queríamos establecer nuestra intención para este fascinante viaje y nuestro maestro inició con una Ceremonia de Despacho. Un *despacho* es un paquete de oraciones hechas a nivel mítico, colocadas sobre un delicado papel de seda, hecho con flores y con muchos elementos de la naturaleza de varios colores. Existen varios tipos de *despachos* dependiendo de la intención. Este sería un *despacho de armonía*, que se hace con la intención de traer armonía a cada una de nuestras vidas y a la Madre Tierra. Sería realizado en el monumento central de las ruinas de Pisaq: el Templo del Visionario. Los shamanes locales sacaron sus elementos de la naturaleza, que incluían "hojas de coca" (sagradas para los Q'ero), algodón, flores, pero, sobre todo, intenciones puras y amor incondicional. Las hojas de coca serían utilizadas para preparar *K'intus*, que consistían de tres hojas de coca colocadas una encima de la otra. Le soplaríamos nuestras oraciones a los *K'intus* y luego los iríamos pasando hacia adelante para que pudieran ser colocados en el Despacho del grupo. En cierto momento Doña Berna, de Cuzco, se me acercó y me ofreció dos *K'intus*, diciéndome: «Uno es para tu transición de empleo y el otro para tu mayor deseo». Seguidamente añadió: «Tu mayor deseo es amor auténtico. Lo veo en tus ojos». ¡Yo aún no había hablado con ella, sin embargo, ella ya lo sabía! Supongo que el amor auténtico es el deseo de todo el mundo.

Visitamos un par de sitios sagrados y en la segunda noche regresamos a Pisaq. Necesitábamos descansar y prepararnos para nuestro increíble viaje al altiplano de Perú. Esa noche Don Mariano hizo una demostración de una práctica de adivinación inca utilizando hojas de coca. Cada uno de nosotros le podía hacer una pregunta personal. Cuando llegó mi turno le dije: «¿Seré liberada de mi trabajo corporativo pronto, para moverme a mi trabajo Espiritual? ¿Cuándo sucederá esto?». Don Mariano tiró las hojas de coca sobre un tapete y respondió: «Sí, será muy pronto, pues una ventana se comenzará a abrir para ti a finales del 2002. Sin embargo, esto dependerá también de cuán rápido sueltes tu trabajo actual». ¡Sentí escalofríos en todo mi cuerpo! Resultó ser que tomé la decisión de dejar el mundo corporativo en enero de 2003, ¡justamente después de que se abrió la ventana! En agosto de ese mismo año estaba desarrollando el bosquejo y la estrategia para una escuela de misterio.

A la mañana siguiente salimos de Pisaq hacia Ausangate, la montaña sagrada de los shamanes Q'ero de más alto nivel. Fue un

viaje muy largo, primero en autobús y luego en vehículos pequeños, a caballo, y finalmente a pie. Dejamos atrás la civilización y
nos adentramos en un terreno desolado, con piedras, tierra, y con
glaciares y lagos espectaculares. Subimos hasta el sitio donde
estaría nuestro campamento, a más de 14,000 pies (4,200 metros)
de altura, justo al lado de un hermoso y mágico lago color turquesa
llamado Azulcocha. Estábamos justamente en la línea de nieve, con
el impresionante Apu Ausangate frente a nosotros como un padre
protector. Durante el día la temperatura oscilaba por los 60 grados
Fahrenheit (15 grados centígrados), pero al acercarse las 6:00 p.m.
caía vertiginosamente a los 30 Fahrenheit (un grado centígrado), y
a las 9:00 p.m. llegaba hasta los cero grados Fahrenheit (17 grados
centígrados bajo cero). Era terriblemente helado, ¡aun con cinco
capas de ropa encima!

Después de varias ceremonias, ritos de pasaje e historias, llegó
el momento de escuchar las profecías incas. Esta era una de las
principales razones que me había atraído a venir en este viaje.
"El inca Pachacuti está regresando", decían las profecías. *"En
efecto, habrá nueve Pachacutis despertando simultáneamente,
luego otros nueve, ¡hasta que todo el planeta se convierta a la luz!
Pronto llegará el fin de nuestro mundo, tal como lo conocemos
ahora. Llegará el fin de la medicina occidental, de nuestra economía, nuestros gobiernos, nuestros sistemas legales, nuestras
corporaciones, y de nuestros sistemas educativos. Todos van
a colapsar, pues ya no sirven las necesidades de las personas
ni de la Madre Tierra, ¡y ocurrirá alrededor del año 2012!"*
Curiosamente el año 2012 marcaría el inicio del Quinto Sol de
los mayas, ¡pronosticado como un período de más de sesenta mil
años de luz en la Tierra! "Así que quizás estos sistemas tengan
que colapsar y ser desarrollados nuevamente para este nuevo
comienzo", pensé.

Esas son grandes afirmaciones acerca del fin de cinco de
nuestros principales sistemas (economía, gobierno, educación,

medicina, legal). Cuando les pedimos más información, los ancianos incas aludieron a la impaciencia de la gente ante el hecho de que estos viejos sistemas ya no satisfacen el paradigma actual. Han crecido tanto, pero no han evolucionado. Por ejemplo, la *medicina occidental* de hoy está más enfocada en mantener a la gente viva, aunque no necesariamente con gran calidad de vida. Las medicinas nos ayudan a mejorar en un área, pero los efectos secundarios afectan otras áreas. Se le da muy poca responsabilidad al paciente, a pesar de que es el paciente quien comanda su propia sanación.

El reconocido médico Andrew Weil dice que el paciente necesita estar en el centro de la rueda, con todo tipo de posibilidades de medicina alópata y energética alrededor de ella. Esto le permitiría al paciente escoger una combinación de modalidades que puedan ayudarlo a sanar. El paciente puede elegir incluir a expertos o consultar con su propia sabiduría interna. La medicina alópata, por el otro lado, se ha colocado a sí misma en el centro de la rueda, con el paciente a su alrededor junto a otras posibles modalidades de sanación. En el 2012, la cantidad de dinero gastado en "fuentes alternativas de medicina" excedió la cantidad de dinero gastada en medicina tradicional por más del 20%. Este porcentaje sigue creciendo mientras más personas se dan cuenta de que las ofertas actuales no los están sanando.

La *economía* mundial se ha convertido en un riesgo, ya que países grandes tienen grandes deudas, las cuales a su vez están financiadas por economías inestables de otros grandes países. Los países pequeños resultan gravemente afectados por este riesgo y quedan en posiciones de enorme incertidumbre en cuanto a cómo estabilizar y sostener el bienestar de sus poblaciones.

Los *sistemas legales* se han vuelto complejos y están llenos de procesos y de leyes que al final no proporcionan justicia como deberían hacerlo. La mayor parte del tiempo y de los recursos son utilizados en navegar procesos en vez de obtener resultados y justicia. Las entidades *gubernamentales* han perdido su objetivo de representar las necesidades de su población. Y finalmente, el *sistema educativo* ya no apoya las necesidades de aprendizaje de los niños de hoy, sino que intenta forzarlos a un molde que es obsoleto. Era interesante ver que las profecías de los hopis, mayas e incas coincidieran con relación a estos sistemas, a pesar de haber sido desarrolladas en diferentes épocas... en diferentes lugares. Había mucha información que asimilar, pero, de todas formas, ¡una propuesta interesante!

Antes de partir de este maravilloso sitio en Ausangate y encaminarnos hacia Machu Picchu, hicimos un viaje a la "cima del mundo", como llaman a este lugar a casi 5,500 metros de altura. La intención era ver el "Puente entre los Mundos" (el mundo ordinario y el no-ordinario) y conocer a su guardián, un shamán Q'ero de altísimo nivel conocido como Don Mariano. El lugar era completamente surreal: una laguna de color turquesa abajo, varias montañas sagradas gigantescas, y un glaciar prístino entre las montañas, tan cerca que casi lo tocábamos. ¡Habíamos alcanzado estados alterados de consciencia naturales con tan solo estar allí!

El viaje a Machu Picchu nos tomó todo el día, pero en nuestro estado de consciencia actual, el tiempo y el espacio desaparecieron. Al llegar allí nos dieron tiempo para recorrer la ciudadela durante el día y nos dijeron que nos mantuviéramos cerca para volver a entrar de noche. Nuestra aventura estaba apenas comenzando, pues estábamos a punto de tener este maravilloso sitio sagrado sólo para nosotros; sin turistas, guías, ni vendedores... solamente los ancestros, la luna llena, las estrellas y nosotros.

Todo estaba oscuro cuando volvimos a entrar. Sin embargo, la ciudadela se sentía como si estuviese densamente poblada. Las energías eran intensamente palpables, nuestros ancestros reunidos para darnos la bienvenida y para apoyarnos en los desafíos que estaban por venir. El aroma de humo de viejos tiempos comenzó a permear nuestros alrededores. El viento estaba quieto. Era como si pudieras tocar el velo, pero no describirlo. Bajo una noche llena de estrellas subimos tenazmente hasta la cima de Machu Picchu. Llegamos hasta la entrada original, una pequeña choza por un lado y la mítica Piedra de la Muerte en el centro. A los turistas no los dejan entrar a este lugar especial, pero nos autorizaron a entrar y disfrutar de este poderoso sitio.

Nuestro maestro comenzó a explicarnos el concepto de la Piedra de la Muerte y tan pronto escuché la palabra "muerte" y recordé la bella experiencia que había tenido con los "ritos de muerte" en la *dirección del oeste*, mi cuerpo se movió por sí solo hacia el frente de la línea. Los shamanes que entraban a Machu Picchu debían realizar un "vuelo de la muerte" sobre esta piedra antes de entrar a la ciudadela, para que "murieran" a lo que eran en su realidad *ordinaria* antes de que sus energías pudieran permear un lugar tan sagrado como este. Era hecho para honrar este sitio sagrado, como también para limpiarse antes de entrar. El maestro comenzó a organizar al grupo. Primero colocó a una persona en la entrada de la Piedra de la Muerte para ayudar a la gente a subirse. Otra persona fue asignada al frente de la piedra para ayudar a liberar los cuerpos energéticos de aquellos que realizarían el "vuelo de la muerte" hacia el cielo. Otras dos personas fueron colocadas en la parte trasera de la Piedra de la Muerte y eran responsables de recibir los cuerpos energéticos de aquellos que regresaban del vuelo. Tres personas esperarían a la salida de la piedra, asistiendo a quienes regresaban de sus vuelos y estaban listos para regresar a sus cuerpos físicos.

Entré a la Piedra de la Muerte primero y me coloqué de pie viendo hacia el oeste, con los brazos extendidos dando la bienvenida al Espíritu y declarando mi intención para el inminente vuelo que estaba por realizar. Luego me acosté con mi mesa bajo mi cabeza. Mi maestro estaba a mi lado y procedió a abrir varias de mis chakras con su chin-chin *(maraca); luego se paró y suavemente dirigió mi cuerpo energético hacia el vuelo cósmico. Dejé mi cuerpo físico rápidamente, primero visitando numerosas estrellas y constelaciones, todas a la vez, y luego diciéndole: "Hola" a amigos que murieron y a lugares que me eran familiares. Este era mi hogar... un lugar inolvidable que permitía a mi alma ser libre y sentirse completa, una con el Universo. Me sentí muy realizada y libre de cargas. Esto duró unos pocos minutos, pero sentí como si hubiera sido solo un instante. De repente me jalaron abruptamente de vuelta a mi cuerpo físico. ¡No quería regresar! Mi maestro usó su* chin-chin *para cerrar las tres chakras que me había abierto, regresándome de vuelta al momento presente. Me costó levantarme y pararme firmemente. Karla me recibió y me ayudó a bajar de la piedra. Me sostuvo hasta que me sentí integrada con mi cuerpo físico. Aun cuando mi mente quería dar un paso, mi cuerpo no respondía. No había temor, solamente aceptación. La simultaneidad de la experiencia había sido fascinante. ¡Pude visitar estrellas, constelaciones y galaxias, todas al mismo tiempo!*

Todo esto ocurrió en un lapso de cuatro minutos, que es el tiempo máximo que tu cuerpo energético puede permanecer fuera de tu cuerpo físico sin la posibilidad de que ocurra algún daño físico. Pasaron por lo menos unos quince minutos desde el momento en que regresé a mi cuerpo físico y el momento en que me sentí completamente integrada con él. ¡Esta sigue siendo una de las mejores experiencias de mi vida hasta hoy!

Nos movimos de la Piedra de la Muerte hasta el Templo Principal. Todo se veía espléndido bajo la luz de la luna llena. Los seres de luz estaban definitivamente presentes. La ciudadela tenía una vivacidad y una vitalidad que penetraban mi alma. Había cambiado las baterías de mi linterna justo antes de reingresar, para asegurarme de tener una fuente de luz mientras subía y bajaba aquellos empinados escalones. Sin embargo, cuando traté de encenderla después de la primera ceremonia, nada pasó. Así que me resigné al hecho de que tendría que "sentir" mi camino por un lugar que había caminado muchas veces antes. Nos movimos hacia un monumento en forma de U y tres mujeres del grupo comenzaron el ritual de la ofrenda de hojas de coca. Todos nos sentamos alrededor del edificio en forma de U, nuestras espaldas contra la pared. Me pregunté cuántas almas habrían colocado sus espaldas contra estas paredes. Esta era otra área donde el acceso de turistas estaba limitado.

¡Lo que ocurrió después fue completamente inesperado! Dana me había dicho días antes que había tenido una visión de mí en el Pacífico Sur (Australia), con un regalo que estaba invertido. Esto significaba que yo no había abierto el obsequio en aquella vida pasada. El regalo contenía diez bandas de protección, pero nunca tuve la oportunidad de abrirlo. En un viaje a Machu Picchu cinco años antes había tenido una regresión espontánea a una vida en Australia, donde yo era dueño y capitán de dos grandes embarcaciones comerciales. El océano Índico era tan traicionero que el capitán de la nave tenía que viajar hacia adelante en el tiempo para trazar el trayecto del viaje que estaba por realizar, anticipando tormentas, vientos y oleajes. Morí en esa vida luego de que mi nave se hundió por causa de un tifón inesperado. Si hubiera regresado a Australia hubiese participado en un ritual especial de protección. Pero como nunca regresé, nunca recibí el obsequio.

Cuando llegamos al Templo Principal le eché un vistazo a las montañas a mi izquierda. ¡Eran majestuosas! Recuerdos de una amiga muy querida me inundaron. Ella había muerto en estas montañas unos años antes y nunca tuve oportunidad de despedirme. Mi corazón estaba completamente abierto después de la experiencia en la Piedra de la Muerte. Comencé a escuchar su voz. Lágrimas corrían por mis mejillas. Mientras permanecía sentada en el edificio en forma de U con la espalda contra la pared, mi amiga me dijo: «Es hora de que abras tu regalo. Estoy aquí para ayudar a ponerte las bandas adicionales». De alguna manera ella sabía que yo ya contaba con cinco bandas de poder tejidas a mi alrededor, así que cuidadosamente procedió a poner las otras cinco bandas alrededor de mi cuerpo energético.

Pude sentir el poder de las diez bandas en la medida que comenzaron a solaparse. Le pregunté para qué eran las bandas adicionales y contestó: «Son para que tengas acceso directo al Cielo en el momento en que lo desees, ¡y para tu absoluta protección en esta vida!». Me dijo que podría sentir y hablar con ella y con mis seres queridos que hubiesen fallecido con mayor facilidad, y que en el momento que quisiera, podría acceder al poder y la sabiduría del Universo. «Te estás preparando plenamente para tu misión», me dijo. No pude hablar por un largo rato.

Dana sabía que yo estaba teniendo una experiencia de estado alterado intensa, y me observaba con compasión. El grupo había descendido hacia el sitio de la siguiente ceremonia, pero yo estaba completamente desconectada. Ella se me acercó y susurró en mi oído: «Regresa… debemos irnos ahora… no tienes que decirme nada… yo te llevo». Al oírla me levanté, tomé su mano y caminamos lentamente hacia nuestro siguiente destino.

Tuvimos otra ceremonia después de esta, pero sentí como si estuviera flotando en otro sitio. Permanecí en silencio durante nuestro recorrido en autobús de regreso al hotel y durante la cena, ¡incapaz de ponerle palabras a esas experiencias tan increíblemente mágicas y místicas! Volamos de vuelta a Miami unos días más tarde. Definitivamente regresé como una persona muy distinta a la que había partido hacia Perú.

Emerge un Nuevo Lente

"El verdadero viaje de descubrimiento no consiste en buscar nuevos paisajes, sino de mirar con nuevos ojos".
—Marcel Proust

PASÓ CASI UN AÑO DESDE QUE ME EMBARQUÉ EN LA RUEDA de la Medicina. Todo a mi alrededor se sentía diferente ahora que había soltado una parte enorme de mi pasado y enfrentado grandes temores. Estaba aprendiendo a confiar en que vivía en un Universo benevolente, uno que siempre conspiraba para "ayudarme". Por ejemplo, luego de superar temores relacionados con la abundancia y percepciones del pasado con las que crecí respecto a las mujeres proveyendo para sí mismas, entendí con cada fibra de mi ser que cada uno de nosotros tiene acceso a recursos ilimitados. Solo necesitamos quitarnos del camino, alimentar pensamientos de abundancia para poder manifestarla, y ser agradecidos por lo que recibimos independientemente de lo que es. Esto es lo que los shamanes nativos americanos llaman el Reino del Búfalo, donde la abundancia ilimitada está a nuestro alcance. La joroba en la espalda del búfalo simboliza estas reservas. Es en la *dirección del norte* de la Rueda de la Medicina donde aprendemos a aprovecharnos de ellas, pues están disponibles en todo momento.

La liberación de las líneas ancestrales y de las reencarnatorias me permitió ver el mundo con otros ojos, casi como si el lente hubiera cambiado totalmente. Sumándole a esto el viaje tan transformador a Perú, me sentía como si hubiera vuelto a nacer. Continuando mi camino a sentirme "completa", había llegado el momento de enfocarme en recuperar toda aquella energía que había perdido a través de esta encarnación. Esto me ayudaría a conectarme con una parte mía mucho más sabia, y también a comenzar una interacción más consciente con *dimensiones superiores*. Toda mi existencia se estaba alejando de la realidad linear a la que estaba acostumbrada, adentrándome poco a poco en un mundo más místico e inexplicable. Pero me sentía súper bien, aun cuando mi mente no podía comprender ni controlar mi "realidad". ¡El encanto de la magia hacía que mi corazón palpitara más rápido! Era momento de rendirme y moverme hacia adelante, sintiendo y percibiendo, más que pensando.

En muchas tradiciones shamánicas uno tiene tres piedras para cada una de las cuatro direcciones de la Rueda de la Medicina, más una piedra que simboliza al linaje. La piedra del linaje es especial porque hace un puente entre el calendario solar y el calendario lunar, y esto nos da acceso al calendario sagrado. El calendario lunar y el solar coinciden cada cincuenta y dos años, y en ese momento se reinician. Esta conexión de ambos calendarios simboliza la sincronización del masculino (solar) y del femenino (lunar) en relación con el tiempo, lo que a la vez es indicativo de la integración de ambas energías dentro de nosotros. Además, es la 13ª piedra en la mesa. Este es un número sagrado para los mayas y significa transmutación, magia y salirse del tiempo. La piedra del linaje se nos otorga cuando tomamos nuestro lugar como parte del linaje de shamanes que existen a través del tiempo, lo cual sucede en la *dirección del norte*. Una vez formamos parte del linaje, recibimos ayuda de los sabios que viven en múltiples dimensiones. Esto a su vez incrementa nuestra habilidad de viajar a través de dimensiones, e impacta significativamente la profundidad de nuestro trabajo de sanación. Ahora no estamos sólo "conectados" a un linaje, sino que *¡somos el linaje!*

Para los shamanes de Suramérica, la *dirección del norte* de la Rueda de la Medicina es el Reino del Colibrí Real. Es venerado porque trae alegría, pues conoce cómo beber el néctar de la vida. Además, este pequeño ser se embarca en un inmenso viaje cada año, volando más de 3,000 kilómetros a pesar de sus limitaciones: no tener suficiente energía en sus alas, fortaleza, ni alimento. Esto tenía grandes implicaciones para mí en esta etapa de mi vida, pues ante la incertidumbre que enfrentaba la única limitación era mi propia imaginación. Los colibrís son maestros de *quietud en movimiento*. Metafóricamente entendemos que independientemente de lo que pueda suceder en nuestra vida, siempre hay una parte esencial dentro de nosotros que debe permanecer en estado de *quietud*. Cuando estamos en estado de "quietud" no perturbamos las olas de la vida. Somos como las palmeras, meciéndonos con el viento, pero nunca cayendo. La domesticación, por otro lado, nos enseña a proyectar lo que nos ocurre de manera externa, mayormente a través de nuestros pensamientos. Sin embargo, debemos aprender a estar quietos por dentro, aún de nuestros propios pensamientos y percepciones. O sea que el colibrí está aquí para enseñarnos el balance entre la "energía ilimitada" y la "quietud absoluta". Estaba por convertirme en una de las estudiantes más ávidas de colibrí, buscando quietud adentro… en medio de un mar de cambio.

Para poder profundizar cada vez más hacia ese mundo místico de la realidad *no-ordinaria* y entrar a la dimensión de la magia Divina, tenía que aprender a *salirme del tiempo*. En el mundo occidental somos prisioneros de la ley de causa y efecto, pues seguimos el tiempo linear. Este es el concepto "humano" del tiempo, donde la sociedad occidental pertenece al tiempo. Hasta nuestra mitología sobre la creación está basada en parámetros de tiempo específicos. Dividimos el tiempo en segundos, minutos, horas, y esto es precisamente de lo que nos debemos salir. No podemos dividir el tiempo para "detenerlo", así que debemos aprender a movernos verticalmente dentro de él para alcanzar la "quietud". La intención fundamental es lograr el ***dominio del tiempo***, donde ya no somos controlados por él.

Una de las claves para salirse del tiempo es la ***invisibilidad***. Tiene que ver con volvernos transparentes y permitir que nuestro verdadero yo sea "visto". Se trata de soltar nuestra identidad y, por lo tanto, no tener nada que esconder… ni una imagen que mantener. Ya no nos definimos por lo que "hacemos" o "hemos hecho". Hemos terminado con los proyectos MÍOS donde el ego se alimenta. No dejamos huellas y debemos volvernos expertos en quitarnos del camino. A veces nos pararemos o caminaremos al lado de otras personas, pero ellas no nos "verán".

Salirse del tiempo linear significa ir a aquel tiempo antes de que se creara el Universo y después del final. Aunque el shamán pueda ver eventos que ocurrirán en su futuro o ver posibilidades futuras para otros, debe ***mantener el presente inocente, auténtico y lleno de belleza***. Debe conservar estos eventos en secreto aun de sí mismo, y regresar al presente sin ser afectado por ellos. Esto le permite participar en el momento presente con total autenticidad, manteniéndolo fresco y prístino. Si viviéramos nuestra vida basada en vistazos del futuro, sería difícil permanecer en el momento presente.

Todo en la Tierra está ocurriendo mucho más rápido. Podemos enfrentar eventos en un día que antes tomaban semanas, a veces hasta meses con las viejas energías. Nuestro planeta ha subido hacia la dimensión de la manifestación Divina y, por consiguiente, nosotros también. Nuestras creaciones se manifiestan rápidamente, ya sean cosas hermosas o temores. Por lo tanto, el estar conscientes de nuestros pensamientos y de nuestras intenciones es clave. Ahora es más importante que nunca permanecer afuera del tiempo mientras observamos lo que ocurre en el mundo, para que no nos sintamos abrumados y nos quedemos atrapados en él. ¿Cómo nos "salimos del tiempo" y practicamos "quietud"? *¡Observando los eventos en nuestra vida con desapego, y parando de actuar nuestros roles!* Paramos todo lo que HACEMOS: lo que tenemos que hacer, debemos hacer, pensamos que necesitamos hacer, podemos hacer. Esto implica dejar a un lado las expectativas de otros y de uno sobre uno mismo. Cuando vemos a las personas como si estuvieran sobre un plano horizontal en vez de uno jerárquico, las soltamos de aquellos roles que sin duda las restringen, y además nos liberamos de los roles que nos han impuesto otros y nosotros mismos.

Mi experiencia trascendiendo mis roles fue profunda. La intención era "no estar restringida a un rol, aunque todavía lo haga" (por ejemplo, el papel de rescatadora). Primero pongo en un mandala todos los "roles" que he desempeñado durante mi vida, con una de mis piedras del norte en el centro, representándome a mí. Los roles en mi mandala eran numerosos: madre (de la gente a mi alrededor y de mis mascotas), hija, consultora, líder (negocios, comunidad, amigos), rescatadora, amiga, rebelde/ inconformista, cuidadora, buscadora/exploradora, maestra, estudiante, hermana, cuñada, tía y madrina.

Entonces comencé a rastrear energías dentro de mi pintura de arena, con la intención de seguir cada rol hasta el desenlace de su destino natural. Me pregunté a mí misma: «¿Cuándo paro este rol?». Agarré el objeto que representaba cada rol, cerré mis ojos mientras lo sostenía frente a mi tercer ojo, y llamé a mis guías espirituales y al linaje para que me ayudaran a "ver" cómo se iba desenredando. Una vez vi mi destino para cada uno de los roles, fue muy claro que los roles de "rescatadora" y de "salvadora" ya no tenían significado; removí a ambos del mandala. Luego agarré el resto de los objetos que simbolizaban roles y los coloqué afuera del mandala. Tomé otra piedra del norte de mi mesa, soplé sobre ella y rastreé mis posibilidades para cada rol… cada destino de vida. ¿Cuáles posibilidades no estaban incluidas dentro de mis roles actuales? Las seguí más allá de mi muerte y rastreé aquello en lo que me convertiría. Esto culminó en agregar el rol de "sanadora", simbolizando el lado luz de la "salvadora" y la "rescatadora". ¡Ansiaba ver cómo todo esto se manifestaría en mi vida!

Salirnos afuera del tiempo también nos ayuda a identificar varios posibles destinos en vez de estar atrapados en uno. Ya no hablamos de probabilidades sino de posibilidades, ¡las cuales están limitadas únicamente por nuestra imaginación! De modo que rastrear nuestras líneas de tiempo y las posibilidades dentro de ellas nos permite movernos hacia nuestro destino de manera consciente. Por lo tanto, podemos *elegir* el mejor camino a seguir con plena consciencia y alinearnos con nuestro mejor destino. Cuando vamos más allá del tiempo, también podemos sanar cosas antes de que ocurran, antes de que se manifiesten físicamente. Podemos hacer esto para nosotros mismos y para otros, y también puede aplicarse a eventos en nuestro pasado.

Nuestras líneas de destino siguen un "cono de probabilidades". Tenemos muchas líneas de destino disponibles, y cuando elegimos una, se solidifica y posteriormente se convierte en nuestra historia. La mayor parte de nuestros probables destinos están dentro del cono de probabilidades, y quizás 1-2% de posibilidades estén fuera de él. Rastreamos el cono para poder incrementar las probabilidades del 1-2% de destinos alternos. El cono de probabilidades está condicionado por nuestra vida actual: nuestra cultura, percepciones, pensamientos, eventos pasados y actitudes. Está definido por nuestros roles y por nuestra identidad… el "abrigo" que nos ponemos y quitamos. Pero no somos nuestro "abrigo o identidad", y en el momento en que nos salimos de ella podemos rastrear las posibilidades afuera del cono.

Una vez encontramos los destinos alternos, movemos el cono energéticamente, el cual eventualmente informa a la realidad física. ¿Y cómo encontramos estos destinos alternos y modificamos el cono? Comenzamos por establecer nuestra intención y luego viajamos al supra mundo para descubrir esas posibilidades. Si alguien tiene una enfermedad terminal, por ejemplo, el sanador puede rastrear el 1-2% de líneas de destino que no están en su cono de probabilidades actuales. Una vez se jala al presente esta línea de destino de "un estado sano", el cono de probabilidades puede moverse. La única precaución que se debe tener cuando se hace este cambio del cono es que el paciente **debe querer sanar**, pues tendrá que trabajar conscientemente para cambiar comportamientos y creencias cuando surjan.

Nuestra intención es siempre liberarnos de aquel destino que no es nuestra posibilidad más alta, para que podamos encontrar la que es y entrarle de lleno. Por ejemplo, aunque mi carrera en el mundo corporativo me enseñó lecciones inmensurables y me proporcionó regalos increíbles, eventualmente me hubiera llevado a un destino que no representaba la más alta posibilidad para mí. Entonces al rastrear líneas de destino alternas y mover el cono, acogí una posibilidad más alta para mi alma. Eventualmente esto me llevó a salirme de mi carrera corporativa y moverme completamente hacia mi camino espiritual y misión. Aquí es donde aprendemos a "estar *en* este mundo, pero no ser *de* este mundo… de "participar *en* este mundo, pero no ser *poseído* por él".

Todos debemos alcanzar nuestro máximo destino—por nosotros, nuestra familia, nuestra comunidad, nuestro planeta, nuestro Universo. Rastreamos conscientemente esas dos o tres líneas de destino que el Espíritu nos está enseñando, y nos adentramos en una de ellas plenamente. El Espíritu entonces se alinea detrás de nosotros y nos ayuda a movernos a ese destino más alto. Cada uno de nosotros debe *escoger* adentrarse en ese destino alterno y cambiar acordemente. No podemos imponérselo a nadie más.

Pero recuerda que vivimos en un Universo benevolente y una vez nos comprometemos… ¡él conspira para ayudarnos!

Para ahora ya has realizado que el tiempo shamánico es un tiempo diferente. Los shamanes y los físicos cuánticos trabajan con el tiempo circular, donde podemos influenciar tanto nuestro pasado como nuestro futuro porque los eventos no son secuenciales. Así que el comienzo del tiempo es ahora y para llegar al principio debemos atravesar el pasado. Por esto es que el disco solar de los incas es circular, ya que el tiempo es circular. Así que las enseñanzas de medicina ancestral no se desarrollaron incrementalmente en el tiempo. Más bien estuvieron completas desde el principio pues existían afuera del tiempo.

En la realidad *no-ordinaria* el tiempo y el espacio no existen, así que es más fácil tener una experiencia de infinidad. Los shamanes podemos salirnos del tiempo **después** de la *dirección del oeste*, cuando ya no nos acecha nuestro máximo temor: la Muerte. Ahora podemos escuchar y honrar a nuestros ancestros. Dejamos de buscar la verdad porque entendemos que nosotros somos los responsables de *traer* la "verdad" a nuestras vidas, a nuestro ambiente; ya no buscamos significado en los eventos, en la gente y las cosas, pues ¡sabemos que depende de *nosotros traer* "significado" al presente!

Trabajando con Estados Perceptuales de una Manera Más Consciente

Cada persona percibe la vida de diferente manera, y escoge cómo ver y guardar los eventos y las personas de su vida. Nuestras "historias" están basadas en estas percepciones, y pueden fortalecernos o debilitarnos. Mis maestros de shamanismo solían decirme todo el tiempo: «cambia tu historia y tu vida cambiará acordemente». Al principio era un concepto difícil de asimilar. Después realizaría que todos tenemos el poder de cambiar cómo "vemos" un evento, y a medida que cambiamos de manera consciente la forma en que lo guardamos por dentro, nuestra vida entera cambia.

En la *dirección del norte* aprendemos a escoger la percepción que nos fortalece. Como mencioné antes, los cuatro estados perceptuales más comunes son: el literal, el simbólico, el mítico y el energético. Reiterándolo:

- El nivel *literal* es el cuerpo, lo físico, los detalles; su arquetipo es la serpiente.

- El *simbólico* es la mente y las emociones… la palabra hablada; utilizamos al jaguar como arquetipo para este estado perceptual.

- El *mítico* es el nivel del alma, donde nuestro gran viaje reside… es la perspectiva vista desde 50,000 pies de altura (15,000 metros); el águila es el arquetipo.

- El nivel *energético* es aquel del espíritu, involucra sensaciones y se disuelve en la unión.

Debemos aprender sobre cada uno íntimamente para que podamos cambiar naturalmente entre ellos en cualquier momento o situación, y movernos a aquél que nos empodera más. Y recordemos que cuando se sana el espíritu, se sana el alma, lo que a su vez sana la mente y el corazón, y finalmente lo físico.

Los estados perceptuales pueden ser usados de muchas formas diferentes; son extremadamente poderosos para leer a las personas y las situaciones. En la mayoría de los casos comenzamos rastreando en el nivel simbólico, para darle contexto a la situación. Luego nos movemos al nivel mítico para poder ver el gran esquema, y después nos rendimos al nivel energético. Por otro lado, si nos salimos del marco "normal" y hacemos realidad el mundo que soñamos, comenzamos rastreando en el nivel del gran esquema (mítico).

Una vez trazamos el mapa a nivel mítico, con el tiempo se manifestará a nivel literal. No podemos trazar el mapa a nivel literal porque con tantos detalles no nos salimos del cajón o del cono de probabilidades. Cuando estamos sanando a otros, sin embargo, rastreamos en el estado perceptual donde está el cliente para que podamos relacionarnos con él y sentir la verdadera carga de su dilema. Luego podemos movernos entre un estado perceptual y otro, y así rastrear más profundamente y obtener más información. Por ejemplo, vamos al nivel mítico cuando el cliente necesita una perspectiva global antes de entrar en los detalles, o vamos al nivel simbólico cuando hay temor o enojo en el cliente.

El Supra Mundo

El *supra mundo* es el lugar donde reside nuestro Yo Superior. Se compone de las dimensiones del destino y de las posibilidades infinitas, donde saboreamos la pasión por lo posible. Es donde aquello que no se ha manifestado existe en su potencial más puro. Allí está también la dimensión de los Maestros, de la Gente de la Estrellas, de los Seres de Luz y de los Ángeles… donde tocamos la Divinidad. Nuestros registros akáshicos están aquí, al igual que lo que Carl Jung llamaba el inconsciente colectivo. Para tener acceso al *supra mundo* tenemos que habernos limpiado de nuestro pasado y de nuestros temores, y así poder entrar con absoluta pureza. La dualidad no existe en este *supra mundo*.

En la tradición de la medicina ancestral el *inframundo* está asociado con el ***tiempo pasado…*** con recuperar pedazos del alma que hemos perdido en el pasado o con alterar la forma en que recordamos eventos de nuestro pasado. Por otro lado, el *supra mundo* está asociado con el ***tiempo por venir…*** con nuestras posibilidades futuras. Aquí es donde rastreamos el destino. La primera vez que viajamos al *supra mundo* nuestra intención es la de familiarizarnos con el paisaje, hacer un "mapa" de él. No obstante, siendo este un mundo de tanta pureza, debemos despojarnos de todo aquello que no es nuestro Ser esencial. Por consiguiente, para lograr acceso, comenzamos el viaje entrando a una caverna donde somos energéticamente desmembrados.

Existe una multitud de niveles en el *supra mundo*. Algunos linajes shamánicos que he estudiado tienen siete niveles, otros usan tres, incluso algunos tienen más de diez. Algunas mitologías incluyen niveles peligrosos u oscuros, mientras que otras escogen trabajar con niveles amigables. El número de niveles no es tan importante como la mitología con la que uno decide trabajar. Yo me siento cómoda con una mitología amigable y por ahora describiré cómo lucirían cinco niveles:

• El primero es el *Mundo de la Gente Piedra*, una dimensión mineral. Puede tener grandes formaciones de rocas, peñascos y/o pequeñas piedras de río. No es un buen mundo si eres humano, pues está falto de luz.

• El segundo nivel es el *Mundo de la Gente Planta*, una dimensión verde que apareció después de que llegara la luz. Tiene flores, árboles y plantas. Los humanos pueden venir aquí a limpiarse y purgarse antes de ir al "cielo". Es también la dimensión donde está nuestra "medicina de plantas", y al visitarlo nos vamos familiarizando con nuestras plantas aliadas. Es importante mencionar que si encontramos parientes cuando viajamos a los mundos Piedra o Planta, no debemos relacionarnos o interferir con ellos porque generalmente se están purgando; debemos respetarlos.

• El tercer nivel del *supra mundo* es el *Mundo de la Gente Animal*, y los animales residen aquí. Nuestros animales de poder nos guían y protegen cuando viajamos a este nivel.

• El cuarto es el *Mundo de la Gente Humana*, también conocido como el cielo. Es aquí de donde venimos, y a donde regresamos después de morir. Es también el sitio donde viven nuestros ancestros. Compartimos esta dimensión con delfines y ballenas, que son los guardianes de la vida en los océanos y los que sostienen el esquema original de la red cristalina.

• El quinto y último nivel es el **Mundo del Linaje o Mundo de Nuestro Porvenir**, que es el mundo de aquello en lo que nos estamos convirtiendo… nuestro destino. Aquí es donde se encuentran las *mujeres y los hombres de medicina ancestral*, y donde las ciudades de luz están siendo soñadas para hacerlas realidad.

En la actualidad provenimos del Mundo de los Humanos. Pero de acuerdo con las profecías de los incas, mayas y hopis, pronto comenzaremos a originarnos desde el quinto nivel o Dimensión del Linaje. Esto le ocurrirá a cada uno de nosotros mientras nos vayamos despertando espiritualmente y comencemos a hacer realidad el sueño de un mundo de luz. Los shamanes deben obtener aliados en cada uno de estos cinco niveles, aunque como gente de medicina ancestral estamos protegidos en cada uno de ellos. Las piedras de nuestra mesa nos ayudan en el mundo de la gente piedra; las plantas que nos atraen se convierten en nuestras aliadas en el mundo de la gente planta; los animales de poder y los arquetipos nos ayudan en el mundo de la gente animal. Si no se es shamán, entonces únicamente las personas que han fallecido pueden viajar a los niveles del supra mundo.

Mi primera experiencia viajando al supra mundo *fue intensa y vívida. Entré al* **Mundo de la Gente Piedra** *y vi grandes peñascos y montañas interactuando unas con otras. Luego vi cañones con enormes rocas extendidas que creaban diseños impresionantes. Al mirar un poco más lejos vi a alguien que había conocido. Ella también me vio y trató de alcanzarme, pero yo no tenía permiso de relacionarme. Este era un viaje de reconocimiento. Entonces subí hasta el* **Mundo de la Gente Planta** *y vi grandes extensiones de tierra con bosques gigantescos, árboles* *colosales alcanzando hasta los cielos y flores hermosas. Una de mis guías espirituales apareció y me dijo que yo ya estaba lista para que me enseñara. Era una sabia de plantas medicinales y me hizo consciente de que el eucalipto y la salvia eran parte de mis plantas medicinales. Luego entré al **Mundo de la Gente Animal** y vi que mis animales de poder me estaban esperando. Había un bosque denso con animales por todos lados: boas... tigres... leones... insectos... aves.*

*Subí un nivel más, al **Mundo de la Gente Humana**, y vi a muchas personas y muchos espíritus. Uno de mis antepasados se acercó. Era mi abuelo paterno, Don Beto. Me miró de manera muy amorosa y dijo: «Ya era hora que vinieras a visitar». Luego vi los delfines y las ballenas grises y azules. Las orcas también se acercaron y me dijeron que "**confiara**". Que una vez rastreara mi destino, necesitaría rendirme y tener la convicción de que todo se desarrollaría para alcanzar ese destino... ¡aunque pareciera totalmente diferente a mi vida actual! Cuando llegué a este punto me fui mucho más adentro de mi Ser y pude recibir información muy profunda de ellos.*

*Por último, entré al **mundo del linaje o de nuestro porvenir** y vi grupos de sacerdotes incas y mayas reunidos, sosteniendo a los cuatro niveles inferiores y a muchos otros niveles arriba de ellos. Después vi cúpulas de luz formadas por estudiantes que vibraban al mismo nivel y que hacían que la luz fuera mucho más brillante. Tan pronto como la clase se disipó, la cúpula desapareció mágicamente. ¡Era como si la reunión de seres de luz creara edificios "temporales" de luz! También vi árboles que soltaban chispas de luz por todas partes, compartiendo su luminosidad. ¡Fue impresionante realizar que esta sería la dimensión de donde se originarían nuestras vidas!*

Durante nuestra meditación fuimos guiados a participar en diálogo con las orcas y pedirles un mensaje. La información que recibí de ellas fue impresionante. La transcribo a continuación en inglés y en español:

O̱ur world needs to be re-imagined so that we can emerge as luminous beings *(Nuestro mundo necesita ser re-imaginado para que podamos emerger como seres luminosos).*

Ṟight now you are training to be one of those agents of re-imagination *(Ahora mismo estás siendo entrenada para ser uno de esos agentes de re-imaginación).*

C̱an you hear your ancestors calling you to action... are you really listening? *(¿Puedes escuchar a tus ancestros pidiéndote que entres en acción?... ¿Estás realmente escuchando?)*

A̱re you ready to trust and surrender, to envision your destiny and let it morph your life without interfering? *(¿Estás lista para confiar y rendirte, para visualizar tu destino y dejar que le dé forma a tu vida sin interferir?)*

Escribí esto después de regresar de mi primer viaje al *supra mundo* y hasta el día de hoy no puedo creer el mensaje. Cada vez que lo leo siento escalofríos, pues ¡es exactamente lo que sucedió en mi vida **varios** *años después!*

Recuperación de un Pedazo del Alma

La pérdida de un pedazo del alma es una de las principales causas de enfermedad según los shamanes alrededor del mundo. La psicología lo llama "disociación". Ocurre cuando perdemos parte de la esencia de nuestra alma debido a algún trauma o situación impactante. En el shamanismo podemos traer ese pedazo del alma de vuelta a la persona, y esto se llama recuperación del alma. Es una de las prácticas de sanación más lindas que he conocido, tanto para el cliente como para el shamán. El cliente necesita buscar a un shamán con experiencia para que le hagan una recuperación de un pedazo del alma. *Únicamente los shamanes capacitados pueden hacerse una recuperación de un pedazo del alma a sí mismos, y esta no es siempre la mejor acción a tomar. Como sucede con muchas situaciones en la vida, debemos ser lo suficientemente humildes como shamanes para reconocer cuando necesitamos ayuda.*

En las civilizaciones antiguas la recuperación de pedazos del alma se llevaba a cabo dentro de los tres días siguientes al incidente. Se consideraba crítico que una persona recuperara su fuerza vital, para ayudarla a sanar y a reconstruir su vida con mayor fortaleza. En el mundo de hoy, muchas personas del mundo occidental deambulan con una fuerza vital significativamente menor a la que necesitan para ser creativas, y son incapaces de sacar provecho de las maravillosas oportunidades que se les presentan.

¿Cómo saber si necesitas una recuperación de un pedazo del alma? Hay muchas señales, pero las más comunes son: una fuerza vital disminuida, desinterés por la vida, o falta de fuerza creativa o de pasión. Sin embargo, para poder reconocer la "pérdida del pedazo del alma", debemos identificar patrones que fuerzan a una persona a regresar a una situación en particular o a ciertos comportamientos. Si la parte de nuestra alma que se fue se llevó consigo los atributos que nos ayudarían a lidiar con un cierto patrón, entonces es muy difícil romperlo.

Una parte del alma se va para que podamos sobrevivir; es un proceso maravilloso que nos permite preservar nuestra esencia divina. Cuando traemos ese pedazo del alma de vuelta, debemos estar dispuestos a cambiar muchos aspectos de nuestra vida para que ese pedazo pueda integrarse. En algunos casos, esa parte que se recupera ha sido rechazada en vez de herida. Podemos traer de vuelta un pedazo del alma para recuperar la "expresión" como, por ejemplo, la habilidad de dibujar o de escribir.

Hay tres aspectos esenciales en la recuperación de pedazos del alma. Primero, la parte del alma que hemos perdido ha sido rechazada y, por lo tanto, exiliada en la sombra. Para encontrarla debemos entrar en territorio desconocido, generalmente ubicado en el *inframundo*. Segundo, la parte del alma que es recuperada nos va a forzar a poner nuestra vida en orden. La pérdida de pedazos del alma gira siempre alrededor de la esencia del Ser, y con frecuencia es mucho más grande que el tema con el que lidiamos. Una cantidad significativa de energía se pierde al momento del trauma y usualmente regresa con esa parte del alma. La tercera parte de la recuperación del alma involucra "desarrollar un mapa" para la estrategia de sanación, lo que significa que debemos diseñar un mapa mítico para que la parte del alma pueda ser integrada por la persona. Esto generalmente conlleva dialogar con ese pedacito del alma, y como mencioné antes, la persona que la recibe probablemente tendrá que cambiar comportamientos para que dicha parte se sienta cómoda.

El alma es la parte vital del ser. Independientemente de lo que suceda durante un viaje de recuperación de pedazos del alma, la parte que vuelve es más importante que la información que uno recibe. De hecho, la información no tiene ningún valor sin la parte del alma. Pero aparte del procedimiento de traer esa parte de vuelta, integrarla a nuestra vida es el aspecto más importante de la recuperación. Por lo tanto, el "mapa estratégico" es crítico para que podamos integrar ese pedazo del alma que regresó. Si no, esa parte puede irse nuevamente y estar menos anuente a regresar. También es importante tomar en cuenta que cuando uno pierde un pedazo, estamos afectando partes futuras de nuestra alma.

Creando un Esquema para la Recuperación de Pedazos del Alma

Las partes del alma se encuentran generalmente en el *inframundo*, y cuando viajamos debemos involucrar más que nuestros cinco sentidos para encontrarlas. Si un pedazo del alma estuviese en el *supra mundo*, entonces no se ha integrado todavía… no ha encarnado y todavía no hemos llegado a ser eso. En el proceso de recuperación de pedazos del alma le pedimos permiso al guardián del *inframundo* para entrar. Recuerda que tenemos aliados en todos los viajes y lugares de la realidad *no-ordinaria*. Este es uno de los aspectos más hermosos del shamanismo. Una vez que el guardián nos da la bienvenida, es muy importante expresar nuestra intención: "He venido a buscar aquello que hará que mi cliente se sienta completo". Es posible que a veces se nos niegue la entrada; por ejemplo, si tenemos afinidad con la persona a la que le estamos ayudando a recuperar un pedazo del alma, nuestra habilidad de ser impecable puede verse desafiada.

Cada shamán tiene diferentes maneras de viajar para recuperar pedazos del alma y también, diferentes grupos shamánicos tienen su propia mitología. En muchas ocasiones, mientras estudiaba con algunos de los mejores maestros shamánicos, viajé a secciones o "territorios" que eran intimidantes o simplemente atemorizantes. Como mencioné anteriormente en el libro, cuando viajamos al *inframundo* nosotros decidimos cómo nos involucramos con la realidad *no-ordinaria*. Yo elijo ser lo más creativa posible, seleccionando una mitología shamánica que tenga territorios amigables, libres de miedo. También tenemos nuestros aliados espirituales, ya sean nuestros animales de poder o guías espirituales, y ellos nos acompañan y ayudan en estos emprendimientos no-ordinarios. Para la recuperación de pedazos del alma generalmente trabajo con cuatro compartimientos o áreas. Este es un esquema que uno de mis maestros favoritos compartió conmigo mientras estudiaba en una Rueda de la Medicina:

• El primero es el **compartimiento de heridas**, donde uno va para descubrir la herida original que causó la pérdida del alma. Muchas veces la herida ocurre temprano en la niñez, cuando el mundo cesa de ser un "lugar seguro". Podría también haber ocurrido antes de que el cliente haya nacido. Una historia comienza a desarrollarse en este punto, y generalmente es más metáforica. El shamán usualmente puede sentir cómo la herida vive dentro del cliente.

- El siguiente es el *compartimiento de contratos*, donde conocemos cuál es el contrato sagrado del cliente. Esto se refiere a las promesas o acuerdos que la parte del alma hizo como resultado de la herida. Lo más probable es que destruyamos o renegociemos esos contratos en nombre de nuestro cliente. Han sido pobremente escritos, pues fueron hechos al momento de ocurrir la herida o situación que causó miedo/dolor. Estos son acuerdos energéticos, pero se manifestarán eventualmente en nuestra vida física y algunas veces nos harán repetir comportamientos que pueden ser dañinos para nosotros. En raras ocasiones, la herida viene de una vida anterior.

- El tercero es el *compartimiento del encanto*, donde descubrimos la pasión del cliente o la fuerza de vida que hace falta por causa de la pérdida del pedazo del alma. Esta pasión debe ser presenciada y reconocida, pues si no fuera por la herida todavía estaría en su lugar. Es un área donde observamos lo que el alma anhela, y cómo el cliente se pudiera haber comportado si no hubiera habido pérdida de un pedazo del alma.

- El último es el *compartimiento de regalos*, donde descubrimos los tesoros escondidos del cliente. Estos son generalmente los recursos más grandes que tenemos: dones, posibilidades, habilidades. En este compartimiento recuperamos un regalo que es simbólico de esos tesoros. Podríamos encontrar: una piedra, un disco, una pluma, un animal de poder… o podemos recuperar el "artista", o la "expresión" o el "poeta". Este regalo es la clave para la integración del pedazo del alma.

Después de haber viajado a través de los cuatro compartimientos y terminado nuestro trabajo, le pedimos al guardián del *inframundo* que nos lleve de vuelta a la entrada. Nuestros animales de poder también nos ayudan a regresar a la realidad *ordinaria*. Generalmente traemos de vuelta tres piezas: el pedazo del alma (asumiendo que quiera regresar), un animal de poder (que es simbólico del aspecto instintivo de ese pedazo del alma), y un regalo o tesoro que sirve como puente para la integración de dicho pedazo del alma. Si el pedazo del alma no quiere o no está listo para regresar, debemos al menos traer de vuelta al animal de poder y el regalo para nuestro cliente. El pedazo del alma podría pedir que el cliente cambie aspectos de su vida antes de regresar, y el traer de vuelta estas otras dos piezas debe crear una sensación de urgencia. Una vez regresamos a la realidad *ordinaria*, sostenemos el pedazo del alma en nuestra chakra corazón y procedemos a soplarlo al cliente en la chakra que nos hayan instruido.

El siguiente paso consiste en desarrollar un mapa mítico que ayude al cliente a rehacer el mapa actual que ya no le funciona. Desarrollamos el mapa a nivel mítico, pues ése es el nivel del alma. El mapa no es práctico a menos de que el cliente pueda relacionarse con él. Puede que necesitemos usar una metáfora que el cliente comprenda para hacerlo relevante para él. Los regalos o tesoros que se traen de vuelta también ayudan al proceso de integración, pues crean un puente entre el "mapa viejo" y el "mapa mítico nuevo". Esto es sumamente importante; de lo contrario, el cliente regresaría a los "viejos mapas", los viejos comportamientos. Entonces llega el momento de compartir con el cliente únicamente esa parte del viaje que es importante para su sanación.

Debemos tener cuidado de no traer de vuelta una "historia" que pueda asustar al cliente o que pueda producir un nuevo trauma. Por ejemplo, una vez tuve una estudiante que acababa de completar una recuperación de un pedazo del alma para su cliente. No es raro que la shamán vea varias partes del alma cuando está realizando un viaje, pero solamente una o dos partes deben ser traídas de vuelta. Después de la recuperación del pedazo del alma, y mientras compartía el viaje de sanación con su cliente, ella mencionó otra parte del alma que se había ido debido a abuso sexual. La paciente no lo recordaba, y la "historia" que estaba escuchando fue tan impactante para ella que no fue capaz de integrar el pedazo del alma que le devolvieron.

Otra forma de integrar el pedazo del alma recuperado es hacer lo que en psicología llaman un "drama sagrado". Es una reconstrucción del drama ocurrido al momento en que el pedazo del alma se fue, incluyendo gente representando a las personas que formaron parte de aquella situación. Puede realizarse con otras personas o podemos hacerlo a solas. Si lo hacemos a solas, podemos utilizar las piedras de nuestra mesa o elementos simbólicos para representar los diferentes compartimientos o personajes, y de esta forma ayudar al pedazo del alma a dialogar con el adulto al que se está integrando. Es mejor limitar la cantidad de objetos/piedras a dos o máximo tres.

Los contratos del alma generalmente se encuentran cercanos a la parte del alma que partió. Todos los contratos tienen algún beneficio para ese pedacito del alma que se perdió, pues han sido desarrollados con el fin de protegerlo. Un contrato del alma es un acuerdo que hacemos con nuestra alma al momento de un trauma, con la esperanza de recibir algo que usualmente no recibimos.

En muchas ocasiones hacemos contratos para tener una sensación de validación o de protección de alguien, y esto usualmente está relacionado con la razón por la cual la parte del alma se fue. Por ejemplo, una persona que vivió con un papá alcohólico que tenía reacciones violentas cuando tomaba, puede perder un pedazo del alma. Si ese progenitor era el padre, el contrato de alma desarrollado podría ir alrededor de "nunca confíes en los hombres". Este no es un contrato saludable para esa alma, y si se activa podría crear estragos en todas las relaciones que esta persona tenga con hombres.

Hay que tener en cuenta que una parte del alma puede ser encontrada en cualquiera de los cuatro compartimientos. Si *no hay energía* en un determinado compartimiento, no continúes buscando allí. El pedazo del alma podría estar en el compartimiento de regalos, en vez de el compartimiento de heridas; o puede ser que el cliente necesite que le regresen una de sus pasiones por la vida, así que podríamos encontrar esa parte en el compartimiento del encanto.

Después de completar la recuperación del pedazo del alma, debemos proporcionarle al cliente herramientas adicionales para utilizar durante la fase de integración. Yo siempre le insisto a mis clientes que dediquen tiempo para relacionarse con el pedazo del alma devuelto, haciéndole una serie de preguntas importantes. Es necesario encontrar un lugar callado para poder escuchar las respuestas de ese pedazo del alma. Algunas preguntas son:

1. ¿Por qué te fuiste?
2. ¿Cuáles son tus regalos para mí?… ¿qué me estás *enseñando*?
3. Actualiza al pedazo del alma en cuanto a los aspectos positivos de tu vida, desde el momento en que se fue hasta el presente.
4. ¿Qué necesito *dejar* de hacer para que te sientas cómodo conmigo?
5. ¿Qué necesito *comenzar* a hacer para que te sientas cómodo conmigo?

Después de que este diálogo se ha dado por varias semanas, la integración empieza a ocurrir. Recibir un pedazo del alma es como tener un bebé, debes alimentarlo, acogerlo, hablarle, aceptarlo y amarlo. Cuando el trabajo se hace de manera diligente, las recompensas son enormes e impresionantes.

Como parte de mi entrenamiento shamánico tuve que realizar dos diferentes viajes de recuperación del alma: uno "sola" y otro con colegas que también estaban inscritos en la Rueda de la Medicina. A continuación, relato una recuperación del alma muy profunda y sanadora que hice durante una Rueda de la Medicina. El tema que estaba tratando de sanar era el patrón de "rescatadora" con el que había vivido durante tanto tiempo, muchas veces sacrificándome en el proceso. Era un patrón desarrollado antes de nacer y que afectó todo tipo de relaciones. El rol de cuidadora es un rol típico de las mujeres en todo el mundo, y especialmente en la cultura latinoamericana en la que crecí.

Mi shamán en este ejercicio era Ariel, una colega a quien había llegado a respetar tremendamente. En el **compartimiento de heridas** *encontró a una niña de seis años de edad con un vestido rosado. Estaba en una esquina, protegida por un hombre con aspecto de jardinero. Definitivamente no era un hombre afectuoso. A medida que Ariel entraba en el* **compartimiento de contratos** *pudo ver que la pequeña se traicionó y "adoptó la imagen débil de femineidad" que su cultura esperaba, la cual estaba directamente en conflicto con la expresión de independencia que había sido incluida en su contrato original. Ella renegoció el contrato de la niña y lo regresó al contrato original: "vivir el poder total de la femineidad universal… enriquecedora, amorosa y tremendamente creativa". En el* **compartimiento del encanto**, *la niña estaba subiendo un árbol y mientras más alto subía, más crecía el árbol. El tema era uno de aventura con un toque de adrenalina, el cual le encantaba a la niña, pero no formaba parte de la imagen de femineidad de su cultura. Continuó hasta el* **compartimiento de regalos**, *donde Ariel trajo de vuelta una "varita mágica". Esto era para ayudarme a cambiar estados perceptuales y modificar perspectivas cuando lo necesitara, y para siempre tener la MAGIA alrededor y dentro de mí. Un guepardo llegó como nuevo* **animal de poder**. *Podía subir hasta la cima del árbol y correr muy rápido. Desde arriba veía todo y se cercioraba de que todo estuviera seguro para mí; también me ayudaría a correr más rápido que cualquiera, ya fuera para llegar a algún sitio o para escapar.*

Los viajes de recuperación de pedazos del alma que hice "sola" también me ayudaron enormemente. No solo a trazar el mapa del *inframundo* para emprendimientos futuros, sino también para estar consciente de traumas donde había perdido una parte de mi fuerza de vida. Podemos elegir solamente observar las partes que encontremos o podemos decidir traerlas de vuelta. Debo mencionar que, en mi experiencia a través de los años, sin embargo, siempre es mejor que otro shamán nos ayude a realizar las recuperaciones de pedazos del alma. Esto es porque nuestro propio viaje podría ser filtrado por la forma como percibimos nuestras vidas.

Cuando iba para abajo hacia el inframundo, *encontré un pedazo del alma que había perdido en una de mis relaciones amorosas más intensas. Estaba al final de la década de los treinta años, y había entregado mi alma y mi corazón a este compañero del alma. Esta relación había sido la más profunda que había vivido hasta el momento, pero a la vez había sido la más desgarradora. La parte que traje de vuelta tenía mi inocencia y mi pasión por el amor auténtico, y se había marchado porque se sintió traicionada por la ausencia de mi compañero de alma. La mayor lección del pedazo del alma que recuperé fue: "Debo soltar el temor de ser herida y traicionada en las relaciones para que pueda sentirme 'completa' de nuevo, y entonces estar lista para amar incondicionalmente". Durante el período de integración descubrí muchas otras maravillosas lecciones y aprendizajes que resultaron de esta relación, y por eso hoy me siento sumamente agradecida.*

Es importante que los practicantes shamánicos o de medicina energética pongan mucho énfasis en sanarse a sí mismos antes de dedicarse a atender clientes. Aunque utilizar dones de sanación para ayudar a otros es de suprema importancia, si no nos sanamos a nosotros mismos primero, podemos influenciar a la sanación con filtros propios y heridas no sanadas. El ego también puede afectar la sesión si el sanador no ha recorrido el camino de la auto-sanación. Hasta hoy en día me siguen haciendo recuperaciones de pedazos del alma cuando enfrento situaciones en mi vida que necesitan ser sanadas. Es más, antes de resolver cualquier asunto que surja, usualmente comienzo por sanarme a mí misma. Tomar responsabilidad por haber participado en crear situaciones con el fin de sanarlas es muy importante. Nos mantiene humildes y abiertos para integrarnos con esa parte nuestra que es más sabia. Una vez regresa la fuerza de vida y la sanación está en proceso, estamos más fuertes para enfrentar y resolver cualquier situación desde una perspectiva más alta.

Removiendo la Energía Atada Alrededor del Alma de una Persona

Algunas personas tienen energía tan enmarañada alrededor de su alma que sencillamente no fluye. En otras palabras, la energía está tan enredada en "quien" son, que usualmente se sienten atascadas en una situación, tema o patrón particular. El shamán debe ir al *inframundo* con la intención de "buscar aquello que está enredado alrededor del alma del cliente". Al igual que ocurre con la recuperación de un pedazo del alma, uno debe viajar a los cuatro compartimientos y rastrear dónde está esa energía que está envolviendo al alma. Al mismo tiempo, llama al espíritu o esencia de esa persona con un *chin-chin*. Utilizando un cristal, el shamán extrae la energía restrictiva, enrollándola en sentido contrario a las agujas del reloj. Esta energía puede ser encontrada en un compartimiento específico o entre compartimientos. Podría también ser necesario hacer una recuperación de un pedazo del alma después de dicha extracción.

¿Cuándo se realiza este tipo de extracción? Existen muchas posibilidades para ello. Quizás un cliente tiene problemas respirando (podría hiperventilar) pero no tiene una energía cristalizada. O tal vez uno no puede encontrar nada en el cliente, pero este tiene síntomas claros de estar paralizado en algún aspecto de su vida. También es apropiado cuando hemos hecho diferentes tipos de sanaciones y la situación no mejora. Adicionalmente, si no podemos "ver" nada cuando viajamos—se ve negro o borroso, esto es una clara señal de que se necesita realizar una extracción en el *inframundo*. También se hace si topamos con una pared mientras tratamos de remover huellas y ayudar a un paciente a sanar. Y finalmente, también se hace si la persona no está consciente de lo que la restringe o cuál pudiera ser la causa de un patrón.

Crecer como una "rescatadora" quería decir que otros esperaban que yo estuviera lista para cualquier ocasión, independientemente de lo que estuviera ocurriendo en mi vida. Había un entendimiento silencioso de que yo podía cuidarme sola. Y aunque uno de los regalos de este patrón fue convertirme en una persona resiliente y motivada, todos los cuidadores desean que alguien les ayude como ellos ayudan a los demás. Mientras avanzaba en mi propio viaje de sanación noté que el patrón de la "cuidadora" seguía siendo abordado. Seguía asomando su pequeña cabeza en algunas situaciones y con ciertas personas, aunque cada vez en menor grado. Aparecía cuando menos lo esperaba. Siempre sentí que este patrón había surgido durante mis primeros años de vida. ¡No tenía la más mínima idea de que era una energía que había llevado conmigo desde antes de nacer!

Mi experiencia con la extracción de una energía envuelta alrededor de mi alma fue intensa, y además causó un shock a mi sistema energético. Lara era mi shamán en esta sanación. Ella estableció su intención, abrió mi chakra plexo solar e inició el viaje hacia el inframundo. Tan pronto descendió, encontró una energía verde y viscosa que estaba adherida a todo mi cuerpo. Sacando su cristal comenzó a enrollarla, trabajando diligentemente hasta recogerla toda. Entonces afloró el contrato que mi pedazo de alma había hecho y estaba relacionado con mis seres queridos. Se trataba de que ellos "me dieran todo aquello que yo necesitara para sobrevivir y para prosperar en esta vida, ¡excepto estar presentes cuando yo necesitara ayuda"!

Desde el principio de esta vida esperaban que yo los ayudara cuando ellos lo necesitaran, pero se alejaban cuando yo necesitaba ayuda emocional. Ese contrato fue hecho en el vientre de mi madre, antes de nacer, y hubo varias lecciones importantes que surgieron a raíz de ello. Una de las más grandes fue reconocer que aquellos que aparecían cuando yo pedía ayuda emocional eran mi "familia del alma"—una familia eterna que me amaba y aceptaba incondicionalmente, sin preguntar, sin esperar y sin juzgar. Desde una edad muy temprana aprendí que los perros formaban parte de esa "familia del alma". Ellos no se alejaban ni me abandonaban cuando necesitaba ayuda, y además me permitían expresarme plenamente. Otra de las lecciones del alma fue aprender a amar y a aceptar a mis seres queridos por lo que eran. Ellos estaban jugando los roles perfectos para mi aprendizaje y lo hacían con la bendición de mi alma. Lara procedió a reemplazar el viejo contrato con uno nuevo, que decía: "Tengo una familia del alma que escucha mi voz... puedo hablarles a ellos y a mí misma de cualquier cosa. Debo aprender a CONFIAR en mi familia del alma y en mí misma. Solo entonces aprenderé a confiar en los humanos".

Una enorme tercera lección relacionada con mis seres queridos surgió: Debía aprender a "observar sus dramas desde la orilla del río, sin juzgar". En otras palabras, observar los dramas sin involucrarme. Ellos tenían derecho a aprender sus propias lecciones de alma. Esto también implicaba que yo debía soltar el temor de ser apartada o juzgada por mis seres queridos al decidir no involucrarme. Finalmente, Lara sopló el nuevo contrato en mi tercera chakra y luego sopló un águila calva como animal de poder; el águila me ayudaría a observar y a escuchar atentamente, pero sin involucrarme en el drama. Además, mi chakra garganta recibió una voz para poder expresarse… con mis seres queridos, con mi familia del alma y conmigo misma.

La sanación se completó en la mañana. Aproximadamente una hora después de que terminó, comencé a sentirme extraña por dentro. Para la hora del almuerzo había empezado a retirarme de la realidad ordinaria, escuchando las conversaciones entre gente muy lejos. Al llegar la tarde, mientras hacíamos ejercicios de "recuperar destinos", me sentía muy desconectada. Le pedí a Sophie, mi compañera de ese ejercicio, que revisara mis chakras. ¡TODAS ESTABAN GIRANDO AL REVÉS! Mi cuerpo energético se estaba apagando debido a la severidad del nuevo contrato que me habían soplado durante la sanación anterior. Ella hizo una mini sanación para realinear mis chakras y tratar de reactivar mi cuerpo energético momentáneamente.

Regresé a la clase y me acerqué a mi maestro. Tan solo unos momentos antes, durante el receso, él se había acercado a conversar y a preguntarme sobre mi niñez. Pensé que eso era un poco extraño. Cuando me acerqué, él me dijo que había estado rastreándome y que mi cuerpo energético se estaba coagulando (cristalizándose). Me dijo que necesitaba terapia de shock ¡INMEDIATAMENTE! La terapia de shock significaba que debía alternar entre duchas muy calientes y muy frías durante unos veinte minutos. Esto reiniciaría mi cuerpo energético y comenzaría a estabilizarme lentamente. Si no lo hacía inmediatamente, mi cuerpo energético se cristalizaría y eventualmente mi cuerpo físico colapsaría. Le pedí a Sophie que me llevara de vuelta al hotel donde me estaba hospedando. Comencé la terapia de shock y me desperté de inmediato. Luego Sophie me hizo una *iluminación para balancear mis chakras; esto me regresó a la vida.*

En la ceremonia de fuego de esa noche le agradecí a mi maestro. Él sonrió y comenzó a chinchinear (usar maracas) a mi alrededor, rastreándome nuevamente; después de unos minutos me dijo: «Ahora estás volando, Beatriz. Has entrado en tu nuevo contrato de lleno y veo gente que quiere seguirte, pero no puede… estás ya muy lejos». Lo abracé, agradeciéndole profundamente; ¡me sentía eufórica! Había una sensación de intemporalidad y de infinidad. Cuando me senté junto al fuego, podía sentir el linaje de ancestros a mi lado, dándome la bienvenida para que tomara el lugar que me guardaban, sintiéndome honrada de convertirme en una de ellos.

Las lecciones que vinimos a aprender abren caminos hacia nuestra alma y hacia nuestra divinidad una vez que las sanamos. ***No hay nadie a quien culpar o responsabilizar por los patrones y temas que surgen en nuestras vidas***. Al momento en que nos percatamos es nuestro deber sanarlas, para luego seguir adelante. Tan solo nuestra intención de sanarlas hace que el Universo conspire a nuestro favor, trayéndonos un ejército de seres de luz para ayudarnos. Las personas que me han asistido han sido puestas en mi camino justo en el momento en que yo envié esa intención. Estoy agradecida de haber aprendido estas lecciones en un entorno amoroso, y de haber tenido la libertad de buscar aquello que resonaba conmigo.

Rastreando el Destino

El último día viajamos por nuestra cuenta al *supra mundo* para rastrear nuestro destino. Los tambores comenzaron a sonar y descendí hasta la cueva para ser energéticamente desmembrada.

Establecí mi intención de "rastrear aquello en lo que me podía convertir", y luego seguí el cordón arriba de mi corona hacia cada dimensión. No entré a ninguno de los cuatro niveles. Cuando llegué al mundo del linaje, crucé el umbral y me senté pacientemente, presenciando el mundo de nuestro porvenir. Entonces comenzaron a aparecer las imágenes.

Primero vi una cúpula de luz que se expandía y pulsaba, abarcando a la gente y abriéndolos a posibilidades ilimitadas. Cada persona que atravesaba la cúpula creaba su propia cúpula, y mientras más personas se unían la cúpula se expandía más y más. Una colonia de cúpulas interdependientes pero independientes a la vez se iban formando. **Dictar conferencias, enseñar, enriquecer, ser un faro de amor y de luz, proteger a la Madre Tierra... ¡este era "mi porvenir"!** *No había rol de rescatadora ni de cuidadora a la vista. «Espera el mensaje y pide ayuda antes de moverte», me decían. «No ofrezcas resolver "sus" mundos o sanarlos, más bien espera el mensaje del Espíritu... ¡solo escucha!» El mensaje del Espíritu era claro:* **espera, escucha y ama... no rescates... ¡espera al Espíritu!**

Luego trabajamos con un compañero y la intención era "ver el contrato de nuestra verdadera esencia". Mi compañera era increíblemente clarividente. Comenzamos por rastrear de ojo izquierdo a ojo izquierdo, hasta que el rostro de la persona desapareció y ella comenzó a ver mi destino revelarse.

Mi compañera me pidió que escogiera una piedra de su mesa y le soplara mi intención de "ver mi destino". Luego comenzó a ver y me dijo: «Tú estarás redefiniendo las enseñanzas espirituales y llevándolas a través del continente americano, incluyendo latinoamérica». Se volteó hacia mí y me dijo: «Esto es grande,

Bea, muy grande… y está por comenzar en menos de un año».
En efecto, comenzó once meses después….

Esta *dirección del norte* había sido magnífica, revestida de una calidad extraña y etérea. Una vez nos salimos del tiempo para alcanzar el "infinito", ya no somos acechados por la muerte ni por el miedo… hemos soltado nuestra historia. Ahora contábamos con las herramientas para hablar y negociar directamente con Dios, para hablar y unirnos a los ríos, a las montañas, a la naturaleza… a todas nuestras relaciones… y al mismo tiempo poder participar en la creación del mundo de nuestro porvenir. Al tomar mi lugar junto al consejo de ancianos sabios me sentí consolada y respiré una paz profunda.

Un mes después, mi maestro de esa Rueda de la Medicina me pidió que participara con él en una entrevista de televisión para un programa llamado *Primer Impacto*. Este es un programa de entretenimiento/noticias del canal en español Univisión, y el segmento sería transmitido a través de Latinoamérica y los Estados Unidos. La entrevistadora era una de las principales presentadoras del programa. Mi maestro me explicó que durante la entrevista estaríamos colaborando en hacerle una sanación a otra persona.

Mi maestro y yo nos preparamos para la sanación, cada uno a un lado del tapete. La señora a la que le íbamos a trabajar se acercó a él, y aunque yo no podía escuchar lo que se decían, vi que salió del salón. No entendí lo que estaba sucediendo. Él se volteó hacia mí y de repente dijo: «Estaré haciéndote una sanación a ti, Beatriz. La filmaremos en vivo». Yo quedé estupefacta, pero el programa estaba por comenzar y no tuve otra opción que acceder. Lo sentí rastreándome desde el momento que había llegado unas horas antes y no sabía por qué. Procedí a recostarme. Él utilizó su pluma para limpiar alrededor de mi cuerpo energético, especialmente en la región de mi cabeza y de mi corazón. «Tu corazón está abriéndose para llevarte a nuevos niveles de un amor incondicional absoluto», me dijo. «Has estado cargando mucho dolor que pertenece a tu padre. Su visita será una oportunidad para que le hagas trabajo de sanación a él, lo cual resultará muy sanador para ti. Hará que tu corazón se abra completamente».

Curiosamente, mi padre estaba por llegar al día siguiente desde Guatemala. ¡Me había llamado el mes anterior preguntándome si podía ayudarlo a trabajar en sus miedos! Sin embargo, yo no le había comentado a mi maestro que mi padre iba a venir.

Entrando en la Quietud

La Práctica de Medicina Energética

"La vida no se mide por el número de veces que respiramos,
sino por los momentos que nos dejan sin aliento".
—Vicki Corona

¿DESDE CUÁNDO COMENZÓ TODO ESTO… ESTE PROFUNDO llamado de convertirme en una "practicante de medicina energética", una "sanadora"? ¿Acaso realmente tuve un "profundo llamado"? Como alma, diría que eso ocurrió hace muchas vidas, pues de repente comencé a recordar prácticas y técnicas de sanación que no había aprendido en esta vida. La memoria espontánea comenzó cuando decidí dedicarme al shamanismo y a la medicina energética, a mediados de los años noventa. Con el tiempo he comprendido que es una habilidad innata que todos poseemos, pues cada uno de nosotros es un "experto" en sanarse a sí mismo.

Nuestras creencias culturales, sin embargo, nos han educado de manera diferente. Esperamos a que una enfermedad se manifieste antes de prestarle atención a nuestro bienestar. Para la mayoría de las personas esto significa entregarle la responsabilidad de "curarse" a un médico tradicional, quien ha sido entrenado para clasificar a las personas en categorías de enfermedades existentes; esto significa que seremos diagnosticados en base a síntomas que son comparados con casos anteriores y posteriormente nos recetarán los medicamentos correspondientes. Este es un intento noble de ayudar a alguien, pero es reactivo; la gente no ha sido educada en cuanto a cómo prevenir enfermedades o cómo iniciar su propia sanación al comandar su estructura celular. ¡Nos han enseñado a poner nuestra salud en manos de otra persona, en lugar de tomar responsabilidad sobre nuestra propia sanación y bienestar!

El deseo de ayudar a que la gente se sienta mejor ha estado conmigo desde el momento en que nací, especialmente para mis seres queridos. Mi madre luchó contra enfermedades graves y condiciones desafiantes de salud desde que yo tenía escasamente un año de edad. Soportó tremendos dolores y malestares con valor y paciencia, pero su capacidad de vivir una vida plena se iba reduciendo cada vez más. Siendo una de las almas más cercanas a la mía en esta vida, me causaba mucho dolor verla sufrir. Había estado a su lado en la mayoría de sus situaciones serias, y como ya mencioné anteriormente, trataba de ser la mejor "Florence Nightingale" que pudiera.

No obstante, antes de emprender mi camino espiritual, lo único que podía hacer era ofrecer palabras de aliento, masajes cariñosos, encargarme de médicos/enfermeras/especialistas por ella, investigar escenarios alternativos, pero, sobre todo, darle mi amor y apoyo incondicional. Aun así, me daba cuenta de que cada experiencia se llevaba una parte de su esencia, y con el tiempo se miraba más agotada y resignada. A pesar de que enfrentaba cualquier situación que se le presentaba, no puedo decir que la medicina occidental la ayudó a sentirse mucho mejor, ni tampoco le dio la habilidad de confrontar la vida con toda su fuerza. Eventualmente entró en depresión, y en vez de tomar responsabilidad por sanarse a sí misma, se decepcionó de que los doctores no pudieran hacer más para ayudarla.

A medida que me fui involucrando en medicina energética, ella se convirtió en una participante entusiasta. Y aunque yo notaba que ella tenía el valor para probar prácticas nuevas y en ocasiones fuera de lo ordinario, la mentalidad de que alguien más tenía que sanarla permaneció siempre en ella. Hasta el día de hoy me pregunto si esto fue el resultado de su formación o si no tenía las energías suficientes para invertir en su propia sanación.

Mi padre también presentó situaciones graves de salud que se manifestaron más tarde en su vida, y parecía que no terminaba de confrontar una enfermedad cuando ya se presentaba una nueva. La leucemia apareció de la nada y lo tomó completamente por sorpresa. De hecho, nos agarró a todos por sorpresa. Él había sido siempre una persona extremadamente saludable, raramente tenía un catarro. Aun cuando logró entrar en remisión de su leucemia por medio de medicina alternativa, continuos problemas en el área del corazón parecían no tener fin (pleuresía, agua y sangre en los pulmones, arterias bloqueadas en el corazón).

A mis padres les recetaron numerosos medicamentos para confrontar diversas situaciones de salud, los cuales a su vez provocaban efectos secundarios que después causaban algo más. Este era un ciclo vicioso de nunca acabar que siguió por muchas décadas. Cuando cuestionaba a los médicos, simplemente subían las manos y decían: «Tratamos de atacar el problema inminente, pero siempre existe la posibilidad de que surjan complicaciones». "No debería ser así", pensaba yo. De más está decir que mi experiencia con la medicina occidental me dejó tan frustrada, que me embarqué en una búsqueda para encontrar algo "diferente" que ayudara a mis seres queridos. Esto fue el comienzo de la medicina energética para mí.

Todos nos hemos hecho preguntas como:

- ¿De dónde vino esta enfermedad?
- ¿Cuál es el origen de esta enfermedad?
- ¿Hay emociones o actitudes asociadas a ella?
- ¿Podemos resolver la enfermedad **antes** de que se manifieste físicamente?

- ¿Acaso esta enfermedad puede regresar?
- ¿Cómo se sana cada persona?
- ¿Cómo puedo ayudar para que alguien que amo se sienta mejor?

Hay muchas variaciones de estas preguntas que quizás nos hacemos cuando enfrentamos cualquiera de estas situaciones. Sin embargo, no somos tan impotentes como nos han hecho creer. A decir verdad, traemos dentro de nosotros mismos la mayoría de los ingredientes para ayudarnos, tanto a uno como a los demás.

Una sanadora es alguien que viene de un lugar de amor profundo y de compasión, e intenta "darle un empujón" a un individuo para que él se sane. Cuando la mayoría de la gente me pregunta acerca de la sanación, les contesto: «La sanadora puede hacer el 10% del trabajo, pero el 90% restante depende únicamente del paciente».

La sanadora no es quien realiza la sanación, sino más bien es alguien que acepta convertirse en un vehículo para que la energía sanadora se mueva a través de ella y hacia quien la necesite. Es como si la sanadora se convirtiera en la observadora de un proceso asombroso que se va develando ante sus ojos. Basada en mi experiencia, los principales ingredientes que un sanador debe tener son: impecabilidad, pureza de intención, humildad y amor incondicional. ¡Todos tenemos eso! Uno de mis maestros decía que *sanar* es desenchufar nuestra energía de ciertos lugares, personas o eventos, con el fin de tenerla disponible para invertirla en algo creativo hoy; *curar*, por otro lado, es regresar a alguien al lugar donde estaba antes del inicio de la enfermedad.

En mi camino como sanadora siempre me he preguntado por qué algunas personas se sanan y otras no. Dos pacientes pueden tener situaciones semejantes y someterse a sanaciones similares, pero uno de ellos sana y el otro no. Aunque usualmente no existen respuestas generales para tratar cada situación, he llegado a comprender que aquellos que se sanan han asumido la responsabilidad por su propio bienestar; generalmente tienen un deseo interno de sentirse mejor, de cambiar comportamientos, y están decididos a regresar sus cuatro cuerpos (mental, físico, emocional y espiritual) a la salud. Así que la responsabilidad de sanar regresa a cada uno de nosotros. ¡Nosotros tenemos el poder!

También he notado que cuando estoy pasando por un periodo difícil en mi vida, siempre se incrementa el número de pacientes que quieren sanación. Cada sanación parecía no solo revelar algún tema que yo como sanadora debía abordar dentro de mí, sino que también me llevaba a un estado de totalidad, donde podía hacer un trabajo de sanación más profundo. Las situaciones específicas que se han presentado no necesariamente reflejan las mías; sin embargo, involucrarme en ellas para sanar a otros me llevaba a un espacio que facilitaba el que yo tuviera realizaciones para mí.

Uno de mis maestros favoritos siempre decía: «Nos involucramos en sanar a otros no necesariamente porque queremos sino porque podemos». Después de un par de décadas de estar practicando medicina energética he logrado ver la verdad de esa afirmación. El viaje ha sido fascinante y, en cada instancia, mi admiración y reverencia por la Divinidad ha incrementado. ¡Vivimos realmente en un Universo extraordinario!

A continuación, relato algunos casos de pacientes que impactaron considerablemente mi visión sobre la vida y sobre el poder que tenemos como almas en esta experiencia humana. La fragilidad de todo y la milagrosa determinación de muchos me han hecho sentir una profunda humildad. He tenido la dicha de ser un "testigo especial" a quien se le ha permitido presenciar experiencias que han transformado vidas. Los siguientes diez casos que comparto con ustedes cruzaron mi camino durante los primeros años como practicante de medicina energética, y de una manera extraordinaria me transformaron. ¡Ha sido una experiencia mágica! (Para fines de este libro, los nombres y lugares han sido cambiados para proteger la privacidad de aquellos que me permitieron ser testigo de sus experiencias).

Haciendo Espacio para que Entre lo Nuevo

Hace varios años conocí a una maravillosa mujer de Latinoamérica. Ana estaba casada, entrada en los cuarentas, y en su mirada emanaba una bondad que venía desde lo profundo de su alma. La conocí a través de su madre, a quien recientemente le había hecho una sanación durante un viaje a Miami. Desde su primera conversación telefónica Ana me compartió su gran deseo de tener hijos. Ella y su esposo lo habían intentado por más de siete años. Se sometieron a todas las pruebas relevantes, y no parecía existir una razón física que le impidiera concebir. Quería saber si yo podía ayudarla con esto, a lo que yo respondí: «No puedo ayudarte a concebir, pues esa es una decisión entre tú y el Creador. Sin embargo, puedo tratar de ayudarte a dejar atrás ese persistente deseo para que puedas seguir adelante con tu vida». Hubo un silencio al otro lado del teléfono.

Yo había aprendido que no se puede ofrecer certeza ni tampoco predecir lo que va a ocurrir; lo que debía ser se desenvolvería en el momento de la sanación y durante los días posteriores. A pesar de que como practicantes de shamanismo aprendemos a involucrarnos en negociaciones directas con el Gran Espíritu (Dios), no podemos ofrecerle a un cliente la certeza de un resultado. Lo que debía ocurrir pasaría, y tanto el sanador como el paciente deben aprender a rendirse. ¡Todo está en Orden Perfecto y Divino!

Luego de recuperar el aliento, Ana me pidió que le sugiriera qué podía hacer para prepararse para su sanación. Le ofrecí enviarle meditaciones guiadas que le ayudarían a calmar su mente y le dije que me llamara cuando se sintiera lista. (La sanación ocurre cuando el cliente está listo, no cuando lo está el sanador). Esta es una de las partes más difíciles de ser sanador pues, aunque sepamos que la persona está con dolor o malestar, no podemos interferir hasta que ella lo pida y esté lista a poner su propia energía para sanarse a sí misma.

Tres meses después recibí una llamada de Ana diciendo: «Estoy lista para ir a verte. ¿Podría ir a principios de julio?». Revisé mi agenda y noté que estaría haciendo un peregrinaje shamánico al altiplano del Perú durante la segunda quincena de junio. Estos intensos peregrinajes espirituales producían cambios energéticos tan profundos en mí, que generalmente me tomaba varias semanas procesarlos. Sin embargo, algo dentro de mí me dijo que accediera y le dije que sí. Muchas veces, cuando el cliente viene del extranjero, acepto verlos durante varios días seguidos. Idealmente el cliente necesita procesar cada sanación durante varias semanas antes de moverse a la siguiente fase. Pero esto no es posible con pacientes internacionales que quieren que yo esté físicamente presente; generalmente no pueden permanecer en Estados Unidos por varias semanas, o incluso meses. Sabía que el trabajo con Ana sería intenso y muy profundo.

Llegó a mi consultorio el primer día de julio. La aprehensión en ella era palpable, aunque también mostraba una tranquila determinación. Yo aún estaba intentando "aterrizar" de mi increíble viaje a Perú; había pasado solo un día desde mi regreso. El haber estado en un estado semi-alterado resultó ser extremadamente provechoso en este caso. Al mismo tiempo, una situación traumática había ocurrido en mi vida inmediatamente después de mi regreso; mis amadas perritas y mi hogar fueron seriamente violados por alguien a quien había confiado las cuidara. La sanación de Ana probaría ser perfecta para mi propia sanación también.

Comenzó a relatar los eventos más importantes de su vida con intensidad y emoción, tanto triunfos como traumas. Generalmente no promuevo a que alguien entre en detalles de las situaciones de su vida, pues revivir el trauma puede reforzarlo más en su cuerpo energético. Sin embargo, sentí que ella aún estaba intentando sentirse cómoda con su sanadora, así que la dejé continuar durante varios minutos. Mientras me relataba la historia de su vida comencé a "ver" una niña de unos seis años parada junto a ella. Decidí observar solamente, ya que era mi primera vez con Ana. Además, mis guías espirituales insistían en que hoy era un día para trabajar únicamente en balancear su cuerpo energético y llevarla a un estado de relajación… eso era todo por hoy. Así que mientras me concentraba en sus chakras y las empecé a ver encenderse, supe que ese era mi señal para iniciar. La primera sesión consistió en liberar la frustración y la ansiedad que había acumulado por no poder quedar embarazada. Había temas emocionales y culturales muy profundos sobre la mesa. ¡Era un día para comenzar a desenredar la telaraña!

El segundo día Ana estaba más calmada y la velocidad con la que relataba sus historias se había desacelerado bastante. Después de unos minutos la detuve y pregunté: «¿Qué te ocurrió cuando tenías seis años de edad?».

«Tuve un incidente traumático», me respondió. «¿Por qué me lo preguntas?». Le dije que había una niña de seis años parada junto a ella desde ayer, y que yo sentía que era una parte de su alma que había perdido temprano en su vida y estaba lista a regresar. Estuvo pensativa durante un momento y luego me dijo: «¿Será por eso que en las meditaciones guiadas que me enviaste, cuando trataba de visualizarme creando abundancia al tener un bebé, todo lo que veía era una niña de unos cinco o seis años de edad?»

«Puede ser», le contesté. En psicología esto es llamado "disociación" y ocurre cuando experimentamos un trauma en nuestras vidas. Muchas veces se utiliza la hipnosis para tratar de recordar los hechos asociados al incidente, aunque pueda que no estén accesibles. Como mencioné antes, la "pérdida de un pedazo del alma" es una de las principales causas de enfermedades y trastornos según el shamanismo. Una vez se regresa el pedazo del alma al cliente, la memoria del evento regresa, al igual que la energía asociada a ese pedazo del alma. La recuperación de esos pedacitos del alma es uno de los eventos de sanación más impresionantes para el cliente, y una herramienta extremadamente poderosa para el sanador.

Antes de traer de vuelta el pedazo del alma, sin embargo, teníamos que asegurarnos que su cuerpo energético estuviera completamente limpio y dispuesto a acogerlo. Así que procedimos a realizar un rastreo energético y remover cualquier interferencia que pudiese haber. Necesitó que se le hicieran varias extracciones energéticas fluidas. Ana era muy cooperadora y estaba sumamente involucrada en el proceso, confiada en que todo sería para su mejor bien. Yo sentía muchos seres de luz acompañándonos, listos a ayudar y a darle a Ana la fortaleza que necesitaba. Continuamos haciendo limpieza y balance energético por un par de días. Ana confesó sentirse más tranquila y ligera, más en paz. Sonrió mientras lo dijo y agregó que hacía mucho tiempo que no se sentía así de bien.

En la cuarta visita, la niña de seis años estaba más que lista para regresar a Ana, e igualmente Ana estaba lista para recibirla. Había en ambas entusiasmo y expectación. Puse música shamánica de tambores y establecí la clara intención de "traer de vuelta aquello que ayudara a Ana a sentirse completa".

Hacia el *inframundo* me fui en búsqueda de la niña. Al llegar allá divisé una cueva. Caminé hacia ella y noté que había un hombre enorme y peludo en la entrada. Pregunté por la pequeña Ana y me dijo: «No conozco a nadie por su nombre, pero puedes entrar y ver si la encuentras». Había muchos niños en esta cueva, sin duda pedazos del alma que muchos de nosotros hemos perdido en el transcurso de nuestras vidas. Vi a una niña pequeña en la esquina de la cueva, y pude identificarla por el anillo que tenía puesto. He notado muchas veces que los pedazos del alma tienen puesto algo que el adulto usa en el momento actual, y esto los hace fácil de identificar. Me dirigí hacia ella y le pregunté si era Ana, a lo que ella asintió. Le pregunté si estaba lista para regresar conmigo… que su parte adulta estaba lista para recibirla y protegerla.

Ella respondió: «Necesito que mi parte adulta aprenda a jugar más y a ser menos seria para que yo regrese». Le aseguré que su Ana adulta estaba lista para acomodarla y jugar con ella. Luego me sorprendió diciendo: «Yo iré, pero hay otra parte de Ana que también debes llevar de vuelta». Le pedí que si podía llevarme hasta donde estaba ella y accedió, diciéndome: «Tendremos que ir al *medio mundo*, pues ella sigue allí». Sostuve a la pequeña Ana cerca de mi corazón y salimos de la cueva.

Parecía sentirse aliviada de salir de ese oscuro lugar y sonreía tímidamente. Entonces agarró mi mano y comenzó a correr. Dejamos atrás el *inframundo* y entramos al *medio mundo*, que es aquél en el que vivimos día a día, pero donde el tiempo es circular en vez de linear. Me llevó a una casa grande rodeada por una larga veranda, con vista al océano por uno de sus lados. La pequeña Ana comenzó a buscar en los alrededores y luego de un rato, me dijo: «Allá está. Vamos a hablar con ella».

Nos dirigimos hacia la esquina de una enorme sala, donde encontré a otra niña. Esta tenía unos once años y se había marchado porque acababa de entrar en la pubertad y tenía miedo de "convertirse en mujer". «¿Por qué tenías tanto miedo?», le pregunté.

Ella respondió: «Porque como me lastimaron de niña, no quería imaginarme lo que me podría pasar cuando me convirtiera en mujer». Le expliqué que a la Ana adulta le había ido bien y que era una persona feliz, que cuidaría bien de ella y la haría sentirse protegida. La pequeña de once años no estaba muy convencida. Yo tenía a mi animal de poder "leopardo" en el viaje y le pedí que hablara con ella. Eso funcionó de maravillas y la niña de once años finalmente estaba lista para regresar. Sostuve a ambas contra mi corazón y regresé entonces a la realidad *ordinaria*, donde la Ana adulta nos esperaba. Le soplé ambos pedazos del alma a ella, uno en su cuarta chakra y el otro en su séptima chakra. Cuando Ana abrió sus ojos había un nuevo brillo. ¡Ana sonrió plenamente por primera vez desde que la conocí! Le relaté las historias de ambos pedazos del alma y ella las confirmó. Ella estaba lista para regresar a su hogar con un nuevo propósito y con muchas tareas por hacer.

Aunque yo seguía en estado alterado, un proyecto de consultoría en México requería que me alistara para viajar en un par de días. Estuve allá durante una semana involucrada en un trabajo intenso de estrategia. A mi regreso de México me esperaba un largo email de Ana. Me contó que continuaba manteniendo su estado de tranquilidad y paz en su vida, a pesar de todas las cosas que estaban pasando a su alrededor. Las "niñas" (de seis y once años) estaban felices e integrándose muy bien. Ella y su esposo continuaban con su sueño de convertirse en padres, pero ahora su disposición era más relajada y estaba más abierta a recibir cualquier noticia de su médico—positiva o no.

Aproximadamente un año después vi a Ana de nuevo. Había estado trabajando en sí misma diligentemente y se veía muy bien. Esta vez me comentó que había notado un área específica de su vida en la que ciertos patrones surgían repetidamente y que no era capaz de pararlos. A pesar de que los había identificado y había tratado de cambiar su actitud y su comportamiento, continuaban sorprendiéndola "de la nada". Sentí que algo estaba impidiendo que su contrato del alma se revelara, así que decidí viajar y ver si ése era el caso. Ana me había dicho que si algún contrato de su alma le estaba impidiendo moverse hacia adelante, tenía su permiso para alterarlo o destruirlo. Inicié el viaje y enseguida encontré una energía enrollada alrededor de su alma. Después de extraer la energía y destruir el viejo contrato, escribí uno nuevo que la ayudaría a fortalecerse en su vida. Inmediatamente comenzó a sentirse más ligera. Aproximadamente un mes después me contó que el patrón había reaparecido, pero en esta ocasión había sido capaz de enfrentarlo rápidamente y resolverlo para siempre.

Unos meses después se convirtió en una de mis estudiantes cuando inicié **Despertando el Alma**, una escuela de misterio de la que aprenderás más adelante. La clase había comenzado con discusiones acerca del manejo de energías, seguidas de una serie de meditaciones guiadas. Luego aprendió a trabajar con el mandala, un instrumento mítico de sanación y entendimiento extensamente utilizado por shamanes alrededor del mundo. En su primer ejercicio había llenado completamente su pintura de arena con elementos de la naturaleza. Escasamente quedaba algún espacio en blanco, lo cual era simbólico de su vida.

Se sentó frente a su mandala y lo observó cuidadosamente, hasta que su paciencia dio frutos. La pintura de arena comenzó a "hablarle", revelándole cuántas cosas estaba cargando encima que no eran de ella y que la estaban abrumando. Ella removió la mayor parte de los elementos que tenía colocados y los ofreció al fuego durante la ceremonia de esa noche. Su intención: deshacerse de todo aquello que ya no le servía en su vida. ¡Las ruedas del cambio se pusieron en marcha!

Un par de meses después me contó cómo varias situaciones que desaparecieron de su vida se asemejaban a aquellas cosas que había removido del mandala; con el transcurrir de los meses se fue sintiendo más ligera y liberada. Después de seis meses participó en el tercero de cinco módulos, que tenía que ver con "soltar el pasado". A través de los módulos anteriores y en el tiempo entre cada uno de ellos, ella había estado trabajando arduamente en cambiar comportamientos, actitudes y pensamientos; también estaba diligentemente meditando a diario. ¡Ana estaba determinada a integrarse cada vez más con su Yo Superior!

Un mes después de haber participado en el tercer módulo, Ana me llamó y casi no podía contener su entusiasmo. Ella y su esposo decidieron intentar convertirse en padres una vez más, ¡y estaba embarazada! Yo estaba tan contenta como sorprendida al mismo tiempo. Este es uno de los casos más bellos que he tenido el privilegio de presenciar. Ocho meses después llegué a su país a dar clases. ¡Había nacido su bebé… una de las almas más preciosas que he visto en mi vida!

Un Dolor en la Espalda

Celia era una mujer soltera, cerca de los cincuenta, amiga mía desde hacía ocho años. Trabajaba como artista en el sur de Florida y estaba criando sola a sus dos niños. Celia se me acercó un par de semanas después de regresar de mi viaje donde aprendí a liberar huellas, diciéndome que no sabía qué hacer con un dolor crónico en la parte baja de la espalda que tenía desde hacía más de diez años.

Hicimos una cita para evaluar su dolor físico la semana siguiente. Antes de que viniera, le pedí que reflexionara sobre los regalos que pudiese haber recibido de este dolor de espalda, y a la vez que notara cuándo el dolor aumentaba. Cuando llegó, le expliqué acerca de la medicina energética y las chakras, y cómo funcionaba este proceso. Dado que ella practicaba yoga, había recibido acupuntura e incluso hacía lecturas psíquicas, estaba muy abierta a este proceso energético. Su expectativa era que el dolor físico disminuyera de manera significativa, pues estaba convencida de que hasta que no trabajara a nivel energético su dolor no sanaría. Esperaba esta sesión con mucho entusiasmo.

Empezamos a hablar sobre su dolor de espalda y acerca de su mapa actual, para tratar de ubicar el origen del dolor. Me comentó sobre su incapacidad de decirle *"NO"* a sus amigos, sintiéndose abrumada y cargada de responsabilidades, con gente viniendo todo el tiempo y dejándole muy poco tiempo para ella. Era entonces cuando su dolor físico se ponía peor. Le pedí que recordara algunas de estas experiencias y se conectara con los sentimientos asociados a cada una de ellas. Una vez una persona decide sanar, es impresionante que en el momento de la sanación ellos mismos nos dicen la causa principal de su situación, la mayoría de las veces sin darse cuenta de que lo están haciendo. Cuando comencé a evaluar su cuerpo energético, dos de sus chakras estaban severamente afectadas.

Iniciamos el proceso para identificar y remover la huella, cuando su estómago comenzó a hacer ruidos. Energías densas grises comenzaron a salir de su chakra ombligo, seguidas de columnas blancas que parecían algodón de azúcar. La chakra estaba abriéndose hacia el lado izquierdo de su cuerpo y a medida que la energía tóxica iba saliendo, se regresaba lentamente al centro. Un domo de energía se iba formando sobre la chakra del plexo solar, así que le di unos toquecitos encima. Un calor continuaba saliendo de la chakra ombligo. Una vez removida la huella y concluida la sanación, Celia confesó sentirse profundamente relajada; dijo que se sentía mucho más ligera y estaba fascinada con todo el proceso. Comenzó a moverse y notó que el dolor físico se había calmado considerablemente. Me dijo que sintió cuando la huella salió de su cuerpo energético y también cuando masajeé su campo energético al final. Me llamó un par de días después para decirme que su dolor de espalda había desaparecido casi por completo y que se sentía mucho mejor.

El resultado inmediato fue extraordinario pues, la mayoría de las veces, la sanación a nivel energético ocurre inmediatamente, pero su manifestación a nivel físico es gradual. Celia se sentía físicamente más ligera y emocionalmente más calmada y en paz. Una semana más tarde me contó que estaba libre de TODO dolor de espalda y que tenía más energía que nunca. ¡Esta era la primera vez que se sentía libre de dolor en los últimos diez años! Además, estaba consciente de cómo cambiar su mapa para que esto no volviera a suceder. Decidió hacer un mandala para efectuar su cambio de estilo de vida y a la vez expresar gratitud por su sanación.

Hablando con el Cielo

Después de asistir a una reunión de negocios, una de mis clientes se acercó y me preguntó si podía ayudar a su prima Susie. Ella vivía en el Medio Oeste de Estados Unidos y había sido compositora de música y cantante. Susie era cercana a su familia y había regresado a su lugar de origen después de casi diecisiete años.

Ella tenía problemas mentales, emocionales y físicos, todos ellos a causa de haber sido acosada por un hombre muy aterrador durante cuatro años. Había tenido extensas terapias psicológicas y las experiencias traumáticas que vivió apenas comenzaban a entrar en su memoria consciente. El impacto del trauma había causado que su alma saliera de su cuerpo varias veces. Se sentía triste, temerosa y sola. Sus estados mental y físico eran muy frágiles.

Cuando la conocí, quería saber acerca de mis creencias religiosas. Su principal preocupación era saber si yo creía en Dios, en Jesucristo y en la Virgen María. A pesar de que no acostumbro a hablar sobre mis creencias espirituales durante una sanación, decidí darle a ella mi versión. Pareció sentirse cómoda con ella. Susie era una católica devota y quería asegurarse de que el proceso de sanación no estuviera en conflicto con sus creencias religiosas. Ella insistía en que, si no fuera por Dios y su fe, ella hubiera muerto. Tenía la apariencia y luz de un ángel. Aunque jamás había escuchado sobre medicina energética, su hermana era quiropráctica y acupunturista, así que poco a poco se fue abriendo a la experiencia.

Ella quería que las memorias de acoso dejaran de atormentarla, y también tenía la esperanza de que su talento musical tan creativo volviera a emerger. Susie expresó el deseo de sentir que su alma regresara a su cuerpo, para así sentirse completa nuevamente. Le expliqué el proceso con gran detalle y le dije que el resultado estaba en manos de Dios. Comenzamos a charlar y le pedí que reviviera las emociones que sintió cuando recordaba los incidentes de acoso. Como sus pensamientos estaban muy dispersos, la guié a tres situaciones específicas. Una vez sintió estas, comencé a evaluar su cuerpo energético y sus chakras.

Para poder ayudarla a relajarse tuve que sostener unos puntos en el área occipital de su cabeza durante casi quince minutos.

También masajeé su campo energético repetidamente. Exhibía contracciones fuertes en sus manos, lo que quería decir que estaba soltando energía tóxica. Esto es muy común cuando un incidente significativo no ha sido liberado. Había mucho calor saliendo de su chakra corazón y de su tercer ojo. En un cierto momento tuve que poner mis dedos sobre su tercer ojo para ayudarla a recuperar el balance.

De repente el proceso de sanación tomó un giro inesperado. Después de sostenerle unos puntos cerca de las orejas por más de diez minutos, ella comenzó a hablarle a Dios en voz alta desde lo más profundo de su alma. Escuché que mis guías me decían: «Salte del proceso». No entendí lo que me estaban diciendo y no quería dejar a Susie a la mitad de su sanación. Ellos repitieron el mensaje y me dijeron: «Solo establece la intención de salirte del proceso y deja que las cosas fluyan». Me hice a un lado, emocional y mentalmente. Luego, una voz suave comenzó a hablarle palabras lindas a través mío. Era como si Dios estuviera hablándole directamente a ella. La voz salía de mi boca, pero era una voz diferente a la mía, y las palabras también eran diferentes a las que yo usaría. Susie comenzó a llorar, sintiendo un dolor leve en su corazón. Le sugerí que cruzara sus brazos sobre su corazón para que parara temporalmente el proceso de sanación. Comenzamos nuevamente un par de minutos más tarde, pues ella insistía en continuar.

Alcanzó cierto grado de relajación durante el proceso, pero su ansiedad por liberar el trauma no le permitió sentirse suficientemente cómoda. Después de la sanación ella confesó sentirse más ligera y emocionalmente más tranquila. Dos días después, su madre llamó a mi cliente para decirle que por primera vez en muchos años había notado una mejoría significativa en su hija. Le dijo que era la primera vez desde que los incidentes de acoso comenzaron que lograba ver un destello de cómo era su hija. Varias semanas más tarde hablé con Susie y parecía una persona completamente diferente. A pesar de que aún sentía cierta renuencia a vivir plenamente y sentirse completamente segura, estaba comenzando a hacer cosas que le gustaban, las cuales había evitado hacer los últimos años. También había vuelto a escribir música y era capaz de concentrarse en su trabajo por primera vez en mucho tiempo.

Sorprendida por los resultados con su prima, mi cliente me pidió que le hiciera una sanación la próxima vez que estuviera en su área. Después de que accedí, me preguntó: «¿Era tu voz la que le respondió a Susie cuando estaba hablándole a Dios durante la sanación?». Le contesté: «No». Ella dijo: «No pensaba que eras tú».

Comencé a notar que canalizaciones espontáneas sucedían con algunos pacientes durante su sanación, y la mayoría de las veces no recordaba lo que se había dicho. Algunos clientes me llamaban después y me preguntaban: «¿Qué fue lo que me dijiste durante la sanación?», o «¿Te recordás de lo que me dijiste? Pasó exactamente como me habías dicho». Usualmente no lo recordaba, reconociendo que la sabiduría era enviada a través mío, pero sabiendo que no era mía.

Encontrando el Amor Divino Adentro

Tanya era una mujer de negocios sumamente poderosa, dueña de un negocio pequeño pero muy exitoso. Estaba casada y tenía alrededor de cuarenta y cinco años. Al momento de la sanación tenía casi once años de conocerla. Éramos buenas amigas y en ocasiones socias de proyectos.

Ella había luchado contra el lupus por veinte años y eso había debilitado mucho su sistema inmunológico y cuerpo físico; también sentía dolores en sus articulaciones. Yo estaba a una semana de llegar a la ciudad donde ella vivía para un proyecto enorme. Un par de días antes de llegar me preguntó si podía hacerle una sanación con relación al lupus. Le dije que sí y le pedí que pensara en los regalos que el lupus le había dado antes de nuestra sesión. Tanya entendía algo sobre shamanismo y medicina energética por nuestra amistad. También estaba consciente de la medicina alternativa y abierta a ella. Su expectativa del proceso era sentirse mejor físicamente, con más energía y que su sistema inmune se fortaleciera. También deseaba entender más acerca de los aspectos emocionales ligados al lupus.

Comenzamos la sesión y ella regresó a momentos donde el lupus había empezado o se había activado. Un hilo relacionado con abandono y traición comenzó a surgir. Ambas cosas ocurrieron durante su infancia. Ella compartió que cuando primero fue diagnosticada con lupus estaba haciendo su maestría en administración de empresas en una de las cinco mejores universidades del país. El diagnóstico la forzó a dejar los estudios para cuidar su salud. Algunos no entendieron su decisión de dejar sus estudios; ella se sintió traicionada y abandonada, esta vez por su mejor amiga. A medida que nos acercamos al presente, ella expresó temor de que su esposo o sus mejores amigos la traicionaran o abandonaran, de manera que lo compensaba excesivamente, cuidando de ellos para que nunca la dejaran. Platicamos de su mapa y cómo cambiarlo; ella entendió que si aprendía a no abandonarse ni traicionarse a sí misma, no necesitaría temer que los demás lo hicieran. Su entendimiento de las lecciones sobre traición y abandono era increíble, y un fascinante cambio comenzó a ocurrir en ella.

Cuando empezamos la sanación, "vi" un muro alrededor de su corazón; era una pared para ella misma, no para los demás. Tanya se relajó casi de inmediato mediante ejercicios de respiración y presión en los puntos occipitales. La energía se liberaba a través de sus brazos y manos. Le pedí que visualizara una llama bajo la chakra abierta y que soplara para ir quemando toda la energía tóxica que había recibido. El hacer crecer la llama provocó que algunos recuerdos surgieran y fueran liberados… recuerdos relacionados con el tema y que no había recordado en mucho tiempo. Ella comentó que esos recuerdos le proporcionaron mucha información importante, la cual le había ayudado a armar un rompecabezas y tener grandes realizaciones. Acabó pensativa pero aliviada de ver cómo todo estaba relacionado.

Tanya terminó su sanación sintiéndose relajada y con un nuevo entendimiento de la relación entre ella y el lupus. Sentí la presencia de varios seres de luz alrededor de nosotros durante su sanación, y también la de un lobo blanco y negro. Sus chakras giraban maravillosamente al terminar la sanación. Inmediatamente se sintió más ligera y más calmada. Varios días después comenzó a sentirse más energizada y fortalecida. Se sentía reparada emocionalmente y lista a abrir su corazón plenamente de nuevo. Unas semanas después le tocaba ir a su chequeo semestral de lupus a una clínica médica muy reconocida al norte de Chicago, y para sorpresa suya como del médico, diecinueve de las veinte variables evaluadas para el lupus resultaron dentro del rango "normal". Como resultado, decidieron quitarle el medicamento para el lupus, el cual le había estado causando efectos secundarios severos como la ceguera. Hablé con ella varios años después y le seguía yendo muy bien.

De Vuelta a la Luz

Maria era una mujer muy trabajadora que llegó de Brasil y se adaptó con gran rapidez al estilo de vida americano. Estaba avanzada en los treintas, era diligente, amigable y extremadamente sensitiva a nivel energético. La conocí a través de unos amigos que teníamos en común, y fue entonces cuando comentó que no podía dormir. Cuando indagué un poco más, me dijo: «Algo toma control sobre mí, me lleva a lugares oscuros y a situaciones horribles y no puedo detenerlo. Por lo tanto, prefiero no dormir». Dormir es muy necesario pues nuestro cuerpo físico finalmente descansa y nuestra alma se libera. De hecho, es una de las actividades más importantes que hacemos, pues ayuda a que la energía regrese a nuestro cuerpo. ¡En total dormimos una tercera parte de nuestras vidas! Le pregunté si quería intentar una sanación y rápidamente contestó que le encantaría. Programamos una cita para una tarde de la semana siguiente.

Llegó a la cita muy puntual, pero titubeando un poco. Le pedí que me contara de los sitios a donde la llevan y sobre las pesadillas que tenía. ¡Algunos de sus relatos parecían haber salido de una película de terror! Le dije que soplara estas memorias en una de las piedras de mi mesa, y que fuera muy clara acerca de su intención de sanar. Procedió a acostarse sobre la mesa de masaje. Comencé intentando relajarla. En cuestión de minutos comencé a notar que sus ojos rodaban hacia atrás y se ponían blancos. Le pedí que se mantuviera presente conmigo durante la sanación, pero aunque lo intentaba, no podía. Sonidos guturales comenzaron a salir de su garganta, sus ojos seguían blancos y entonces empezó a retorcerse sobre la mesa. La primera vez que pasó le pedí a los seres de luz que vinieran y me ayudaran. Maria se tranquilizó por unos minutos. Luego comenzó todo de nuevo, los sonidos extraños en su garganta, sus ojos en blanco y el retorcimiento. Esta vez le pedí a la corte celestial que viniera a socorrerme. Todo paró nuevamente durante unos minutos. La tercera vez que sucedió, le pedí ayuda a mi linaje shamánico y a mis animales de poder. Ella se detuvo y de repente, abrió los ojos. Con gran desconcierto preguntó: «¿Qué fue lo que ocurrió?». "Increíble", pensé, "¡no recuerda nada de lo que sucedió!". Realicé que tenía que hacer varias extracciones intensas para ayudarla a retomar el control sobre su cuerpo. Aunque se sentía más calmada y ligera, el proceso de sanación apenas había comenzado.

La semana siguiente, María llegó temprano a la cita. Estábamos en un parque con la naturaleza como nuestro guardián. Dijo que había tenido un par de noches de sueño profundo, pero las interrupciones continuaban mientras intentaba dormir. Yo había traído varios cristales de cuarzo completamente transparentes; estaba lista para el trabajo que estaba por iniciar. Le pedí que hiciera su mejor esfuerzo por mantenerse presente, ya que no podría extraer las energías intrusivas exitosamente si ella no estaba completamente allí, conmigo.

Comenzamos el proceso y empezó a aguadarse. «Mantente aquí, conmigo», le dije con voz firme. Lo pudo lograr y extrajimos la primera energía fluida. Viendo las otras energías moviéndose por su cuerpo, supe que aún quedaba mucho por hacer. Comencé a rastrear la segunda energía. Maria parecía una banda elástica y casi colapsa frente a mí. Nuevamente le pedí que se mantuviera presente; se veía el esfuerzo que hacía por mantenerse despierta. Extrajimos la segunda energía intrusiva. Me alejé unos pasos de ella y continué rastreando. Entonces se arqueó para atrás y dijo: «Aquí, en mi hombro. Me duele». Sabía que había una tercera entidad, así que procedí a extraer de nuevo. Después de esta última, María se levantó firmemente y con mucha alegría dijo: «¡No me había sentido así de bien desde que tenía diez años!». Era otra persona completamente distinta. Su actitud había cambiado dramáticamente.

Unos días después me llamó para decirme que estaba durmiendo maravillosamente toda la noche, que no estaba asustada y tenía sueños llenos de luz. Pronto realicé que María era una médium completa. Cuando le compartí esto, no estaba nada contenta; me pidió ayuda y después de hablarlo, ideamos ejercicios para "cerrar sus compuertas" hasta que se sintiera preparada para manejar su don. Me llamó unos años después para compartirme sus sueños. Había desarrollado el don de sueños proféticos… acerca de eventos mundiales, locales, incluso de situaciones en *mi* vida. ¡Qué gran placer fue para mí conocerla!

La Piedra Mágica

Andrew era un niño de ocho años. Estaba comenzando a tener problemas en la escuela porque se frustraba con los otros niños; además, tenía mal genio. También estaban surgiendo temas de autoestima. Su madre le habló acerca de una "amiga" que podía ayudarlo y le preguntó si quería que lo ayudara. «¡Sí!», le respondió… luego preguntó: «¿Dónde está tu amiga?».

«En Miami», respondió su madre. Él sentía curiosidad de saber cómo yo podía estar en Miami y él en otra ciudad, y que aun así podía hacerle una sanación. La sanación remota es algo que muchas personas desconocen, pero la física cuántica ha demostrado una y otra vez cómo la distancia física no es obstáculo para que la sanación a distancia tenga lugar. Ha habido innumerables casos de grupos de oración que a distancia afectan situaciones de manera positiva. La mayoría de la gente no cree que es posible, hasta que tienen la experiencia. Las tradiciones shamánicas trabajan afuera del tiempo y del espacio, lo que permite que la sanación a distancia se pueda dar. ¡Aún yo sigo sorprendida ante esto!

Programamos la sanación remota para el día siguiente, a la hora que Andrew regresaba del colegio. Su madre estaba familiarizada con la sanación energética, así que ayudaría con el proceso. El teléfono sonó y cuando contesté, Andrew estaba en la línea. Se sentía ansioso por comenzar. «¿Qué es lo que te está molestando?», le pregunté.

De manera muy elocuente me contestó: «Hay unos niños en la escuela que dicen cosas crueles y me enojan. También hay adultos que me gritan y me hacen sentir mal. Estoy cansado de sentirme así. Y, además,—añadió rápidamente—a veces tengo miedo de cosas».

Le pedí que me contara tres incidentes: dos que lo hubiesen enojado y otro que lo hizo sentirse mal; me explicó cada situación con gran elocuencia y de forma detallada. Claramente se percibía el disgusto en este dulce niño. Hablé con su madre durante unos minutos para darle instrucciones de cómo me podía ayudar. Acostó a Andrew mientras sostenía los puntos occipitales detrás de su cabeza, y él comenzó a relajarse. Mientras tanto revisé su cuerpo energético y le abrí la chakra de su plexo solar. Una vez la chakra soltó las energías tóxicas y removí la huella, le pedí a Andrew que le hablara a su chakra. Hicimos esto a través de su animal favorito, un caballo salvaje. Se mantuvo calmado durante la sanación, escuchando las instrucciones que le iba dando su madre. Cuando terminamos le pregunté a ella si tenía alguna piedra pequeña para darle a Andrew. La piedra lo ayudaría si se sentía frustrado o asustado de nuevo. Debía llevar la piedra en su bolsillo todo el tiempo, y soplarle si se sentía enojado o con miedo. Me agradeció y luego me preguntó si podía ir a jugar.

Un par de días después recibí un email de la madre de Andrew. Después de la sanación, había llevado a Andrew a ver unas piedras pequeñas preciosas que acababa de conseguir; formaban parte de un juego de candelas de feng shui. Abrió sus ojos sorprendido, y rápidamente agarró una de ellas y se la puso en su bolsillo. Era un tesoro para él. Le preguntó a su madre dónde debía ponerla durante la noche. Ella le dijo que la colocara bajo la almohada, para que se llevara sus miedos y frustraciones mientras dormía. En pocos segundos salió corriendo con gran apuro. La madre fue tras él y lo encontró de vuelta en el lugar en donde estaban el resto de las piedras; él tomó dos más. Se fue a la sala familiar y dirigiéndose a su padre, le dio una de las piedras diciéndole: «Toma Papá, para cuando te enojes». Luego le dio la otra piedra a su hermana pequeña para que se mantuviera segura durante la noche.

El email terminaba con un cálido mensaje de agradecimiento de la madre, diciendo cómo la sanación la había ayudado a valorar más a sus hijos. Poco tiempo después tuve la oportunidad de enviarle a Andrew una de las piedras de mi altar. Meses más tarde visité su ciudad y me encontré con su madre. Me dijo que, aunque algunas veces se olvidaba de desayunar, ¡jamás se olvidaba de llevar su piedra! Su situación en la escuela mejoró significativamente y Andrew volvió a tener la actitud dulce y cariñosa de siempre.

Hacia el Planeta Tierra

Estaba por viajar nuevamente hacia Latinoamérica, y estaba sumamente emocionada porque iba a pasar un tiempo con mi amiga Ana. Había transcurrido un año desde que habíamos comenzado a hacer todo el trabajo energético. Me había llamado unos meses antes para compartir la gran noticia y ¡esperaba con ansias poder verla embarazada!

Ana me pidió que la ayudara a comunicarse con la pequeña alma dentro de su vientre. Por lo general no hago sanaciones a mujeres embarazadas, pues hay una tercera alma involucrada. Pero esta era una petición especial y no habría trabajo energético de por medio. La intención era ir en una meditación guiada para hablar con este pequeño ser. Ana tenía preguntas específicas que le quería hacer como, por ejemplo: «¿Cómo te quieres llamar?», «¿Por qué viniste a mí?», «¿Cuál es tu misión?», «¿Cómo te puedo ayudar de la mejor manera?».

Nunca antes había guiado a alguien en una meditación con la intención de hablarle a un bebé que no ha nacido, pero el shamanismo me ha enseñado que todo es posible. Decidimos hacer el viaje en la naturaleza, entre los árboles. No tenía idea de cómo iba a guiarla en este viaje, pero sabía que las cosas no dependían de mí. Más bien, como ya había aprendido, tenía que salirme del camino y simplemente rendirme. De modo que abrimos espacio sagrado lejos de la gente y comenzamos a concentrarnos en nuestra respiración para así calmarnos y centrarnos.

La meditación comenzó con Ana yendo a un jardín hermoso en el *inframundo*. Había una vegetación exuberante, una hermosa catarata, un lago, y el arcoíris más Divino atravesando la catarata.

Mientras Ana iba recorriendo esta mágica parte del jardín, le indiqué que se dirigiera hacia la cueva que estaba a un lado de la catarata. Dentro de la cueva encontraría una cama de pétalos de rosas rojas, donde el bebé estaría esperando.

Así lo hizo y allí se encontraba él, con muchas ganas de comunicarse. Comencé a hacerle las preguntas que ella me había dado; él contestó cada una de ellas sin vacilar. Era como si hubiera estado esperando para comunicarse. Quería que lo llamaran Antonio. Ana había sentido solo las últimas cuatro letras del nombre, pero no le hacían ningún sentido. Yo había visto el nombre completo y las últimas cuatro letras eran exactamente las que Ana había sentido. Había estado esperando que Ana se sanara, y sentía que ahora era el momento perfecto para "venir a la Tierra". Antonio le pidió a Ana que se asegurara de que le darían la libertad para ser creativo, pues como él mismo lo dijo: «Estoy aquí para revolucionar la medicina espacial». No entendimos muy bien lo que eso significaba, pero sabíamos que con el tiempo lo entenderíamos. Después de sus respuestas, primero regresé a Ana al jardín y luego a la realidad *ordinaria*. Ambas suspiramos, entusiasmadas por la claridad de la conexión con su bebé. Salimos del parque unos minutos después y regresamos a casa.

Visité a Ana y a Antonio poco más de un año después de la meditación guiada. Él ya tenía 14 meses de edad, y era un alma antigua y preciosa. Cuando primero escuchó mi voz se puso muy contento, y luego me abrazó dulcemente. ¿Podría haber recordado mi voz por el viaje o sería por las sanaciones a su madre? Su sabiduría era palpable a través de la profundidad de su mirada. ¡Todo esto era demasiado sorprendente!

Aceptando Ayuda

Era finales del año 2002 y estaba viajando de vuelta a Latinoamérica por negocios. Mi trabajo de consultoría me llevaba a esta región a menudo. Aunque ya estaba metida de lleno en mi camino espiritual y en sanación energética, no hablaba de ello abiertamente a menos que alguien tocara el tema. Había aprendido que algunas personas podrían menospreciar mis habilidades de negocios si me aventuraba a hablar sobre "esos temas". Pero si ellos abordaban el tema, yo estaba más que anuente a hablar al respecto. Un alto ejecutivo de la compañía que me contrataba para consultoría me había invitado a cenar esa noche y conocería a su esposa por primera vez. Acepté entusiasmada. A medida que avanzó nuestra conversación durante la cena, ella abordó un tema espiritual y rápidamente me involucré. Luego tocó otro tema espiritual, relatando una experiencia que había tenido. Yo también compartí algunas de mis experiencias espirituales. Pasamos una noche muy agradable compartiendo historias místicas, el tiempo transcurriendo sin darnos cuenta.

Al día siguiente su esposa llamó y me preguntó si podía hacerle una sanación a ella, y también a otra amiga que padecía de mal de Parkinson. Acepté y acordamos una cita para el día siguiente. Me dirigí hacia su casa después de un día intenso de trabajo, un poco cansada pero muy entusiasmada con la oportunidad. Su amiga se llamaba Sara y era estilista. Había desarrollado el mal de Parkinson unos años antes y le estaba afectando mucho su trabajo.

Sara llegó un poco después que yo. Comenzamos su sesión identificando los regalos que la enfermedad de Parkinson le había traído. Inicialmente, este fue un ejercicio muy duro para ella, pues dijo: «Yo no sé si he recibido algún regalo de esta enfermedad. Mi esposo y mis hijos han tenido que encargarse de mí y eso no me gusta para nada». La energía de esta última frase me dio una clave para profundizar un poco más y tratar de llegar al origen de su situación.

Le dije: «Cuéntame sobre la primera vez que pediste ayuda y dejaste que alguien más te asistiera». Lo pensó por un rato y luego comenzó a contarme una historia de cuando tenía ocho años de edad. Mientras jugaba con sus hermanos y primos, se cayó en un lugar de la grama que estaba mojado. Parecía como si se hubiera orinado y todos los demás niños comenzaron a burlarse de ella. Se sintió terriblemente mal. Sara continuó contando historias sobre su niñez donde fue ridiculizada y se había sentido humillada. Se prometió a sí misma que nunca pediría ayuda y que siempre ayudaría a los demás, percibiendo que esto la libraría de sentirse avergonzada. Su cuerpo energético se encendió como un árbol navideño y pude ver claramente dónde estaban sus bloqueos.

Ella se acostó y la sanación comenzó. A medida que surgían memorias olvidadas a su consciencia, comenzó a llorar. Le indiqué que enviara los recuerdos directamente a la piedra que le había puesto encima de una de sus chakras, sin intentar analizarlos. Su cuerpo energético estaba soltando muchísima energía tóxica y podía notar cómo se relajaba más y más con cada liberación. Después de esperar lo que pareció una eternidad, finalmente sonrió.

Comenzamos a platicar sobre la sanación y sobre el mapa mítico que las chakras revelaban cuando el regalo de su enfermedad comenzó a emerger. La enfermedad de Parkinson estaba allí para enseñarle a rendirse y aceptar ayuda de sus seres queridos. Esto curaría las heridas de vergüenza y humillación, y comenzaría a balancear sus energías masculinas y femeninas. Mientras hablábamos sobre los cambios que debía hacer en su vida, me interrumpió repentinamente y extendiendo sus manos, exclamó emocionada: «Mira, mis manos, ya no están temblando. Gracias». Comenzó a llorar, ¡pero eran lágrimas de felicidad! Había trabajado intensamente para sanarse y la recompensa había sido un vistazo de lo que estaba por venir. Se levantó y me abrazó.

La última vez que supe de Sara fue unos cinco años después de la sanación. Estaba fascinada de su capacidad de permitir que otros la ayudaran, se sentía mucho mejor e incluso había comenzado a ver el Parkinson como un gran maestro… en lugar de una cruel enfermedad. Su actitud había cambiado considerablemente, al igual que su vida.

El Corazón está Sanado

Generalmente es muy difícil trabajarle a nuestros seres queridos, pero debemos aprender a salirnos del camino y permitir que el Espíritu se encargue. Mi padre solía visitarme con cierta regularidad, pero desafíos físicos disminuyeron sus visitas considerablemente. Unos años antes había venido al sur de Florida para un chequeo médico; estaba teniendo dificultad para respirar y podría tener un pulmón afectado. Aunque la energía en los hospitales es bastante desgastante para mí, decidí acompañarlo. Los doctores le hicieron una prueba de estrés para chequear su corazón. Debido a la condición pulmonar de mi padre, la prueba de esfuerzo tenía que ser químicamente inducida. Después de evaluar resultados, los doctores concluyeron que sería necesario realizar una angioplastia pues varias arterias estaban obstruidas. La situación no era una emergencia y, por lo tanto, le dieron permiso de regresar a casa. No obstante, los médicos pidieron que les avisáramos cuándo él planeara regresar, para programar el procedimiento.

Se quedó en su casa en Guatemala unos tres meses. La condición de sus pulmones había empeorado rápida y considerablemente. La capacidad respiratoria de su pulmón izquierdo se había reducido a menos del 40%, mientras que el otro pulmón presentaba una pleuresía y no estaba funcionando a su capacidad máxima. En poco tiempo su situación se tornó crítica y tuvo que ser trasladado en ambulancia aérea a la Clínica Cleveland en Ohio. Ahí ofrecían los mejores cuidados para las condiciones cardíacas y respiratorias que él padecía. Tomé un vuelo comercial para encontrarme con él. Al vernos en el hospital ambos comenzamos a llorar. Se miraba gris y triste, muy distinto al hombre optimista que había visto unos meses antes.

Hablé con los doctores y me explicaron la situación. Tendrían que realizar una angioplastia para su corazón primero, y unos días después una cirugía toráxica para resolver los problemas respiratorios. Serían un par de días muy intensos para él. «Su corazón debe estar listo para ayudarnos durante la cirugía del tórax», explicaron los médicos.

Mi padre tenía miedo y se sentía muy débil, pero teníamos que prepararlo para las inminentes intervenciones. Me miró y me dijo: «¿Harías una sanación a mi corazón antes de la cirugía de mañana?». Accedí inmediatamente y comenzamos el proceso. Mucha energía gris salió de su chakra corazón. A medida que su cuerpo energético fue sanando, su respiración se comenzó a calmar. Cuando terminamos se sintió aliviado y dijo: «¿Te importaría dejar tu mesa junto a mi pulmón izquierdo? Creo que me ayudaría». La dejé junto a él por el resto del día.

Al día siguiente llegué temprano al hospital con afán de prepararlo para la cirugía. Parecía haberse rendido ante el Universo y decía estar listo para el reto. El cirujano cardiólogo era uno de los mejores del mundo y ambos confiábamos plenamente en él. Sedaron a mi padre y lo trasladaron a la sala de operaciones. Me senté en la sala de espera hasta que saliera el doctor después de la cirugía. Cuarenta y cinco minutos después, apareció el Dr. Cohen y parecía tranquilo. «Por favor siéntate», me dijo en tono serio. «Tengo buenas noticias, aunque algo desconcertantes. El corazón de tu padre está perfecto. Acabamos de realizar algunas pruebas y no hay obstrucciones. En otras palabras, la angioplastia no es necesaria. No entendemos cómo sanó tan rápidamente, pues tenemos las pruebas de hace unos meses y claramente muestran varias arterias obstruidas. ¡Esto es un milagro y un excelente resultado! Adelantaremos la cirugía del tórax para mañana». Poco después llevaron a mi padre de regreso a su habitación. Me preguntó qué había ocurrido y le expliqué. En ese momento comprendió que su capacidad de soltar y de rendirse permitieron que su energía fluyera con la energía del Universo y su corazón se había sanado durante la noche. Ambos sonreímos y nos abrazamos. Con optimismo renovado estaba listo ahora para su cirugía torácica.

Trayendo Dolor de Otra Vida

A medida que transcurría mi primer año enseñando, vi a muchas estudiantes evolucionar y cambiar de maneras impresionantes… su porte, sus palabras, la claridad de sus pensamientos, sus actitudes, sus comportamientos. Las piezas del rompecabezas estaban siendo reveladas a medida que iban obteniendo entendimiento acerca de las lecciones espirituales en sus vidas. El siguiente caso ocurrió en Centroamérica.

El grupo había terminado una regresión a vidas pasadas. La intención era ver cuál vida las mantenía cautivas en la actual. Era la hora del almuerzo, así que teníamos una hora antes de reiniciar las clases. Carolina se acercó a mí después de la regresión y me preguntó si podíamos hablar en privado. Era una mujer reservada y a veces callada, pero pureza y sinceridad emanaban de ella. «Por supuesto», le contesté. «Por favor, siéntate».

Estaba a punto de comenzar a contarme de su vida pasada, cuando su hombro derecho comenzó a dolerle tanto que se agachó. «Este dolor ha estado conmigo desde que tengo memoria», me dijo. «Acabo de ver en la regresión que fui torturada y apuñalada en el mismo punto donde tengo el dolor». Le pedí que se levantara y se colocara frente a una pared blanca para que yo pudiera rastrearla. Mientras *"chin-chineaba"* alrededor de ella, comencé a ver un objeto largo con forma de lanza en su cuerpo energético, atravesando desde la espalda hacia su omóplato derecho y pulmón derecho. Le conté lo que estaba sintiendo y le pregunté si le molestaba lo suficiente como para removerlo.

Con la mirada perpleja me dijo: «¿Realmente puedes quitármelo? Me encantaría no sentir más este dolor». Miraba energéticamente que había sido apuñalada por la espalda y, por lo tanto, el frente de este objeto estaba hacia el pulmón. Si tenía una punta afilada, extraer el objeto desde atrás le "desgarraría" su interior energéticamente. Así que decidí empujarla de atrás hacia el frente. Cuando sentí que la punta venía saliendo del lado derecho de su pecho, comencé a jalar… suavemente al principio, moviéndola un poco para desalojarla, y luego con un movimiento rápido la jalé. «Ay», me dijo. «Sentí eso».

Después de limpiar el área y llenarla con luz, le pedí que moviera su hombro hacia adelante y para atrás. «¿Todavía sientes dolor?», le pregunté.

«No, ya no. ¿Qué pasó?», preguntó.

«Era una energía cristalizada que estaba afectando tu cuerpo físico», le respondí. Me miró con cara de desconcierto y luego sonrió.

Unas semanas más tarde hablé con ella por teléfono y me dijo que el dolor había desaparecido. Mucha gente siente dolor en ciertas partes de su cuerpo, pero los rayos X y otros exámenes no muestran nada. Mi experiencia ha sido que estas son heridas físicas de vidas pasadas que aparecen como energía cristalizada en esta vida, causando verdadero dolor físico a la persona. Una vez se remueve la energía cristalizada, ¡desaparece el dolor! Algunas veces el cliente puede tener recuerdos repentinos del evento que lo causó, pero no siempre.

◎ ◎ ◎

Estos casos y mi experiencia como practicante de medicina energética tuvieron lugar a lo largo de más de dos décadas, comenzando a principios de los noventas. Hubo muchos más clientes. Seleccioné unos cuantos para darles una muestra de mi trabajo en medicina energética. Algunos pacientes estaban muy frágiles; otros necesitaban más amor y ternura, mientras otros mostraban tremendo valor ante la adversidad. Pero cada uno de ellos me enseñó que somos espíritus maravillosos intentando lidiar con los problemas y situaciones que enfrentamos de la mejor forma posible. Sin duda, nuestro propio deseo de sanar es la mayor y más impresionante herramienta que tenemos. ¡Esto es la que hace la gran diferencia!

Dejar ir el resultado ha sido el mayor aprendizaje para mí. Aun cuando deseamos ayudar a todo el mundo a sanarse, debemos entender que cada alma debe hacer esa decisión por sí misma. Aprendí esto primero con mi madre, luego con mi padre y después con muchas otras personas a quienes he amado profundamente. Es su camino y son sus lecciones del alma, y nosotros somos simplemente actores en su obra. También aprendí que para poder presentarme en las sanaciones de manera impecable debía cuidar de mí misma. El hecho que yo decidiera aceptar la invitación del Universo para participar en la práctica de medicina energética no significaba que tuviera el derecho de hacerlo. Necesitaba estar bien física, emocional, mental y espiritualmente. Esa era mi mayor responsabilidad ante mis pacientes, y si no estaba en ese espacio, no hacía las sanaciones. Finalmente, también debemos aprender a limpiarnos a nosotras mismas después de una sanación, para no absorber ninguna de las energías que se han movido durante una sesión. Esto es muy importante para que podamos continuar estando presentes en nuestras propias vidas.

Estoy muy agradecida con cada uno de mis pacientes por su confianza y su fortaleza, y por enseñarme acerca de la capacidad del espíritu humano de resurgir. Ha sido una lección de profunda humildad, el ser testigo de las grandes transformaciones y de las sanaciones milagrosas de tantas almas valientes. Aunque ya no tengo una práctica activa, continúo enseñando a otros practicantes a medida que el Gran Espíritu me los trae.

Un Espacio de Transformación

"Quiero conocer los pensamientos de Dios…
el resto son detalles".
—Albert Einstein

LA RUEDA DE LA MEDICINA CONTINUABA GIRANDO Y con ella mi vida. He recorrido un largo camino desde que me embarqué por primera vez en los estudios avanzados de shamanismo a mediados de los noventas, y era el momento de llevar mi contribución a este mundo a un nivel mucho más alto. El trabajo ha sido arduo y asombrosamente inspirador, y en cada momento, destellos de mi verdadera esencia han salido. Era fascinante descubrir quién realmente era yo después de desaprender tantos pedazos de domesticación, y luego de continuar transmutando mis cuerpos emocional y mental heridos. Soltar experiencias de mi pasado, cambiar percepciones de situaciones y personas que formaron parte de ellas, reconocer y enfrentar temores que aparecían cuando menos los esperaba, y librarme de la necesidad de ser definida y reconocida por mis logros fue una tarea monumental, pero a la vez extremadamente liberadora. Con cada paso mi voz interior era más clara, las dudas internas se fueron disipando, y comencé a vivir desde la sabiduría de un corazón abierto.

Había llegado el momento de comenzar a participar en hacer realidad el sueño del nuevo mundo, trabajando con *posibilidades* en vez de *probabilidades*. El *Camino del Visionario* era acerca de crear en el presente, observando con desapego y luego, continuamente modificando esas creaciones para que siempre pudiera mejorar lo que se manifestaría en el futuro. Mi imaginación era lo único que podía limitar mi creatividad. En la última dirección de la rueda de la medicina debíamos recordar cómo ser manifestadores supremos, donde todo lo que soñamos es posible. Había completado un gran círculo de vuelta a lo que mi mamá solía decirme de niña: «Si podés soñarlo, podés hacerlo».

Los místicos permanecen en el *norte*, gozando en la luz del Espíritu. Los shamanes quieren traer el misticismo y la magia a esta realidad… a este mundo. La intención es tener la experiencia de la Divinidad creando y participando plenamente en soñar un mundo lleno de luz hacia la realidad. Es en esta dirección de la rueda de la medicina donde botamos las paredes de separación y dualidad, y el velo se comienza a caer. La cooperación y el compartir se convierten en el nuevo paradigma para nuestro mundo. Comenzamos verdaderamente a entender y a honrar la unidad de TODO en el Universo.

La *dirección del este* está relacionada con la *transformación absoluta:* de uno mismo, de otros, de la Tierra y del Universo. La transformación se convierte en una práctica, y aprendemos a trabajar con cuatro prácticas de transformación simultáneamente: *identificación, diferenciación, integración y trascendencia.* Los mandalas son utilizados como una de las herramientas de transformación. Comencé a trazar mis cuatro mandalas, asegurándome de que las orillas de los círculos se tocaban y que estaban en un orden específico. El primer círculo ilustraba "aquello con lo que me identifico… quien soy hoy". El segundo, a la derecha del primero, era sobre "aquello de lo que me he diferenciado… lo que ya no soy… lo que he sanado". Bajo el primer círculo estaba el tercer mandala, que mostraba "lo que he integrado". Finalmente, el cuarto mandala estaba al lado del tercero y bajo el segundo, ilustrando "aquello que he trascendido... los roles que he dejado atrás".

Las cuatro pinturas de arena me ayudarían a explorar mi viaje arquetípico. Estos arquetipos residen en el estado energético, pero se manifiestan en los otros estados perceptuales; en otras palabras, residen afuera del tiempo, pero se manifiestan en el tiempo. Luego coloqué una piedra de mi mesa en el centro de cada círculo, para que me ayudaran en mi transformación. Me senté frente a mis cuatro mandalas en silencio para que pudiera integrarme con el viaje de mi vida. ¡Fue maravilloso poder ver todo lo que ya había trascendido!

Dos de las enseñanzas más importantes que tendríamos en esta dirección de la rueda de la medicina se relacionaban con reciprocidad y con límites. Los incas llamaban a la reciprocidad correcta *ayni perfecto*, que significa vivir en un Universo que nos refleja de vuelta la condición de nuestro amor y nuestra intención. *Ayni* significa reciprocidad y usualmente nos lleva al "balance". No es acerca de perfección, pero sí es acerca de valentía. No quiere decir que no habrá tormentas, pero cuando aparezcan no nos derrumbarán... solo nos hamaquearán. Al practicar el *ayni perfecto* cambiamos nuestra intención y entonces ¡el Universo cambia para apoyarnos! Así es como soñamos nuestro mundo para volverlo realidad, cambiando nuestros pensamientos, nuestra intención y manteniéndonos impecables. También aprendemos que decir *SÍ* a la vida no significa decir *SÍ* a todo. Poner límites comienza a ser más desafiante, pues otros pueden percibir la ligereza de nuestro ser una vez le hayamos dicho *SÍ* a la vida, y quieren esa paz para ellos. La clave está en ayudarlos a tener conciencia de que ellos tienen acceso a ella por sí mismos y no a través de nosotros.

Las direcciones del *sur* y del *oeste* de la rueda de la medicina eran acerca de saber que *tenemos elecciones* y, por lo tanto, no estamos atrapados en las garras de este mundo. Había conciencia de las consecuencias de nuestras elecciones, por lo que era muy importante estar conscientes al momento de hacerlas. Las direcciones del *norte* y del *este* son acerca de libertad… acerca de no necesitar hacer elecciones, pues estamos en el flujo Divino del Universo. ¡El momento en que pensamos que debemos crear planes de contingencia, entramos en problemas! No existe un Plan B, pues ya no hacemos las elecciones. En la *dirección del norte* hicimos votos, y dijimos *SÍ* a la vida. En el *este* traemos el *hogar* de vuelta a nosotros, a nuestras comunidades, a nuestros pueblos, y a nuestras posibilidades. ¡Es aquí donde finalmente entramos a la quietud de la sabiduría Divina!

Estados Perceptuales

A medida que nos vamos adentrando más profundamente en el camino del shamán, aprendemos a cambiar perspectivas en cualquier situación que enfrentamos. Elegimos aquella que nos hace más fuertes, que nos ayuda a sentir más paz o que nos proporciona el mayor entendimiento. Es este continuo cambio de percepciones el que nos libera. Aprendí que el momento en que me sentía atrapada en alguna situación, debía pedir ayuda a mi Guía Superior para que pudiera cambiar percepciones, para que pudiera moverme hacia adelante con posibilidades. En el *este* fijamos cada estado perceptual en nuestra mesa, lo que nos permite movernos fácilmente entre ellos en cualquier momento.

Todos los estados perceptuales son de la misma calidad y valor, y uno debe aprender cuándo usar cada uno de ellos. Por ejemplo, si una culebra muerde tu brazo querrás ir al estado *literal* para sanarlo. Si te vas al estado *simbólico* probablemente perderías el control y engancharías el mecanismo de luchar o huir; en el estado *mítico* intentarías encontrar el significado de la mordida mientras el veneno viaja por tu brazo y entras en una situación de mayor peligro; en el estado *energético* o *inca*, dejarías este mundo y no sanarías tu brazo. Así que es muy importante aprender cuándo usar cada estado perceptual.

El estado *energético* es donde participamos en diálogo con la Creación… con el Gran Espíritu, pero no podemos llevar a nuestro *Yo* o nuestro *ego* con nosotros. Es un estado natural para nuestras almas donde simplemente podemos *ser*. Sin embargo, es un estado perceptual difícil de alcanzar. Ahora que está conectado a nuestra mesa, podemos acceder a él con mayor facilidad. También recibimos ayuda del linaje para alcanzar este estado intangible.

Patrones de Comportamiento

Los arquetipos son principios que organizan nuestro comportamiento. Desde un punto de vista colectivo, la tribu nos enseña cómo responder ante las situaciones que podríamos enfrentar durante nuestra vida. Sin embargo, desde un punto de vista individual, debemos identificar los patrones que afectan la forma como respondemos ante ciertas situaciones. Nuestras propias experiencias nos permiten desarrollar estos patrones o arquetipos únicos. La clave está en identificar cuál arquetipo participa en las diferentes situaciones, admitirlo, y manejarlo desde su lado de luz. Si permitimos que el lado oscuro del arquetipo domine nuestras vidas, permaneceremos atascados en ciertas situaciones y repetiremos las lecciones del alma.

Por ejemplo, si estamos de duelo por la pérdida de un ser querido, no queremos seguir analizando por qué falleció o si hubiéramos podido haber hecho algo para prevenir su muerte (literal), o quedarnos atrapados en describir una y otra vez cómo nos sentimos acerca de esa pérdida (simbólico). En cambio, queremos elevarnos al nivel *mítico* y ver su paso a través de nuestras vidas, realizando los contratos de alma que hicimos con ese ser querido, entendiendo que aceptamos que muriera o que "partiera físicamente", y estando agradecidos por las lecciones aprendidas. A nivel energético, realizamos que su energía ha cambiado y nosotros debemos cambiar lo suficiente para aprender que no hay una separación verdadera.

Otro ejemplo sería cuando construimos una casa. Queremos comenzar en el nivel mítico, donde tenemos una mayor perspectiva sobre lo que esta casa significará para nuestra alma. Queremos convertirnos en un personaje mítico en la historia de nuestra propia vida y ver el panorama completo. Crear una historia mítica sobre nuestro hogar es un excelente punto de partida, soñando acerca de todas las posibilidades. Llamamos al nivel energético para sentir la casa y dialogar con la Creación acerca de ella. Luego podemos cambiarnos al nivel simbólico, donde comenzamos a sentir el verdadero espacio y dejamos que nuestra mente participe en darle un contexto a la historia mítica. Finalmente terminamos en el nivel literal, donde elegimos el diseñador, el constructor, el arquitecto y todos los demás detalles específicos de la casa. Si jalamos el lado oscuro de nuestros arquetipos, nuestro "ego" probablemente dirigiría la creación. La prepotencia, el estatus y la obstinación podrían comenzar el proceso a nivel simbólico, y terminaríamos con un lugar que no encajaría a nuestro estilo de vida o que sobrepasa nuestro presupuesto desde el principio. O quizás traeríamos detalles a la fase inicial, que cuando intentamos combinarlos denotarían una falta de cohesión y no nos permitiría apreciar el panorama general de esta gran creación.

La pregunta principal que debemos hacernos para movernos de nuestro ser humano a nuestro ser espiritual es: *"¿A quién responde mi Yo Superior?"*. Lo común es caer en el arquetipo "colectivo"— grupos de amigos—y por lo tanto, hacer y ser dependiendo de lo que hace la tribu o lo que la tribu ha definido como aceptable. La clave en esta dirección es trascender este proceso de identificación tribal y desarrollar nuestro propio mapa individual. Para poder evolucionar debemos diferenciarnos, y luego identificarnos con el panorama más amplio del Universo. Todos vinimos a hacer algo mucho más grande que lo que la mente humana puede conjurar, y todos somos eslabones en una cadena impresionante. Pero no alcanzaremos nuestro potencial más alto hasta que sanemos de nuestros patrones tribales y honremos nuestro propio camino.

Para identificar nuestros propios arquetipos necesitamos saber qué patrones de comportamiento usamos para responder a una situación dada; en otras palabras, cuáles son nuestros comportamientos y reacciones predeterminadas. Una manera de rastrear estos arquetipos es escribiendo una historia mítica. Uno de mis métodos favoritos utiliza las cartas del Tarot, no para leer el Tarot, sino para usar las cartas como arquetipos que nos proporcionan información. Formamos pequeños grupos de tres o cuatro personas y cada una elige una carta de la baraja. Comenzamos escribiendo una historia individual de lo primero que nos venga a la mente, sin importar si conocemos o no algo sobre el Tarot. Luego leemos nuestra historia en voz alta ante el pequeño grupo. Los que escuchan rastrean el estado perceptual en el cual el lector se siente más cómodo; allí es donde usualmente vamos cuando sucede una situación específica.

Una vez que identificamos el arquetipo donde nuestra energía se atrapa, lo liberamos para que podamos desarrollar un ***nuevo mapa***. El nuevo mapa siempre es la clave, ¡al igual que ocurre en la recuperación de pedazos del alma! Si no rehacemos el mapa, caemos nuevamente en los mismos patrones arquetípicos una y otra vez, y lo más probable es que quedemos atrapados de nuevo. También debemos identificar cuál es el arquetipo que el lector menos utiliza, pues este es en el que más tiene que trabajar para aprender a usarlo. Esta es la pieza clave para desarrollar el nuevo mapa.

Mi experiencia rastreando mis propios patrones de comportamiento me permitieron entender por qué veía el mundo y la vida de la manera en que lo hacía. Las cartas que mi grupo escogió

fueron: la Muerte, la Alta Sacerdotisa y el Ángel de la Templanza.
A continuación, les relato mi historia:

Había una vez un caballero con una brillante armadura que llegó a una aldea muy deteriorada por causa de las obsesiones de sus habitantes. A su llegada el caballero comenzó a notar el desagradable olor a descomposición; la gente moría de hambre y por enfermedades, y el caos parecía reinar por todos lados. Observó a un anciano que llevaba una capa de color amarillo y se sorprendió al notar que este anciano era el único que parecía estar bien. Recorrió la aldea trotando en su caballo, tratando de entender qué había causado tanta muerte y miseria en esta bella aldea en la montaña. Recién había pasado por una aldea que parecía ser exactamente lo opuesto de esta. Estaba llena de amor y luz, de la risa de los niños, y toda la comunidad estaba llena de vida. Había visto a la alta sacerdotisa de esta luminosa aldea y su aura irradiaba abundancia, caridad y amor.

Regresó a ese pueblo lleno de vida y le pidió a la alta sacerdotisa que lo acompañara al pueblo vecino. Le explicó que la muerte y el deterioro estaban por todos lados allá, y le pidió que los auxiliara. La alta sacerdotisa accedió alegremente y le contó al caballero que su pueblo también había estado sin vida antes, pero había logrado encontrar la fuente de amor que existía en cada uno de sus habitantes y eso había transformado a la comunidad. Preguntó si podía llevar a cuatro de sus más fieles y amorosas sacerdotisas con ella. Él accedió y se dirigieron hacia el otro pueblo.

Al llegar al pueblo sin vida hicieron una ceremonia de luz para llamar a los ángeles. La comunidad entera se acercó, sorprendida de ver la luz y esforzándose por recordar cuándo había sido la última vez que participaron en una ceremonia. Las asistentes de la sacerdotisa tomaron chispas de luz de sus corazones y multiplicando la energía de ellas, comenzaron a distribuir esa luz y ese amor a todos los habitantes. El impulso generado trajo más y más seguidores, y en poco tiempo hasta los árboles y las flores comenzaron a resplandecer. Los colores cambiaron y la gente realizó su verdadera esencia. La muerte había sido un paso necesario para que este renacer pudiera ocurrir. El caballero le agradeció a la sacerdotisa y a sus ayudantes, y continuó su camino hacia las montañas a la distancia. FIN.

La interpretación hecha por el grupo sobre mi historia mítica fue que había pasado por los estados perceptuales simbólico, mítico y energético. Sin embargo, el mítico dominaba a lo largo de la historia y por ende era mi estado perceptual natural. El estado perceptual que no figuraba era el literal, el de los detalles. Esto significaba que el arquetipo en el que me quedaba atrapada era el mítico. Entonces mi nuevo mapa requería que aprendiera a utilizar el estado literal más a menudo, aun cuando no me sintiera cómoda con los detalles y con la lentitud que ellos conllevan. Esta consciencia me ayudaría cuando alguno de mis estudiantes o pacientes entraran en minucias. Curiosamente, el estado literal resulta ser uno de los estados perceptuales más comunes utilizados por la gente. Recuerden que desarrollar nuevos mapas es clave, pues nos ayuda a sanar viejos patrones y a empoderarnos. Como shamanes, siempre hacemos mapas en el nivel mítico (afuera del tiempo).

Ahora que sabía cuál era mi arquetipo natural, era el momento de identificar el mapa arquetípico que había seguido en esta vida. ¿Cuál sería el guion que regía mi vida y cómo apoyaba mis patrones de comportamiento ese guion? Utilizaríamos nuevamente las cartas del Tarot. En esta ocasión mi grupo seleccionó: el Universo, el Tonto, y el Tonto de nuevo.

Érase una vez, en el Universo de la luz y las posibilidades, una cigüeña que había sido instruida a encontrar un lugar singular para un alma especial que debía traer la Divinidad a la Tierra.

A la cigüeña le dieron cuatro ayudantes celestiales para apoyarla en la elección del sitio perfecto donde encarnaría esta pequeña criatura. Estos cuatro ayudantes Divinos nunca tuvieron una tarea como esta antes, por lo que estaban desconcertados y no sabían por dónde comenzar. Uno de ellos se concentró en tratar de encontrar la ubicación exacta y la familia perfecta para esta niña, el segundo se enfocó en las características que debía tener la bebé y en cómo debían irse revelando sus dones, el tercero analizó cómo esta bebé recordaría su conexión Divina y escucharía sus mensajes, mientras el cuarto se concentró en cómo liberarla de obstáculos para que pudiera seguir a su corazón y su verdadera misión.

La cigüeña estaba confundida ante toda esta discusión y decidió agarrar vuelo con la bebé antes de que una decisión final fuera hecha. Buscó y buscó, en valles, montañas, lagos y aldeas. Finalmente vio a una familia que deseaba tener un hijo, pero había sido incapaz de concebirlo. Decidió que este era el sitio perfecto. Cuando despertó la familia a la mañana siguiente, encontraron a una radiante y hermosa bebé en la sala de su casa. Con gran regocijo comenzaron a divulgar la noticia a todos en el pueblo.

La cigüeña regresó al Cielo y los cuatro ayudantes Divinos estaban furiosos. Esta era una bebé especial que necesitaba alimentación especial, y había sido dejada en una aldea lejana que se caracterizaba por su aislamiento. Ellos hablaban y planeaban, discutían y seguían pensando, pero nada era hecho suficientemente rápido. La bebé creció. Al llegar a la adolescencia ya exhibía rasgos y personalidad Divinos. La madre había cuidado a esta niña como ninguna otra madre lo hubiera hecho.

Los cuatro ayudantes Divinos continuaban ponderando qué hacer. La familia de la bebé decidió mudarse a un lugar donde su hija pudiera florecer lo más posible. Mientras la cigüeña observaba desde la distancia, se daba cuenta que todo estaba ocurriendo tal y como debía. Los cuatro ayudantes Divinos estaban asombrados. Después de todo, la cigüeña había permitido ser guiada por el Gran Espíritu y había entregado a la bebé en el mejor lugar que pudiese haber estado. FIN.

¡La vida es sin duda una travesía mítica! Curiosamente, cuando escribí esta historia aún no había comenzado la *escuela de misterio* ni iniciado mi misión de conectarme con la Divinidad y de traerla a la Tierra. No obstante, estoy convencida de que muchas almas viejas aceptan trabajar en el mundo corporativo con la intención de traer luz y un corazón abierto a ese ambiente, además de transmutar las energías densas que permean esa atmósfera. De acuerdo con dos de mis maestros y escritores favoritos—Jean Houston y Joseph Campbell, ser capaces de ver nuestra vida como un viaje mítico es uno de los mayores regalos del Universo. Y en poco tiempo, ¡mi vida empezaría a reflejar esa historia mítica!

Acogiendo a la Contadora de Cuentos

La *dirección del este* es el camino del narrador de cuentos, aquél que impregna al mundo con su aliento. Los shamanes alrededor del mundo somos conocidos por ser contadores de cuentos, pues hemos escuchado y podemos conectarnos con las historias antiguas a través del linaje. También podemos viajar a los inicios del tiempo donde las enseñanzas se conservan prístinas. Muchas de estas enseñanzas shamánicas se han mantenido intactas por medio de la tradición oral, y por eso la narración de cuentos fue la forma elegida para compartir sabiduría. El sendero del narrador de cuentos es un camino invisible, ya que es el camino del Creador de todas las creaciones.

Había llegado el momento de trabajar con la *Energía de la Creación*, con el fin de lograr una transformación masiva en mí misma. Nuestras cuatro pinturas de arena ilustran un mapa mítico de nuestro propio viaje. Por lo tanto, para efectuar una gran transformación personal podemos elegir elevar nuestro mapa mítico al nivel energético. Comenzamos moviendo nuestras piedras del centro, colocando cada una en el mandala que le precede, lo cual reversa nuestros cuatro mandalas. Esto nos permite entender cómo nos diferenciamos de aquello con lo que nos habíamos identificado, cómo lo integramos, y luego cuánto lo trascendemos al invalidar nuestras creencias y tomar consciencia de nuestros mapas arquetípicos. Después utilizamos otras técnicas shamánicas para magnificar y acelerar la transformación hacia un nivel mucho mayor. El rendirse jugaría un papel grande de aquí en adelante, pues no sabíamos cómo se manifestarían estos movimientos míticos en nuestra vida física.

Teniendo la Experiencia de una Muerte Completa

Los *Ritos de la Muerte* simbolizan la muerte y la vida; son ritos de gran transformación. Pueden ser hechos para liberar al alma de una persona después de la muerte física o después de una transición importante en la vida. Nuestro cuerpo energético está unido al cuerpo físico a través dos componentes principales. Uno de ellos es el *campo electromagnético*, el cual rodea a nuestro cuerpo físico. Es producido por la actividad eléctrica del sistema nervioso, y recorre el cuerpo de arriba hacia abajo y viceversa. Cuando la actividad eléctrica cesa, el campo electromagnético colapsa. Entonces quedan únicamente las *chakras* para sostener el cuerpo energético al cuerpo físico. Las chakras son portales de energía encontradas a lo largo de la columna vertebral y arriba de la cabeza. Son el enlace entre el sistema nervioso físico del cuerpo humano y la energía presente en el Universo. Las chakras permiten que el cuerpo físico lleve energía a lo largo del sistema nervioso, la cual puede ser usada para ayudar en el proceso natural de sanación del cuerpo.

Uno de los grupos shamánicos con los que estudié cree que el alma permanece cerca del cuerpo unas cuarenta horas después de la muerte, intentando llegar conscientemente a la culminación de esa vida; otras tradiciones creen que esto dura setenta y dos horas o más. De cualquier manera, la mayoría está de acuerdo en que la cremación ayuda al cuerpo energético a liberarse mucho más rápidamente después de la muerte física.

Los ritos shamánicos que se realizan después de que alguien muere tienen que ver con *desatornillar* las chakras del fallecido y luego sellar su cuerpo físico; como la actividad eléctrica en el sistema nervioso ha cesado, desatornillar las chakras libera los últimos vínculos del cuerpo energético al cuerpo físico. De esta manera el alma no se queda atrapada en el cuerpo físico. Los incas creen que nueve de cada diez personas logran que su campo energético se eleve hacia el Cielo de forma natural. Aproximadamente una de cada diez muertes necesita apoyo para metabolizar energías densas que hayan surgido, ya sea por no morir conscientemente (por ejemplo, un estado de coma o de medicación debido a una enfermedad terminal), por una muerte trágica, o por no haber hecho paz con sus seres queridos y haberles dicho *"te amo"* a todos. Es importante saber que aún después que morimos nos mantenemos conectados a nuestros seres queridos, y también a aquellos con quienes interactuamos de manera cercana mientras estuvimos en la Tierra. Así que elevarnos en paz nos ayuda a conectar con nuestros seres queridos encarnados de una forma más refinada y con mayor sabiduría.

Los *Ritos de la Muerte* son procesos sagrados y el shamán debe estar en *ayni perfecto* para poder realizarlos. Si la persona aún está consciente, es esencial que pase por un *proceso de recapitulación* en el que recuerde los eventos más importantes de su vida. Esto puede o no involucrar que el resto de la familia esté presente, y depende de los deseos del alma que está por partir. Entonces procedemos a limpiar las siete chakras del cuerpo energético. Este proceso aligera el cuerpo energético y lo prepara para el vuelo más significativo de todos los vuelos: el viaje hacia nuestro *Hogar*. En el momento en que exhalan el último suspiro, comenzamos a desconectar las chakras. Es importante comenzar con la chakra corazón, pues es el eje del cuerpo energético. Después procedemos a hacer espirales con las otras seis chakras en un patrón sincronizado. Luego *chin-chineamos* alrededor del cuerpo energético para aflojar aún más el vínculo entre el campo energético y el cuerpo físico. Es imperativo que no toquemos el cuerpo físico de la persona durante los *Ritos de la Muerte*.

Como shamán, es importante desarrollar un mapa del paisaje del *supra mundo* mientras estemos vivos, y así estar listos para nuestro propio *vuelo de la muerte*. Esto nos permite familiarizarnos con él, para que cuando llegue el momento podamos morir de manera consciente y viajar hacia arriba fácilmente. Este conocimiento existe afuera del tiempo, así que debemos familiarizarnos con él mientras estemos vivos. Al igual que con todos los otros ritos y experiencias, el shamán pasará por su propio proceso de *muerte* antes de hacerle los ritos a otra persona. En el *oeste* únicamente separamos el cuerpo energético del cuerpo físico, como si fuera una experiencia de estar afuera del cuerpo o una experiencia de casi-muerte. Viajamos solamente al primer nivel del *supra mundo*, el Mundo de la Gente Piedra. En el *este*, no obstante, vamos al *Cielo* y regresamos a nuestro Ser esencial. Nos vamos por completo y no podemos llevar energías densas con nosotros. Aquí entramos al Mundo de la Gente Humana en el *supra mundo*, que es el cuarto nivel.

¿Y qué es lo que encontramos después de morir? ¿Cómo es el paisaje en ese sitio? Me imagino que cada alma tiene una experiencia diferente. A continuación, les relato mi experiencia:

Las palabras son pobres para describir la experiencia de la muerte, pero basta con decir que es una de mis experiencias favoritas de esta vida. Tuvimos un "primer intento" antes de hacer el proceso completo. Dejé mi cuerpo cuando apenas abrieron un par de chakras, y por un breve instante me vi volando a través de la oscuridad. Inmediatamente después, comencé a ver las montañas y el amanecer frente a mí. Los colores a todo mi alrededor eran extremadamente brillantes—azul, verde, amarillo, anaranjado. Luego vi una espiral y sentí que estaba siendo sostenida en el espacio por éter. De repente escuché: «Regresa». Pensé que me acababa de ir. Mi grupo dijo que estuve fuera de mi cuerpo físico unos dos o tres minutos, aunque parecieron solo segundos. ¡Todo era tan hermoso y se sentía tan natural que no quería regresar!

Entonces llegó la experiencia de la verdadera muerte. Nuestro maestro nos dijo antes de comenzar los Ritos de la Muerte que algunos de nosotros quizás conoceríamos al "guardián de la entrada". Yo interpreté esto como: "conoceré al guardián de la entrada", y establecí mi intención de hacerlo. Primero hice el proceso de recapitular mi vida en un grupo pequeño, y luego nos emparejamos para hacer una limpieza rápida de las siete chakras. Cuando terminamos esto regresamos a nuestro pequeño grupo. Asignamos roles de seres queridos a cada persona con el fin de simular una muerte real; esto incluía asignar a alguien como mi shamán. Escogí a Ariel para que fuera mi shamán, mientras otras personas hacían el papel de mi madre, mi padre, cada uno de mis hermanos y uno de mis amores más grandes.

Lloré mientras me despedía, y luego partí con facilidad. Vi un túnel con un aura de luz, como un eclipse de sol. A medida que me acercaba al túnel, miembros de mi familia que ya habían fallecido comenzaron a acercarse, al igual que mis preciosas mascotas. De repente uno de los seres de luz se acercó mucho más. La reconocí como una de mis más cercanas y queridas amigas que había fallecido a mediados de los noventas. Me dijo: «Me encanta que hayas venido a jugar. El trabajo que haces es excelente, pero debes saber que no ha llegado tu momento de partir».

Le contesté: «Esto es hermoso. Quiero conocer al guardián de la entrada esta vez». Justo en ese momento apareció una paloma blanca enorme. La relacioné con el Espíritu Santo. Salté sobre ella y me dirigí hacia un lugar más allá del sol. Luego llegué a un espacio que era dorado y plateado, pero transparente al mismo tiempo. Aquí encontré lo que sentí que era como un señor mayor en forma de bosquejo, pero de alguna manera sentí que lo conocía. Me dijo que era el guardián de la entrada y añadió: «Hola. Querías conocerme, pero ya me has conocido muchas veces antes. ¿No lo recuerdas? Todavía no es tu momento. Apenas vas por la mitad de esta vida; debes regresar pronto. Envuélvete en la luz y luego regresa para que no dañes tu cuerpo físico».

Justo en ese momento escuché a Ariel decir: «Regresa ya». Aunque reacia y un poco contrariada, regresé. Me tomó un tiempo regresar plenamente a mi cuerpo físico. El sentimiento que tuve de la experiencia fue de absoluta libertad y ligereza.

Cuando regresé a mi vida cotidiana después de esta fascinante experiencia, comencé a liberar muchos dramas—y a personas con dramas; también solté mecanismos de defensa que había desarrollado para lidiar con la vida. Poco después comencé a simplificar todo en mi vida. Me sentía satisfecha con mucho menos y tomé consciencia de la belleza a mi alrededor, la gratitud permeaba cada paso. La certeza de que tenemos todo lo necesario para vivir en éxtasis cada momento de cada día me invadió, y el mundo externo y material perdieron su atractivo. Mi naturaleza se transformó en vivir desde mi interior. Relacionarme con el mundo externo y sus dramas me tomaba bastante esfuerzo, y aún me cuesta hoy.

Nuestro planeta entero está teniendo una gran transformación para convertirse en una *Nueva Tierra* en este tiempo, en esencia pasando por sus propios *Ritos de la Muerte*. El viejo modelo de la Tierra que hemos estado usando ya no funciona. Este fue el mismo mensaje que los ancianos incas nos dieron en Perú en 2002. Por ejemplo, la forma actual de sanar ha sido basada en imponer la voluntad del hombre sobre la voluntad de la evolución. La medicina occidental está siendo sobrepasada en importancia por la medicina energética, cambiando el énfasis de reactiva a preventiva; en lugar de entregar la responsabilidad de nuestra sanación a otra persona, estamos tomando responsabilidad de nuestra propia sanación.

Con estos cambios viene una generación dispuesta a tomar responsabilidad de sí misma: de nuestros pensamientos, nuestras creencias, nuestras interacciones con otros y con la Tierra... descubriendo en el proceso el alma eterna y sabia que llevamos adentro. Esto reconoce un Universo de inclusión y deja atrás el modelo de separación. No nos estamos dirigiendo hacia la auto-destrucción, como muchos de los modelos basados en temor nos quieren hacer creer. Más bien es como si tuviéramos una hoja en blanco y debemos manifestar cómo deseamos que sea el mundo, cómo queremos que luzca el mundo. Soñamos esta *Nueva Tierra* para hacerla realidad, estando conscientes de nuestra intención, acciones y visualizaciones. El shamán actúa como el explorador de este mundo de energía, aceptando profundizar en esta consciencia con el fin de descubrir los paradigmas de esta *Nueva Tierra*.

Liberando a un Ancestro que ya Falleció

Otra parte de nuestro entrenamiento shamánico involucra aprender un proceso para ayudar a nuestros ancestros, con la intención de sanarlos y honrarlos. Viajamos al *supra mundo* y rastreamos para ver si encontramos algún ancestro que pudiera estar atrapado y que no haya podido llegar al Cielo. Lo más probable es que se encuentren en uno de los primeros dos niveles del *supra mundo*, los cuales equivalen a lo que algunos llaman *purgatorio*. No importa cuánto tiempo haya pasado porque en el *supra mundo* no hay espacio ni tiempo. Una vez los encontramos, los observamos, y luego regresamos a nuestra realidad *ordinaria* para comenzar el proceso.

Para que nuestros antepasados estén completamente libres y ascendidos debemos combustionar sus energías. Ayudar a un ancestro a sanar es una tarea dura pues sentimos su dolor; todavía somos demasiado empáticos mientras estamos dentro de un cuerpo humano. Por eso trabajamos con un intermediario, y este intermediario también debe ser un hombre o mujer de medicina ancestral. En el momento que regresamos del *supra mundo* le contamos al intermediario quién es nuestro ancestro y dónde lo encontramos, con la mayor cantidad de detalles posible. El intermediario viaja entonces al *supra mundo* y rastrea, dejándonos saber cuando encuentra a nuestro ancestro. Esta es nuestra señal para proceder rápidamente a limpiar las siete chakras de nuestro ancestro, trabajando aproximadamente unos treinta centímetros por encima del cuerpo físico del intermediario. Es importante mantenernos treinta centímetros por encima del intermediario para no afectar sus cuerpos físico y energético. Terminamos haciendo los Ritos de la Muerte al intermediario. En este momento aparece el linaje y ayuda al ancestro, liberándolo. Nuestros ancestros pueden sentirnos, pero la clave es **no** involucrarnos emocionalmente; si lo hacemos no podemos ayudarles a sanar.

Mi experiencia ayudando a un ancestro fue sorpresiva; no esperaba encontrar al ancestro que encontré. Inicié mi viaje al supra mundo. El Mundo de la Gente Piedra tenía mucha gente, todos tratando de acercarse de manera agresiva. El Mundo de la Gente Planta estaba más tranquilo, aunque con un cierto grado de posible amenaza. No sabía si esto era porque mi intención era liberar a un ancestro que estuviera atrapado en los niveles inferiores del supra mundo. *Luego me fui al Mundo de la Gente Animal y sentí a mis animales de poder alrededor mío, protegiéndome ferozmente. Seguí hasta el cuarto nivel o Mundo de la Gente Humana, y mi bisabuelo materno estaba esperándome. Me miró con dulzura, y luego me sostuvo en sus brazos amorosa y tiernamente. Me pidió que ayudara a su hija—a mi abuela, y dijo: «Traté de contactarte para decírtelo. Estoy feliz de que estés haciendo este trabajo y que podamos comunicarnos ahora. Por favor regresa al Mundo de la Gente Planta y ayuda a tu abuela para que sea libre. Sé que puedes hacerlo».*

Le pregunté: «¿Por qué no la puedes ayudar tú?».

Me respondió: «Porque ya estoy en el Mundo del Espíritu, mientras que tú puedes moverte entre el mundo espiritual y el humano. Yo haré lo que pueda para ayudarte». Regresé a ese nivel y la encontré casi inmediatamente. Estaba sentada encima de una gigantesca hoja y su piel lucía muy amarilla. Unos días después de esta experiencia mi abuela me visitó durante una de mis meditaciones. Me agradeció profundamente y me abrazó con mucho cariño. Recordé lo dulce que era conmigo cuando aún vivía. ¡Ella era mi abuela favorita! Una semana después de liberarla, mi mamá me llamó para contarme que estaba feliz, ya que al fin había podido soñar con su mamá. Ella había fallecido hacía una década y nunca había visitado a mi madre en sus sueños. Cuando le pregunté de qué había muerto, mi madre respondió que había sido algo relacionado con el hígado. ¡Eso explicaba la piel amarilla!

De acuerdo con las profecías mayas e incas, el *medio mundo*— el mundo en el que vivimos actualmente—se convertirá en el *inframundo*. El *medio mundo* se ha convertido en un lugar para transmutar energías densas, lo cual antes se hacía en el *inframundo*. Luego el *supra mundo* se convertirá en el *medio mundo*. Por lo tanto, estaremos viviendo en dos mundos simultáneamente: el *medio mundo* y el *supra mundo*. Esto coincide con muchas civilizaciones que han dicho que viviremos *"como en el Cielo mientras estemos en la Tierra"*.

Para poder anclarnos en el *supra mundo* recibimos las transmisiones de las estrellas. Estos ritos están asociados primero con el Sol y luego con las Pléyades. Nos ayudan a originarnos desde el *Mundo de Nuestro Porvenir*, para así traer las energías universales de transformación hacia la Tierra. Los *Ritos de las Estrellas* despiertan habilidades neurológicas extraordinarias que informan a todo lo que nos rodea. Nos ayudan a recordar una era de sabiduría que existió antes de la llegada de los seres humanos. Mientras recibía estos ritos, tomé consciencia de que la estrella bajo la que nací era Venus; después de los ritos adquirí conscientemente una nueva configuración de los Cielos que guiaría mi destino: Orión.

La *dirección del este* fue una travesía más allá del tiempo, hacia mi rostro original. Fue un círculo completo que me regresó de vuelta a mi Ser esencial, donde conscientemente participo en soñar una Nueva Tierra llena de luz para hacerla realidad. *¡Ahora me esfuerzo por vivir conscientemente en el centro de la Rueda de la Medicina!*

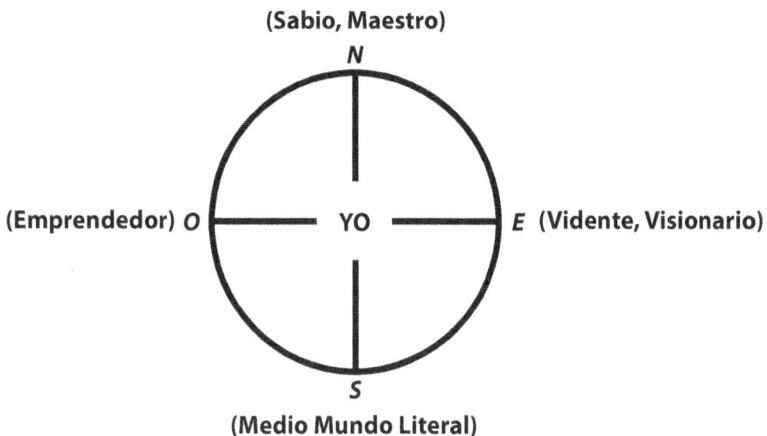

(Sabio, Maestro)
N

(Emprendedor) *O* ——— YO ——— *E* **(Vidente, Visionario)**

S
(Medio Mundo Literal)

Nace la Escuela de Misterio

"Lo más bello que podemos experimentar es lo misterioso".
—Albert Einstein

ALREDEDOR DE 1997, DURANTE UN VIAJE DE NEGOCIOS CON una colega, me hicieron una pregunta. Mi propia respuesta me dejó sorprendida. Ella me dijo: «Si pudieras verte de aquí a diez años, ¿qué sientes que estarás haciendo?». Respiré profundo un par de veces y cerrando mis ojos dije: «Probablemente enseñando a mujeres. No sé qué será lo que enseñe, pero eso es lo que siento».

«¿Te gusta enseñar?», me preguntó. Asentí diciendo: «Algo dentro de mí me dice que me encantaría». Luego me preguntó: «¿Lo has hecho antes?».

«No en el sentido literal de la palabra», contesté, «pero siempre le he enseñado a la gente a mi alrededor lo que sé, aún en el mundo Corporativo». Me lanzó una mirada de desconcierto.

Un par de años después de aquella conversación hice un viaje espontáneo en el que volé montada encima de un águila, pasando muy arriba de montañas y lagos, pensando: "¿No es esta una vista hermosa de la Tierra?". De repente, el águila bajó en picada hacia una maravillosa habitación llena de luminosos ventanales. Entonces me vi a mí misma, de pie en un escenario, dando una conferencia ante cientos de mujeres. Perpleja, miré a mi águila sabiendo que ella podía leer mi mente. «Esto es lo que viniste a hacer», me dijo, «y es grande. ¿Lo recuerdas ahora?». Después de que mi corazón se saltó un latido, ¡comencé a recordar!

Desde los cinco hasta los doce años aproximadamente, solía correr hacia mi madre y le decía: «Yo sé que vine a hacer algo realmente grande, pero no recuerdo qué era. ¿Tú recuerdas?».

Ella me miraba con ternura y respondía: «No, no lo recuerdo. Pero si lo hago te lo haré saber». Ahora lo sabía, pero saber *cuál* era el tema que estaría dando, seguía siendo un misterio…

Varios años transcurrieron y yo continuaba mi "doble vida", con un pie en el mundo espiritual y otro en el mundo de los negocios. A finales de 2001, mientras hacía una Rueda de la Medicina, comencé a tener visiones sobre mi misión. Sabía que la sanación energética formaba parte de ella pues había estado haciéndola por muchos años. ¿Pero y la parte relacionada con la enseñanza y las conferencias para las mujeres? El mundo de los negocios, que antes me encantaba y desafiaba, se había tornado tedioso… un esfuerzo. El mundo espiritual, por el otro lado, me mostraba tanta magia y tantos milagros que era muy difícil alejarme de él.

Siempre que mi agenda de trabajo me lo permitía tomaba un par de semanas cada mes para sumergirme en temas espirituales. Esto pasó durante la mayor parte del año 2002, el cual incluyó mi peregrinaje shamánico al altiplano del Perú, donde viajé con los indígenas incas Q'ero. Cada oportunidad que tenía me aventuraba en excursiones espirituales hacia lugares de poder maravillosos. A medida que venían cambios importantes, inesperados temores surgían, especialmente aquellos relacionados con finanzas, con mi identidad y con la incertidumbre de no saber *qué vendría después*. Para alguien que había estado tan involucrada en planeación estratégica con empresas multinacionales, siempre segura sobre los *siguientes pasos*, tener una hoja en blanco llena de incertidumbre era un poco intimidante. Sin embargo, con cada mes que pasaba notaba lo *feliz* y *completa* que me hacía sentir el lado espiritual, y cuán limitado y poco natural se había vuelto el mundo de la consultoría de negocios. ¡La balanza se estaba inclinando hacia el lado del misterio!

A fines de 2002 mi *visión espiritual* se tornó mucho más clara y comencé a tener visiones durante mis meditaciones. Vi una escuela espiritual para mujeres desarrollándose en Latinoamérica y en Estados Unidos. El concepto era excitante y me hacía sentir tan viva que mis preocupaciones financieras sobre dejar el mundo de la asesoría empresarial estaban perdiendo su poder. Todo mi ser se sentía apasionado con este tema místico, a pesar de que mi preparación en esta vida había estado relacionada con iniciar proyectos empresariales. Ese entusiasmo interior hacía que más de mi energía se moviera hacia la visión en vez de hacia los negocios; con el tiempo los detalles comenzaron a revelarse.

¿Por qué a mujeres? Sabía que el despertar espiritual tenía que ver con la experiencia personal de cada quien y que el alma no tiene género. Mi búsqueda espiritual durante estas dos últimas décadas me había enseñado que debo aceptar lo que venga, muchas veces sin entender o sin tener una explicación. Cuando la pregunta sobre *por qué mujeres* surgía durante mis talleres, lo único que contestaba era: «Esto fue lo que se me enseñó. Si tratara de explicarlo entonces mi mente y quizás mi ego estarían involucrándose, y esta visión viene de mi alma». Más adelante comprendería que se necesitaba una masa crítica de mujeres para comenzar el cambio de consciencia en el planeta, y esto sería a través del camino femenino; pronto la escuela incluiría a hombres. El camino femenino es el viaje hacia adentro, y estaba comenzando a agarrar mucha fuerza. La búsqueda por el balance era obvia dentro de mí y en todo a mi alrededor.

Soltar mi *identidad* fue otro reto importante que estaba enfrentando mientras evaluaba dejar a un lado mi carrera corporativa de diecisiete años. El linaje familiar ("la hija de…"), estudios hasta el nivel de maestría de prestigiosas universidades, una carrera exitosa dentro de empresas ubicadas entre las Fortune 100, *ejecutiva corporativa* desde los 28 años, *consultora ejecutiva* para empresas Fortune 100 durante los últimos siete años de mi vida empresarial, una hermosa casa en un barrio lindo, financieramente independiente… todo se leía como la típica profesional sobresaliente y esa era precisamente la definición de "éxito" con la cual la mayoría de mi generación había crecido. Sin embargo, como es el caso de muchas otras almas encarnadas, había realizado que todas esas cosas *no me hacían feliz… el vacío permanecía allí*. ¿Quién era yo entonces? ¡Definitivamente, no lo que "hacía"! En un pasado había sentido muy cómodo dejar que mis logros me definieran.

Mi chakra del plexo solar me había estado doliendo y jalándome por un tiempo, aún después de que una mujer de medicina ancestral me había hecho una sanación. Aún sentía ese jalón mientras daba mi primera charla espiritual, y una amiga que estaba en la audiencia me dijo que había mencionado la tercera chakra varias veces a lo largo de la presentación. Era el momento de viajar a visitar a una amiga que también era sanadora. Ella procedió a abrir la tercera chakra y a hacerle una sanación, pero aun así no soltó; esta vez requeriría más. Hizo un viaje shamánico y me vio en una cueva con un grupo de gente. Era una vida anterior. Algo afuera de la cueva me llamaba a seguir mi camino, pero estaba indecisa pues no quería dejar a mi familia, a mi grupo, a lo establecido. Me sentía culpable de dejarlos para ir a cumplir mi misión… ese llamado profundo. Luego las imágenes cambiaron completamente y vio a un pastor invidente caminando hacia una pradera interminable, confiando en el sendero que se iba develando. Él solo se movía hacia adelante sin necesidad de "ver" por dónde iba. La imagen de la cueva simbolizaba el "sendero esperado… el camino conocido", mientras que el pastor representaba seguir mi corazón, lo desconocido.

Mi amiga me dijo que extrajo telarañas de energía tóxica de mi tercera chakra con su cristal; un cachorro de león había venido para ayudarle a transmutar la energía. La chakra se relajó. ¿Cuál era el tema, se preguntan? La "pérdida de mi identidad", ¡cómo me había definido a mí misma hasta ese momento!

Mientras seguía involucrada en el mundo de los negocios, noté que varios clientes de medicina energética volvían a presentar los mismos problemas que sanaron casi un año antes. Al preguntarles al respecto siempre contestaban: «Es muy difícil cambiar comportamientos cuando los has estado haciendo toda la vida. Deberías enseñarnos cómo completar los cambios". Por otro lado, muchos de mis amigos me comentaban que me veían muy alegre y en paz, a pesar de que aún mantenía una agenda de trabajo bastante ajetreada. Me sugirieron que enseñara a otras personas cómo sentirse en paz dondequiera que estuvieran, basada en mi propia experiencia. Teniendo en cuenta estas reflexiones, *me di cuenta de que el viaje para llegar a la* **quietud** *estaría en el centro de mis enseñanzas.*

Las visiones continuaron hasta que un día, mientras me despertaba, supe intuitivamente que el *manejo de energías* sería un tema importante de la escuela espiritual. Sabía que el shamanismo y la medicina energética eran tópicos que yo había elegido para mi propio camino espiritual, pero eso no quería decir que ese fuera también el "llamado" para otros. Por lo tanto, me enfocaría en tópicos que habían hecho mi vida más feliz y serena, al igual que en prácticas energéticas que ayudaran a la gente a soltar su pasado y a enfrentar sus miedos. Esto los ayudaría a iniciar el cambio en aquellos comportamientos que los estaban limitando.

Las últimas piezas del rompecabezas llegarían a principios de 2003, a través de dos experiencias muy interesantes. La primera ocurrió mientras estaba dirigiendo una reunión de planeación estratégica para un cliente. Tan pronto comenzamos a discutir sobre la oferta de producto, empecé a percibir pensamientos que no eran míos. Presté atención y me di cuenta de que estaba "viendo" los pensamientos de los ejecutivos con quienes estaba hablando, y la mayoría de ellos no eran nada agradables. Tenían que ver con agendas personales y con cómo iban a sabotear a otro ejecutivo. Aun cuando a nivel subconsciente sabía que esto era algo generalizado en el mundo empresarial corporativo, esta experiencia era demasiado obvia como para ignorarla.

En la segunda experiencia, durante una presentación ante unas cincuenta personas de otra compañía, me percaté de una conversación entre mi alma y mi humano. Era como si yo hubiera sido una tercera persona en la ecuación, una observadora. El alma le preguntó a mi humano: «¿Lo que estás haciendo aquí, le ayuda a la humanidad?». «No», respondió mi parte humana. «¿Acaso lo que estás haciendo aquí está ayudando a la Madre Tierra?», insistió el alma. «No», respondió mi parte humana nuevamente, con aparente preocupación. «Entonces, ¿qué estás haciendo aquí?» dijo el alma. Fue en ese instante que comprendí: ¡había llegado el momento de ponerme en marcha!

En febrero de 2003 hablé con mi socia y le dije que estaría dejando el mundo de los negocios unos meses después. Ella había sido testigo de mi evolución espiritual y no se sorprendió. Me preguntó si tenía intención de continuar hasta finales del año y le contesté que me gustaría trabajar tiempo parcial de agosto hasta diciembre. Una semana por mes me ayudaría a pagar mis cuentas, pensé, y me permitiría trabajar en desarrollar el concepto de la escuela espiritual más a fondo. Ella accedió, aparentemente aliviada, y continuamos platicando del proyecto de negocios en el que estábamos involucradas. En agosto de 2003, por muchas diferentes razones, fui empujada hacia el ámbito espiritual de lleno. El Universo no quería que comprometiera mi misión manteniéndome en el mundo empresarial de manera parcial… en la realidad *ordinaria*. Dejé mi carrera de consultoría empresarial a finales de julio, lista para comenzar mi "misión de vida".

Awakening the Soul nació a finales de agosto de 2003, una escuela de misterio creada con la intención de ayudar a mujeres a encontrar su propia sabiduría y su libertad interior… su *quietud*. Una escuela de misterio es un sitio de aprendizaje en donde se estudia lo sagrado… las enseñanzas antiguas de sabiduría. ¿De dónde vino el nombre de la empresa, se preguntan? Había estado recibiendo el mensaje: *"A Woman, a Soul"*, una y otra vez durante mis meditaciones (que en español quiere decir *"Una Mujer, un Alma")* y pensé que ese sería el título de este libro que estaba por empezar a escribir. Resultó que mi "oído" espiritual estaba un poco desajustado, y lo que los seres de luz me estaban diciendo realmente era *Awakening the Soul*. "Allá va el título de mi libro", *pensé*.

La traducción al español de *Awakening the Soul* es *"Despertando el Alma"* y sentí que era maravilloso. Como iba a enseñar en Norteamérica y en Latinoamérica, el nombre debía ser fascinante tanto en inglés como en español. Trabajé diligentemente durante un par de meses y para mediados de octubre de 2003, ya tenía el logo, folletos, tarjetas de presentación, sitio web, asuntos legales y contables resueltos, países y audiencias identificados, las plataformas iniciales para una escuela desarrolladas, y los temas generales para enseñar. ¡El mundo empresarial me había entrenado muy bien! Ahora era el momento de desarrollar los temas específicos para cada taller y para conferencias. ¡Comenzaría a dar clases en enero de 2004!

La Urgencia de Despertar

Todo comenzó haciendo muchos viajes shamánicos. Mi intención era descubrir *cómo ayudar a la gente a encontrar esa guía y sabiduría interior de la manera más sutil y profunda posible.* Había un factor de urgencia en la Tierra, pues necesitábamos despertar a mucha gente a su verdadera Divinidad antes de poder crear un cambio masivo de consciencia. ¿Acaso no hemos soñado todos con un mundo hermoso y colorido, lleno de exuberantes bosques y de verdor, todas las variedades de animales y plantas posibles, que irradie paz absoluta y amor incondicional?

Solía pensar que esto era sólo un sueño y que se quedaría allá, en la tierra de los sueños. Pero a medida que me uno más a la Divinidad de la que soy parte, sé con absoluta certeza que sí es posible. ¿Lo he visto como una posibilidad? ¿He viajado hasta ello? ¿Viví en un lugar como ése anteriormente? La respuesta a todas esas preguntas es un rotundo, *"SÍ"*, pero también es una visión profunda que sé que germinará si suficientes de nosotros podemos verlo. ¿Soñar el mundo para hacerlo realidad? ¡Por supuesto! Así que el primer gran paso era despertar a cuantas mujeres fuera posible para que hubiera una cantidad suficiente, y así crear ese cambio en la consciencia… el cambio hacia ese mundo hermoso y Divino.

Los mayas hablaron acerca de las profecías de 2012, cuando terminaba el Katún y comenzaba el Quinto Sol (el Katún es un período de veinte años, y el último antes de 2012 comenzó en 1992). Este Katún en particular había sido llamado el *ciclo de transición y transformación* por los mayas, pues muchas cosas tendrían que evolucionar para que llegáramos a lo que ellos habían vislumbrado sería el Quinto Sol. La cosmovisión maya describió el Quinto Sol como una nueva era de absoluta luz… un tiempo sin precedentes en la historia de la Tierra según los ancianos.

En 2012 Venus haría una gigantesca cruz en el cielo, coincidiendo con la intersección entre la Vía Láctea y el Universo. Venus era la estrella guía de los mayas, y ellos viajaban hacia adelante en el tiempo para desarrollar un calendario perfecto… uno que les ayudaría a navegar su camino espiritual mientras en la Tierra.

Los incas hablaban de 2012 como una época en la que regresaríamos a lo básico y esencial. Habría cambios masivos en todas aquellas áreas que no apoyaban a nuestro espíritu, para que pudiéramos llegar a nuestra Divinidad. Los ancianos incas nos compartían que sus profecías hablaban de "sistemas" que se volvieron complicados e ineficientes para satisfacer las necesidades de la población y de la Tierra, y que desaparecerían o cambiarían de forma dramática. Estos sistemas debían ser modificados o reemplazados por otros que facilitaran el despertar de la gente… que apoyaran las necesidades espirituales de niños y adultos, y que elevaran las vibraciones de amor y paz. El mundo se convertiría en un lugar para la gente que vive desde su alma. Ellos vislumbraban un mundo de trueque e intercambio, donde los servicios ofrecidos realzarían el bienestar de las personas, y el de la Madre Tierra y todos los que habitan en ella.

Los *nuevos niños* que comenzaron a llegar a esta escuela llamada Tierra desde finales del siglo pasado también han estado clamando por un cambio y por un despertar masivo de la población adulta. Los **Niños Índigo** llegaron desde la década de los ochenta en grandes números… guerreros demandando cambios en cada área de la economía y en nuestro trato del medioambiente; luego comenzaron a aparecer los **Niños Cristal** en los años noventa, buscando mejorar la forma en que nos tratábamos unos a otros, y a todo lo que vive en la Tierra; los **Niños Arcoíris** siguieron a principios de la década del 2000, seres hermosos con un fascinante balance de femenino y masculino; y luego los **Niños Rayo Azul** y muchas otras almas avanzadas, seres de luz intergalácticos y multidimensionales buscando aprender y contribuir a la ascensión del planeta.

Todos estos son niños especiales y necesitan que hagamos grandes cambios en nuestra percepción, en nuestros pensamientos, en la forma como nos comunicamos entre nosotros y con ellos, en nuestro enfoque hacia la Tierra y todos sus habitantes, y en nuestra aceptación de esas habilidades innatas que son parte del Creador.

Ellos necesitan "mucha luz y mucho amor" para vivir e incluso para sobrevivir, y nosotros somos la generación que aceptó crear este cambio para que ellos pudieran florecer. Por lo tanto, la urgencia de despertar a la gente era y sigue siendo tremenda. *¡Los niños de luz están aquí! ¿Necesitamos más pruebas de que este mundo está ascendiendo hacia una dimensión hermosa y llena de luz?*

Se Revela el Esquema de la Escuela

Esa sensación de urgencia, aunada a la clara intención de despertar gente de la forma más suave y amorosa, me llevó al desarrollo de *módulos de enseñanza*. Estos se convertirían en seminarios sucesivos que facilitarían cada paso del despertar espiritual. Completar los cinco módulos tomaría entre 12 y 16 meses, con tiempo disponible entre talleres para que los estudiantes incorporaran lo que aprendieron a sus vidas cotidianas.

Para que podamos incorporar nuevos aprendizajes a nuestras vidas—o para que reaprendamos si lo vemos desde la perspectiva del alma, necesitamos tiempo para practicarlos. La experiencia de cada uno es **clave** para desarrollar una disciplina espiritual propia. Además, es necesario desarrollar tareas para ayudar a cada persona a continuar en ese espacio de paz y libertad que sintieron durante el seminario. Unos cuantos meses entre módulos sería ideal para obtener destreza, disciplina e integración.

La siguiente pregunta era cuánto debía durar cada módulo. Como las personas estaban comenzando a comprometerse con su búsqueda espiritual, más de un par de días podría ser demasiado intenso. Por otro lado, un día no sería suficiente para sacarlas de sus rutinas diarias y actitudes mentales. Después de hacer un poco de investigación informal, dos a tres días parecían perfectos y podían hacerse durante un fin de semana. Aparte del taller, dedicaríamos una noche para realizar una ceremonia sagrada o un rito de pasaje. Esto nos uniría con la Madre Tierra y con el Cosmos simultáneamente, permitiendo a cada persona experimentar la unión entre el humano y el Espíritu, lo cual es algo que todos buscamos dentro de nosotros.

La práctica de celebrar nuestra espiritualidad a través de un ritual auténtico ha sido perdida en gran medida. A mí el ritual me regresa a la relación correcta con todo lo que es. Los practicantes de shamanismo alrededor del mundo forman uno de los grupos que conspiran para traerlas de vuelta. Existen otras disciplinas espirituales que aprenden y festejan mediante ceremonias sagradas, y todas estas prácticas son parte de la tela que se va tejiendo para que recordemos esa conexión a través de celebración y agradecimiento.

Otra parte importante de los módulos sería el uso de prácticas energéticas tales como viajes shamánicos y meditaciones guiadas, las cuales ayudarían a acelerar la sanación a "nivel energético". Para el final de los cinco módulos habrían hecho muchos viajes guiados; esto ayudaría a los participantes a realizar grandes transformaciones con mayor rapidez. Algunos de los temas a explorar durante los viajes serían: descubrir nuestro tótem o animal de poder, encontrar paz interior, sentirnos seguras en nuestro propio jardín sagrado, limpieza de las siete chakras, soltar emociones limitantes… entre otros. Los viajes shamánicos son increíbles porque uno puede ir más allá del tiempo y del espacio, y por lo tanto comunicarse libremente con el subconsciente—la voz del alma. De esta manera la sanación es rápida y profunda. El trabajar en el cuerpo energético como prioridad ayuda a sanarnos a un nivel más completo, y esta transformación se mueve gradualmente a los otros tres cuerpos: emocional, mental y físico.

A medida que los módulos progresan y que la habilidad de los estudiantes para meditar mejora sustancialmente, más meditaciones guiadas son incluidas. La sanación y el despertar se acelerarían con cada taller subsiguiente. Esto crearía el soporte para nuevos patrones de vida y enseñanzas. Y de esta manera se fue revelando el esquema de cursos y el formato de la escuela.

La siguiente es una descripción de cómo el esquema completo de esta escuela se desenvolvió. Desearía que hubiera una explicación más larga acerca de cómo fue surgiendo todo, pero cada pedazo se reveló de manera natural. El desarrollo de los cinco módulos fue una parte de esta magia, pues uno fluía con el siguiente de manera perfecta. La intención al completar todos los módulos es que los estudiantes tengan un mapa para vivir en paz, con la quietud en el centro de su ser. ¡Esto los ayudaría a participar en la magia del diario vivir!

El Manejo de las Energías y los Pasos del Despertar Espiritual

Inicialmente los estudiantes aprenden sobre conceptos generales de manejo de energía. Esto fue surgiendo como resultado de las preguntas que continuamente escuchaba de mis clientes:

- ¿Cómo perdemos energía?
- ¿Cómo expandimos energía?
- ¿Cómo puedo aprender a manejar mi energía mejor?
- ¿Cómo puedo mantener un nivel de energía que me haga sentir feliz y saludable?
- No tengo energía suficiente para comenzar nuevas ideas. ¿Me puedes ayudar?

Entonces comencé a ponderar cuáles fueron los pasos de mi camino espiritual. La espiritualidad es más acerca de experiencias personales de cada uno que de la historia de alguien más. Por lo tanto, debía diseñar una manera en que los estudiantes pudieran experimentar la mayor cantidad de dichos pasos, pero dentro de un nivel introductorio apropiado. Desarrollé ejercicios para que los estudiantes tuvieran un esquema de las posibilidades y saber qué buscar a lo largo de sus propios caminos. Después del manejo de energías, los estudiantes tendrían una pequeña muestra de cómo un camino del despertar espiritual podría develarse:

- ¿Cuáles son los pasos del despertar?
- ¿Cómo podremos saber en qué punto estamos de nuestro camino espiritual?
- ¿Cómo podemos mantenernos en el sendero?

La honestidad y la transparencia eran importantes para mí, y quería que los estudiantes fueran conscientes de lo que conlleva el moverse a un mundo espiritual. Esto ayudaría a disipar algunos mitos acerca de lo que significa embarcarse en dicha búsqueda. Algunas veces las personas creen que al comprometerse a una vida espiritual el Universo conspira para remover todos los obstáculos y adversidades de la vida, y en esencia los cuida. Este es un lindo concepto, pero no lo que yo tuve como experiencia.

Cuando primero nos despertamos, entramos en un mundo al que yo llamo *la-la-landia*. Está lleno de luz, magia y belleza. Sin embargo, para permanecer en ese mundo de paz de manera cotidiana, debemos tener el valor para: ***liberarnos de nuestros fantasmas, dejar ir nuestro pasado y enfrentar nuestros temores.*** También debemos estar conscientes y manejar nuestros pensamientos y experiencias diarias con la mayor pureza de intención e impecabilidad. Solo entonces, se nos permitirá entrar en el jardín interior lleno de belleza y sabiduría… ¡un jardín que guarda las llaves para entrar al Cielo y al misterio de estar vivos!

El despertar espiritual no significa que dejamos este mundo y flotamos al éter, o que todo en nuestro camino será fácil y libre de sufrimiento; más bien significa que estamos mejor capacitados para enfrentar al mundo en que vivimos, comprendiendo sus lecciones y avanzando sin temor para el mayor aprendizaje de nuestra alma, eligiendo ***cómo*** queremos vivir. También tiene que ver con la realización de que el Universo es benevolente y que tenemos muchísima ayuda en la forma de seres etéreos de luz que colaboran para apoyarnos y amarnos. Y, por último, con la liberadora verdad de que "somos responsables de nuestra propia vida y experiencias", comenzamos a trazar el rumbo de nuestro propio camino. ¡Todo esto sería una tarea monumental para un solo módulo, pero a la vez un reto verdaderamente estimulante para mí!

Los shamanes y los budistas tibetanos utilizan los mandalas o pinturas de arena por muchas diferentes razones. Siempre existe una intención detrás de la creación de un mandala, ya sea paz, sanación o adquirir entendimiento. En el shamanismo, una pintura de arena es una herramienta mítica que podemos usar para hacer cambios en nuestras vidas, para sanar, para recuperar energía, o para resolver situaciones que ya no nos sirven, entre otras cosas. Estos mandalas nos reflejan la condición de nuestros problemas, desafíos o situaciones. Son un ejercicio de expresión, no de perfección. Además, crear cambios mediante un mandala es más sencillo que hacerlo a través del mundo literal. A medida que movemos objetos en el mandala, nuestras vidas también cambian. El aspecto más importante de las pinturas de arena es que nuestra mente no puede manipularlas, pues están más allá de su alcance. Los mandalas deben sentirse con el alma, no con el ego. De esta forma las estudiantes aprenderían cómo *leer* sus mandalas pacientemente y también a comunicarse con ellos.

Los participantes también serían introducidos a viajes shamánicos, o como comúnmente se les llama, a "meditaciones guiadas". Los cambios son más fáciles de implementar a nivel energético, aunque eventualmente se manifiestan a nivel físico. Este módulo ofrecería una idea de lo que se siente cuando finalmente ¡se llega a casa!

El Cuerpo Energético y el Sistema de Chakras

Después de aprender sobre el manejo de energías los estudiantes comenzarían a evaluar su propio cuerpo energético más profundamente, y por ende tomarían responsabilidad por mantenerlo saludable:

- ¿Qué es el cuerpo energético?
- ¿Por qué debo cuidar de él?
- ¿Cómo el aprender de él me va a ayudar a sentirme mejor acerca de mi vida y de mí misma?

Estas eran algunas de las preguntas que yo escuchaba todo el tiempo. Además de aprender sobre el cuerpo energético, los estudiantes harían ejercicios para *sentir* su cuerpo energético y observar cómo este reacciona a sus pensamientos y sentimientos. La mayoría de las personas expresan asombro y un sentido de reverencia luego de esta experiencia. Uno de mis maestros nos decía una y otra vez: «El 98% de nuestras interacciones son energéticas y solamente 2% son materia. ¿En qué mundo quieren vivir?». Sorprendentemente, ¡la mayoría de la población en la Tierra aún vive en el mundo del 2%!

Seguidamente, los estudiantes aprenderían acerca del sistema de chakras. Esto nos lleva a profundizar sobre los principales órganos del cuerpo energético, donde realizamos cómo al cuidar de ellos afectamos nuestros otros tres cuerpos positivamente (físico, mental y emocional), y por ende nuestro estado de salud en general. Las chakras son discos o ruedas dentro de nuestro cuerpo energético que beben y distribuyen la fuerza vital básica para nuestro bienestar. Ellas contienen nuestra historia, nuestras heridas, nuestras emociones y nuestras verdades espirituales. Las chakras son fundamentales para el manejo del mundo energético, y comprenderlas a fondo nos proporciona un mapa que podemos usar para avanzar en nuestro camino del despertar espiritual.

Los estudiantes luego aprenden a evaluar sus chakras, determinando cómo ciertos temas y situaciones los han afectado a ellos y a los demás. Examinamos preguntas relacionadas a cada centro de energía, lo que a su vez permite entender por qué reaccionamos de ciertas maneras. En las sesiones de cierre ampliamos acerca de cómo sanar las chakras, además de enseñar ejercicios para ayudar a los estudiantes a sanar sus propios cuerpos energético y físico. Este módulo sembrará una base sólida y proporcionará a los participantes una idea de lo que es un cuerpo energético limpio, y la gran realización de que ¡este es el combustible que alimenta nuestros sueños y nuestra vida!

Balanceando Energías Femeninas + Masculinas, y Soltando el Pasado, Parte l

Los dos primeros módulos serían principalmente introductorios y de cierta forma "racionales", dentro del contexto del mundo espiritual. Había llegado el momento de entrar al mundo de lo intangible y lo irracional. *¿Qué es lo que más nos pesa cuando queremos iniciar nuestro vuelo espiritual… cuando queremos entrar en la dimensión de la paz?* ¡Nuestro pasado y nuestros temores! Primero debemos recuperar suficiente energía de nuestro pasado y fortalecer nuestro valor. Todo ese equipaje del pasado es pesado y nos lleva a repetir situaciones en nuestras vidas que no fueron necesariamente positivas. Nuestra historia no necesita definir quiénes somos. Aprender a soltar el pasado no significa que olvidamos nuestros recuerdos. Se trata más bien sobre aprender las lecciones de aquellos eventos y cambiar percepciones para sostenerlos en una luz más positiva. Vivimos el presente por lo que es, en vez de juzgarlo a través del lente de lo que ya hemos recorrido. Soltar el pasado es un acto de poder y de amor. De manera que dejarlo ir es un componente importante de este módulo.

Otro tema que me ayudó a obtener una mayor perspectiva en mi propio caminar espiritual estaba relacionado con el balance entre energías masculinas y femeninas dentro de mí. Mucha gente percibe que debido al género que elegimos para encarnar, somos totalmente masculinos o femeninos. Sin embargo, como todo en el Universo (los planetas, las plantas, la energía), debemos desarrollar un balance entre ambas energías. Para tener balance en nuestras vidas necesitamos primero alcanzar el balance internamente. Nuestro mundo externo (las relaciones, el trabajo, la familia, etc.) entonces reflejará nuestro balance interior. Los primeros pasos consistirían en definir las energías masculinas y femeninas, minimizando de este modo las barreras culturales y sociales. Enseñar a los estudiantes cómo balancear estas energías internamente sería el segundo paso. Para entonces, ellos ya tienen la capacidad de moverse a estados alterados naturales, removiendo así la barrera de la mente consciente o ego-mente, y acelerando su propia sanación tremendamente.

El flujo del despertar se vería apoyado al introducir una herramienta espiritual antigua. Los estudiantes estarían listos para aprender sobre el calendario Tzolkin maya y la Cosmovisión maya. El calendario es un instrumento sumamente poderoso para navegar el día a día. Fue desarrollado hace más de 5,000 años y aún hoy es una excelente manera de lidiar con el mundo de ilusión. Al completar este tercer módulo la percepción de la realidad para la mayoría de los participantes había comenzado a cambiar a una más enriquecedora. Adicionalmente, ¡tomarían consciencia de que son ellos quienes dirigen sus propias experiencias cotidianas!

Soltando el Pasado, Parte II, y Soñando el Futuro

El cuarto módulo sería una continuación del extenso tópico relacionado con soltar el pasado. Les brindaría aún más herramientas para continuar liberándolo. Un tema importante que aún necesitaba ser abordado involucraba el ver más profundamente nuestras sombras y enfrentarlas. Muchas de ellas son inconscientes, pero debemos aprender a liberar el terrorista dentro de nosotros para crear paz y belleza en nuestras relaciones y en nuestro mundo externo. Una vez dejamos ir los traumas, pensamientos y actitudes que nos afectaban adversamente, hemos regresado suficiente energía a nuestro sistema para comenzar a aprender a manifestar nuestro futuro. Para entonces, los estudiantes han comprendido que ellos son los administradores de sus propias vidas. Pero antes de iniciar el proceso de creación es necesario que aprendan la diferencia entre vivir en el Mundo de Amor versus el Mundo del Temor; queremos concentrarnos en participar y crear solamente desde el primero. También necesitamos diferenciar entre sueños y fantasías, para que podamos manifestar aquello que nuestra alma desea, en vez de dejar que nuestro ego explote una ilusión en nuestras caras.

Para que las intenciones de los estudiantes tuvieran la mayor oportunidad de manifestarse, debían aprender cómo obtener asistencia y herramientas de la realidad *no-ordinaria*. Viajes al futuro y a conocer a otros guías espirituales formarían parte de este crucial proceso, dándole a cada persona un espectro completo de sus posibilidades. Es esencial que la sabiduría y la guía vengan desde adentro en vez de buscar externamente. Cada uno de nosotros tiene el poder de crear desde esa parte del Creador que reside en nuestro interior. Para el final de este módulo los estudiantes habrían aprendido a crear un mundo que tiene magia y milagros por todos lados… ¡y que ahora podrían verlo y/o sentirlo!

Enfrentando Nuestros Temores y Espiritualidad en el Diario Vivir

Enfrentar nuestros temores es un tema intimidante, pero a la vez, una parte importante del camino; nos ayuda a poder sentirnos libres, livianos y en paz. Los temores tienen que ver con posibles eventos en el futuro, muchos de los cuales no se han manifestado.

TEMOR (FEAR)* = *Falsa Evidencia Apareciendo Real*

Algunos de estos temores reflejan eventos de nuestro pasado y otros son aprendidos de nuestra cultura y de nuestro entorno.

Un ejemplo de un temor colectivo es la *falta de seguridad*, y debemos visitarla con el fin de liberarnos a nosotros mismos y a la humanidad. Algunos temores se originan de esta vida, mientras otros vienen de vidas pasadas. Cuando le preguntas a las personas qué desean para el futuro, muchas comienzan diciéndote lo que no desean. Sin embargo, esto invierte energía para la creación de aquellos pensamientos acerca de lo que no desean.

La mayoría de los temores nos paralizan y nos impiden aventurarnos de lleno hacia las infinitas posibilidades que tenemos a nuestro alcance. Enfrentarlos nos permite elegir cómo reaccionar cuando surgen, en lugar de alimentar instintivamente algo que quizás no llegue a ocurrir. Adicionalmente, nos libera de un viejo paradigma, permitiéndonos prestarle atención al momento presente y a nuestra intuición. Una de las enseñanzas claves en este módulo es que vivir en el presente hace que la mayoría de nuestros temores desaparezcan. A medida que pongamos nuestra atención en el **ahora**, nos damos cuenta de que todo está bien, y que nuestros temores son infundados.

La última parte tendría que ver con cómo integrar nuestro ser espiritual con nuestra vida diaria. Como dice Carolyn Myss, "Estamos en una época de locura espiritual, donde buscamos una vida espiritual interna, pero a la vez debemos vivir y trabajar en un mundo externo". Se trata de *despojarnos del ego*, y a la misma vez, de *llegar a conocer el ego con el fin de poder librarnos de él*. Así que adaptar lo que se ha aprendido espiritualmente al diario vivir sería extremadamente beneficioso.

Este fue el último tema grande del quinto módulo, culminando más de un año de intenso estudio, dedicación y tremendas transformaciones. La intención al final de todo este arduo trabajo era la de emerger con quietud en el centro… en el interior. Solo entonces seríamos capaces de experimentar la vida plenamente y de vivir el momento presente.

Enseñanzas a Nivel de Maestría

Un par de años después de haber formado **Despertando el Alma** las graduadas del programa de módulos comenzaron a solicitar profundizar más en su espiritualidad. Me preguntaban: «¿Qué viene después? ¿Qué nos vas a enseñar ahora?». Como mencioné anteriormente, mi intención era enseñarle a la gente cómo encontrar esa quietud… para que tomaran consciencia de que no solo es posible encontrar paz en medio del caos de este mundo, sino que ¡es nuestra única elección! En el desarrollo del programa de cinco módulos elaboré los temas de acuerdo con mis propias experiencias y mi práctica cotidiana. Llegaba nuevamente el momento de solicitar asistencia y cooperación de la sabiduría superior del Universo, y todo comenzó a manifestarse mágicamente. ¿Hacia dónde me dirijo ahora?

"Sólo podemos enseñar lo que somos", han dicho los grandes maestros a lo largo del tiempo. Pidiendo ayuda al Universo y a mi Yo Superior, hice un viaje con la intención de crear una nueva plataforma para quienes buscaban profundizar más en las enseñanzas místicas. Era evidente que el siguiente capítulo sería menos acerca de enseñanzas generales sobre cómo vivir la vida en paz, y más sobre un camino espiritual comprometido al cual las participantes necesitarían sentirse llamadas. El Shamanismo era la disciplina espiritual que yo había elegido… cómo quería vivir y respirar mi vida diaria. Recuerdo haber sentido ese llamado profundo cuando me dediqué a este camino. No es algo sobre lo cual uno quiere solo "aprender más al respecto" o que nos da curiosidad. Es una práctica espiritual comprometida en cuanto a cómo nos relacionamos con nosotros mismos, con los demás, con el mundo, y con el Universo. Trataría de hacer lo mejor posible por transmitir mi entendimiento y mis experiencias de Shamanismo a un grupo de seguidores que habían completado los cinco módulos, permitiéndoles *sentir* si ese era su llamado.

Para entrar en el programa de Shamanismo debían haber completado todos los módulos, además de comprometerse a seguir el camino de la Rueda de la Medicina. Esta es una senda de auto-sanación y de iluminación espiritual. La Rueda de la Medicina consiste en cuatro direcciones. La duración de cada clase se extendería a varios días, permitiendo que los estudiantes profundizaran en una dimensión diferente que carece de tiempo y de espacio. Basada en mi propia práctica y experiencia, mi intención era combinar el shamanismo de los nativos americanos, los incas y los mayas lo más posible. Los estudiantes aprenderían a entrar en estados alterados de consciencia espontáneamente y a familiarizarse con el paisaje de diferentes dimensiones y realidades, para que pudieran efectuar cambios positivos en esta realidad *ordinaria*. Esto conllevaría involucrarse con la naturaleza y aprender a dialogar directamente con el Gran Espíritu. El uso correcto del poder sería parte medular en estas enseñanzas, pues el shamanismo puede llevarnos a comandar las leyes de la naturaleza a través del poder de la intención. Al final de las cuatro direcciones, los estudiantes se unirían al colectivo en la creación de un nuevo mundo, un futuro lleno de bendiciones y de paz para los niños de nuestros niños. También estarían listos para difundir su luz en cuantos lugares y realidades quisieran.

La medicina energética va de la mano con el shamanismo y formaría parte de las enseñanzas a nivel de Maestría. Mientras que estarían haciendo bastante trabajo de auto-sanación en la sección dedicada al shamanismo, las estudiantes serían alentadas a ayudar a otras personas a sanar. Sabemos que debemos sanarnos a nosotros mismos con el fin de contribuir a la luz del Universo, pero también tenemos la responsabilidad de ayudar a otros a sanarse… particularmente ahora que grandes cambios para nuestra humanidad están ante nosotros. *No podemos perder más tiempo; los grandes cambios en la Madre Tierra son inminentes.*

Los Lugares y sus Personalidades

Algunas de mis amistades y clientes insistían en que considerara las ciudades en las que vivían como mis primeros sitios de enseñanza. Dado que se ofrecieron a proporcionar el trabajo preliminar a nivel local, esto quería decir que los primeros países que visitaría serían Panamá y México… eventualmente Brasil. Ese era el "plan". Pero el Universo tenía otras ideas y terminé enseñando en Panamá, Guatemala, Maryland/Washington DC, y Fort Lauderdale. El resto de los Estados Unidos y Latinoamérica seguirían poco después. Las clases serían impartidas en inglés y en español, dependiendo de la audiencia.

Rendirse sería una importante lección para mí desde el principio. En cada ciudad las típicas preguntas surgían: ¿Cúantas personas se van a registrar? ¿Cómo corremos la voz para hacerle saber a otras personas que quieran despertar? ¿Hay suficiente gente interesada en estos temas? Pero este era un ámbito distinto al que yo estaba acostumbrada y las preguntas se fueron desvaneciendo una vez comprendí que todo estaba en *Orden Perfecto y Divino*. Yo simplemente estaba compartiendo la energía que debía pasar a través mío, de manera que aprendí a ser una observadora y a no tomarme a mí misma con demasiada seriedad. La cantidad de participantes no era tan importante como el nivel de compromiso y voluntad que tuvieran para embarcarse en su camino espiritual.

Cada nuevo día traía otra petición para alguna charla o para los cinco módulos en diferente ciudad o país. Los hombres comenzaron a pedir participar y también los adolescentes. Aquellos que asistían querían que sus parejas, hijos y amigos participaran también. Se corrió la voz rápidamente y ***Awakening the Soul (Despertando el Alma)*** se expandió más rápido de lo que hubiese podido imaginar. El Universo siempre provee a quienes están listos.

Los estudiantes llegaron de muchos diferentes contextos: abogados, escritores, artistas, maestros de todo tipo y nivel, banqueros, gerentes corporativos y ejecutivos, propietarios de pequeñas empresas, amas de casa, agentes de bienes raíces, emprendedores, diseñadores de jardines, ejecutivos de publicidad, psicólogos, psiquiatras, corredores de seguros, enfermeras, fisioterapistas y sanadores… entre tantos otros. Cada uno trajo una perspectiva única al grupo en el que participaban y, además, grandes lecciones y mayor consciencia para mí. Las diferentes ciudades también tenían sus personalidades, cada una especial e interesante en distintas maneras. Por lo tanto, tenía que estar conciente y ser muy versátil en mis presentaciones de los módulos para poder satisfacer las necesidades de los estudiantes.

Awakening the Soul (Despertando el Alma) fue lanzado en febrero de 2004. El objetivo inicial era tener un máximo de veinte mujeres en cada grupo, para que yo pudiera interactuar de manera individual con cada una. Las participantes de Fort Lauderdale fueron el primer grupo en la historia de *Awakening the Soul (Despertando el Alma),* y uno que parecía haber sido juntado por ángeles. Eran mujeres poderosas, pero también suaves a la vez; muy motivadas, pero calmadas. El cambio del primer módulo hasta el último fue impresionante en todas las participantes. A lo largo del camino pude ver cómo se apoyaban las unas a las otras con tanto cariño mientras profundos cambios iban ocurriendo, estando siempre en disposición de ayudarse. Muchas eran diligentes en sus tareas y avanzaban con firmeza en su camino espiritual. ¡Todas eran mujeres extraordinarias! Había una familia de almas entre nosotras, y a medida que avanzábamos en nuestras vidas, existía una anticipación de cómo nuestros caminos seguirían cruzándose.

Guatemala representaba un *regreso a casa* para mí, pues muchas de las participantes eran amigas de mi infancia o compañeras de colegio a quienes no había visto por muchos años;

otras estaban relacionadas con alguien cuya familia era amiga de la mía. No obstante, este fue uno de los grupos más valientes y comprometidos con su crecimiento personal. Curiosamente, siempre sentí como si estuviese rodeada de mi propia familia. El sitio elegido fue Antigua, un hermoso lugar entre tres majestuosos volcanes que visité con frecuencia desde pequeña mientras crecía en Guatemala. Adicionalmente, tuve el privilegio de que mi madre asistiera a los talleres de dos días antes de su fallecimiento. ¡Qué alegría fue viajar con una de mis compañeras de alma más cercanas por este camino! Un beneficio adicional de estar en Guatemala fue que pude pasar más tiempo con mis padres y con mis amigos queridos. Esto también era parte de mi reciprocidad hacia una tierra que me había dado tanto.

El grupo de Panamá era más joven que los de las otras ciudades y un grupo muy inquisitivo. Allí se desarrolló una historia muy interesante sobre reconocimiento de almas. Sofía y Lucy se conocieron durante el primer módulo. Sofía tenía 29 años, estaba casada y era una maestra de escuela por vocación. Lucy estaba en sus cuarentas, era abogada y tenía una hija adolescente. Sofía *sentía*, mientras que Lucy podía *ver*. Después de una clase en particular, Sofía me dijo: «No puedo apartar mi vista de Lucy, pero a la vez tengo miedo de interactuar con ella. Algo en ella me llama; me es tan familiar». Lucy aún no había caído en el encanto del reconocimiento de almas.

Para el segundo módulo, Sofía me describió un sueño recurrente que tenía sobre una pradera con un árbol gigantesco. Cuando le pedí que compartiera su historia en la clase, Lucy brincó de inmediato y preguntó con entusiasmo: «¿Es como el paisaje que tengo dibujado en mi cuaderno? Ven a verlo». Sofía se acercó y quedó boquiabierta. Era exactamente el mismo. Aunque Lucy había comenzado a reconocer a Sofía, aún no sabía de dónde venía esa familiaridad. Sofía, por el otro lado, continuaba resistiéndose a acercarse a Lucy; era como si algo le hacía mantener la distancia.

Ya en el tercer módulo el grupo hizo su primera regresión a vidas pasadas. Sofía describió que sentía la presencia de flores en su pradera. Lucy tuvo una visión completa de una vida pasada con Sofía, y la historia finalmente comenzó a revelarse. Le explicó a Sofía cómo era el camino hacia la casa, lleno de fragantes flores. Luego compartió los detalles de su visión de la casa, las columnas y todo lo demás.

La historia terminó revelando que Lucy había sido la madre de Sofía en una vida pasada, que resultó ser justamente antes de esta. Sofía era pequeña, quizás de seis o siete años. El escenario era alrededor de los años cincuenta. El marido de Lucy en aquella vida era su padre en esta vida. Mientras viajaban en un automóvil, Lucy y su esposo tuvieron una fuerte discusión; Sofía viajaba en el asiento trasero. El esposo perdió el control del carro y tuvieron un accidente fatal, en el que Lucy y su esposo murieron. No se vio con claridad qué le sucedió a Sofía, pero mi sentir fue que ella sobrevivió. En esta vida, Sofía se resistía a acercarse a Lucy porque se sintió abandonada en esa vida anterior. Lucy me había dicho que ella casi nunca había sentido temor en su vida, hasta que nació su hija. ¿Sería memoria celular que la hacía sentir que podría dejar a su hija nuevamente, como había sucedido en la vida anterior? No lo sé con certeza, pero parecía que era así. Al tercer día de este tercer módulo, Sofía y Lucy se sentaron juntas por primera vez. Sus campos energéticos eran uno, unidos de la manera que solo las familias de almas pueden hacerlo. ¡Fue un milagro y un privilegio haber podido presenciar esto!

El cuarto grupo fue en Maryland y las participantes parecían tener más consciencia de los mundos espiritual y energético. Tenían muchos recursos espirituales a su alcance y cada quien traía conocimientos interesantes para compartir en cada sesión. Había también un rango de edad más amplio, desde 25 hasta 87 años de edad. Eran eclécticas y tenían una gran diversidad de personalidades. ¡Me encantaba viajar hacia el norte e intercambiar energías con este bello grupo!

En Agradecimiento

Después de muchos años de enseñar el sistema de los cinco módulos y las clases a nivel de maestría, ha sido un honor haber sido testigo de las más fascinantes transformaciones. La mayoría de las estudiantes han comenzado a ver su verdadero ser, y un esquema de paz y bienestar se ha convertido en parte de su composición energética. Están mucho más conscientes de que las elecciones crean realidad, y que los pensamientos contribuyen grandemente a esa realidad. También tienen un mundo intangible con el que se relacionan y que les aporta mucha belleza a sus vidas. La incertidumbre es vista como el campo de todas las posibilidades, y es acogida y aceptada sin reservas. Los cambios son las señales de una mejor vida por venir, ya no un punto de temores o frustración. La muerte lleva al renacimiento, y los lugares de oscuridad se encuentran ahora llenos de luz. En la medida en que cada uno de nosotros se compromete a su camino del despertar espiritual, nos convertimos en un ejemplo para todos aquellos que continúan evaluando cómo vivir sus vidas con mayor paz y con más sentido, añadiendo así nuestro pequeño granito al cambio masivo de consciencia que está ocurriendo actualmente. A todas aquellas almas que se embarcan en un camino espiritual, les mando mis felicitaciones con una gran reverencia. ¡No hay otra manera de vivir la vida que de manera consciente!

Verdaderamente creo que todos los estudiantes me han enseñado y continúan haciéndolo, mucho más de lo que yo pude haberles enseñado a ellos. Me he sentido sumamente privilegiada y honrada por su presencia y su arduo trabajo. Para todos y cada uno de ustedes, mi más sincero agradecimiento y aprecio. ¡Gracias por tocar mi vida de manera tan especial!

Metamorfosis en Proceso

La Transformación más Profunda

MIS SUEÑOS Y MEDITACIONES CONVERGIERON CON absoluta precisión. Grandes y largas raíces elevándose y moviéndose hacia el norte. "Oh no", pensé, "me estoy mudando de aquí". En ese momento vivía en el sur de Florida, pero largas raíces elevándose significaban que una movida grande era inminente. Las visiones continuaron durante una semana. A la semana siguiente, en medio de la quietud de mi casa en Florida, empezaron a aparecer montañas azules. Yo solo conocía un grupo de montañas azules y esas estaban en Carolina del Norte y Virginia: las montañas Blue Ridge. Jamás había considerado esa parte del país, pero esta vez no se trataba de lo que yo pensaba, sino acerca de seguir la guía Divina. Entonces le dije a mis guías espirituales que fueran más claros, más precisos. En los tres siguientes viajes internacionales, diferentes personas de Carolina del Norte se sentaron junto a mí.

"Esto es extraño", pensé, "jamás me había sentado al lado de alguien que fuera de Carolina del Norte". En otras palabras, la ubicación estaba clara, pero mi mente seguía interponiéndose. Dado que ya estaba dando clases sobre temas espirituales, entrar en el corazón del cinturón bíblico de Estados Unidos sería un reto. Volví a pedir ayuda a mis guías para obtener mayor claridad. En pocos días me inundaron con postales de agentes de bienes raíces de Asheville; además, mis viajes shamánicos estaban invadidos por la palabra Asheville escrita de muchas diferentes maneras.

Mis perritas estaban acostumbradas a los días cálidos y soleados de Florida. Mudarme a las montañas Blue Ridge significaba inviernos, y a sus edades no creía que eso les gustaría. En un intento por descubrirlo, manejamos hacia el norte en marzo, al final del invierno. Ellas corrieron por los bosques, chapotearon en las cataratas y disfrutaron de la naturaleza. ¡Ambas lo amaron! Durante esta visita tuve mi primera experiencia de levitación. Acababa de comenzar un viaje shamánico cuando de repente dejé mi cuerpo físico y me alcé en vuelo. Establecí mi intención de "ver nuestro futuro hogar" y fui transportada a un lugar de absoluta belleza. Desde una ventana inmensa adentro de una casa podía ver una cadena infinita de montañas. Muy pocas casas, sin mucha construcción, pero muchísimos árboles y bosques. ¡Un lugar encantado!

Apenas regresé a Florida puse nuestra casa en venta. La búsqueda de ese majestuoso lugar en las montañas comenzó. Escribí una lista de los atributos de la casa ideal y comencé a energizarlos con mis pensamientos, visualizaciones y emociones. Tomó un solo viaje a ese hermoso pueblo en la montaña para encontrar nuestro santuario, y el momento en que entré a la casa lo supe. Le pedí al agente que cancelara las otras citas y que se preparara para hacer una oferta. A fines de junio estábamos en camino hacia el norte.

Mis familiares y amigos cercanos me preguntaban por qué me estaba mudando. ¿Cómo explicarles que era por Guía Divina? No se explica… solo se sigue. Hoy en día realizo que la increíble energía de este lugar me ha ayudado a viajar mucho más profundamente a la eternidad, y me sostiene—muy dulcemente. Las bendiciones de este impresionante paraje han sido infinitas; ¡nunca hubiese imaginado tal magnificencia! Cuando nos rendimos y seguimos la Guía Divina, se nos enseña la belleza más espectacular….

Nuestro primer viaje a las montañas Blue Ridge fue impresionante, y la sensación de estar sostenida era más que una confirmación para el camino por venir. Estaba emocionada de regresar a las montañas y bosques, y sentía que este mágico lugar me ayudaría a profundizar mi conexión con aquella parte más sabia de mí. En junio de 2006, después de instalarnos en la casa, las *chicas* y yo comenzamos a explorar nuestros alrededores. Las chicas eran mis dos constantes compañeras, Tracy y Samantha. Eran Schnauzer miniatura, de color negro, cada una con una gran personalidad. A medida que me fui moviendo fuera del mundo ordinario y de lleno al camino espiritual, ellas lo hicieron también. Jugaban cuando era hora de jugar y meditaban cuando yo meditaba. Amaban la naturaleza, especialmente la playa. Tracy era la guardiana y la valiente, mientras que Samantha era una perrita más espiritual. Tracy era mi intelecto y mi fortaleza, y Samantha era mi corazón y mi compasión.

Samantha podía discernir entre las energías de luz y las densas, especialmente en las personas. A pesar de ser amorosa, si alguien que tuviera energía densa entraba a la casa, ella se iba a la esquina opuesta y se quedaba allí hasta que la persona se fuera. Jamás se quejaban y siempre estaban listas para la aventura. Estuviera yo trabajando, leyendo, haciendo yoga, meditando o simplemente relajándome, ellas permanecían junto a mí. En momento difíciles me sostenían y me daban tanto amor que sabía que me sanaba más rápido. Aprendí a cortar los cordones etéricos entre nosotras, para que ellas no absorbieran energías o sentimientos densos de mí cuando estaba atravesando por algún momento difícil o cuando hacía trabajos de sanación. Al entrar más profundamente a mi camino espiritual y viajar a vidas pasadas, ambas aparecían continuamente. Ellas serían siempre mis fieles compañeras, y yo de ellas.

Para la segunda semana de julio, habíamos comenzado a explorar nuestros mágicos alrededores. Los senderos, las increíbles vistas, las impresionantes montañas… todo era un deleite. A pesar de que las chicas tenían doce y trece años, se sentían extasiadas de residir en la naturaleza, ¡entre tantas vibraciones hermosas! Era como si desde el momento en que llegamos hubiésemos sido sostenidas y guiadas. Cuando llegó el mes de agosto comencé a prepararme para dar un seminario sobre shamanismo. Era la segunda dirección de la Rueda de la Medicina para un grupo de participantes internacionales, y Asheville se convertiría en un lugar especial para ellas. Las altas vibraciones del área les permitieron profundizar de manera más intensa, y sus sanaciones y realizaciones fueron extremadamente poderosas. Esto comenzó a poner en movimiento las ruedas de mi vida también. Después de todo, lo que enseñamos es parte de lo que vamos tejiendo, y participé en los cambios junto a las estudiantes. ¡Siempre me pregunté quién era realmente la estudiante!

Unos días después de terminar el seminario recibí una llamada de mi madre. Quería venir a visitarme y conocer el lugar a donde me había mudado. Hablábamos casi todos los días y ella escuchaba mi entusiasmo por el área. Organizó su itinerario para que coincidiera con uno de mis viajes a Guatemala, y así poder regresar a Asheville conmigo. A finales de septiembre, después de dar varias clases y atender consultas con pacientes, abordamos un vuelo directo de Guatemala a Carolina del Norte. ¡Pronto estaría viviendo la magia de las montañas Blue Ridge!

Desde el momento en que llegó la veía suspirando al ver las impresionantes vistas. Nuestro primer recorrido por la carretera Blue Ridge la dejó asombrada. Nosotras siempre pasábamos lindos momentos juntas y esta ocasión no sería distinta. Caminamos por los senderos con las chicas, hicimos picnics en los bosques y montañas, compartimos una y otra vez hasta altas horas de la noche, hasta paseamos en un globo aerostático. Después de una semana, mientras tomábamos el desayuno, me dijo: «¡Esto es lo más cercano al Cielo que me he sentido en mi vida! Tu casa siempre es un lugar tan lleno de paz para mí, como un refugio. Estas montañas son muy especiales. Ahora comprendo por qué te mudaste».

Nosotras siempre habíamos compartido una conexión muy especial, y siendo ella el alma más cercana a mí en esta Tierra, significaba muchísimo que hubiera sentido tan intensamente mi nuevo hogar. Pero algo acerca de su comentario me hizo preguntarme si acaso había algo más detrás de sus palabras, casi como si su alma estuviera tratando de acercarse a mí con un significado más profundo. Unos días después, mientras estábamos en la sala contemplando las espectaculares cadenas de montañas, algo blanco y gigantesco voló frente a nosotras, a la altura de la baranda del porche. Ella estaba acostumbrada a que yo me volteara para ver los más pequeños movimientos en la naturaleza, y me dijo: «Andá a ver qué es. Yo sé que viste algo».

Me levanté y salí al porche, y luego me volteé hacia la izquierda. La casa estaba completamente rodeada de árboles, siendo casi la última al tope de una frondosa montaña. ¡Al mirar hacia las ramas más altas de los árboles quedé boquiabierta! Un búho blanco gigantesco estaba postrado en un arce, mirándome fijamente. No se movió durante un largo tiempo. "Mmmm", pensé, "El búho es acerca de la muerte y el renacer. Esto tiene que ver con mi mamá". Justo entonces recordé una historia que ella me había contado acerca de su propia madre, cuando la fue a visitar por 30 días antes de morir. ¡La realización me pegó como si hubiera sido arrasada por un tren! ¡Ella había venido a despedirse! Después de respirar profundamente un par de veces para centrarme, regresé al momento presente. Acababa de tener un vistazo a posibilidades futuras y necesitaba vivir en el presente como si no supiera lo que el futuro pudiera traer. El búho parecía saber que había entregado su mensaje y se fue volando. Era tan grande, que dudaba si era real.

A finales de octubre llevé a mi mamá de regreso a Guatemala. Habíamos pasado un tiempo maravilloso en la tierra de la magia, incluso celebrando mis 45 años juntas. Luego de dar clases y pasar un tiempo con mis padres en Guatemala, regresé a Asheville. ¡Las chicas estaban felices de verme!

A principios de abril de 2007, mi padre llamó para decirme que mi madre había tenido una emergencia y estaba hospitalizada por una septicemia (una infección de la sangre, en muchos casos mortal). Ella me había dado su consentimiento total para ayudarla en caso de emergencias. Comencé haciéndole una sanación a distancia, pero había algo diferente en su cuerpo energético. Sentía su presencia en mi casa; me pidió que limpiara no solo sus chakras afectadas, sino todo su cuerpo energético. Un escalofrío recorrió mi espalda y mi cuello se llenó de sudor.

Al terminar la sanación llamé a la casa en Guatemala. En ese mismo momento llamaban del hospital por la otra línea telefónica para dar la noticia de que mi madre había fallecido. Había sufrido un ataque cardíaco mientras trataban de controlar la septicemia. Respiré profundamente y comenzaron a rodar lágrimas por mis mejillas. Me levanté y me dirigí a mi cuarto de meditación para conectarme con ella. Sentí su abrazo. Tracy y Samantha vinieron y se acostaron junto a mí. Ellas sabían lo que estaba sucediendo. Me centré y comencé a hacerle los *Ritos de la Muerte* a mi madre, ayudándola a liberarse fácilmente y en paz. Al día siguiente viajaría a Guatemala para su funeral, más que nada para acompañar a mi padre. No creía en las viejas tradiciones funerarias de la religión de mi nacimiento y de mi país, aunque las respeté por consideración a mi papá. ¡Había sido la semana más dura de mi vida hasta entonces! Después de organizar lo que pude en casa de mis padres y ayudar lo más posible con temas del corazón, le dije a mi padre que volvería en un par de semanas. Necesitaba hacer duelo por la partida de la compañera del alma más cercana a mí, a mi manera.

Uno de los muchos regalos de la vida espiritual es que uno escucha desde lo más profundo de su alma, aprendiendo a sanarse a sí mismo primero para poder estar presente para los demás. ¡Mi corazón y mi alma estaban partidos en un millón de pedazos, y sabía que necesitaba cuidar de ellos! Estaba tan agradecida con mi alma por el camino espiritual que habíamos recorrido en esta vida, pues tenía las herramientas para comenzar mi viaje de sanación.

Los primeros días salí a caminar por los senderos de las montañas, a veces por varias horas. Unirme con la naturaleza me hacía sentir sostenida y cuidada. Podía sentir a los árboles transmitiéndome su sabiduría y cariño, recordándome que *todo estaba en Orden Perfecto y Divino*. Aunque no lo entendiera dado al dolor que estaba sintiendo podía rendirme ante ese saber innato de que todo era como debía ser. También sabía muy en el fondo que mi madre había escogido su partida con la bendición y la ayuda del Gran Espíritu, y nunca le di cabida al pensamiento de que hubieran podido hacer o debieron haber hecho algo para salvarla. Después llamé a una amiga cercana y le pedí que me hiciera una recuperación de un pedazo del alma. Parte de mi alma había partido con la muerte de mi madre, y con ella se fueron regalos de resiliencia y quietud. Me regresó varios pedazos del alma y con el pasar de los días el proceso de integración me permitió pararme de nuevo en el centro de mi Ser.

Regresé a Guatemala lo más que podía para ayudar a mi padre en su proceso de duelo. Comprendí que él había perdido una gran parte de su alma. Estaban próximos a celebrar sus bodas de oro y se habían amado profundamente. Incluso antes de la muerte de mi madre, él había tenido tantos problemas de salud que no podía viajar a Asheville para visitarme. Contaba con asistencia médica 24/7 y salía muy poco de casa. En uno de esos viajes recibí una llamada de emergencia de la señora que cuidaba a las chicas en Asheville. Tracy había sufrido una embolia pulmonar y estaba en condición crítica. Su salud era perfecta cuando partí, al igual que la de Samantha. Hablé con Tracy adentro de mi corazón y le pedí que esperara mi regreso; viajaría de regreso a Asheville al día siguiente. Su veterinaria era amiga mía y acordamos encontrarnos en mi casa en cuanto llegara esa noche. Tracy murió en mis brazos pocos minutos después de mi llegada, justo después de que nos miráramos profundamente el alma a través de nuestros ojos. Habían transcurrido exactamente dos meses después de la muerte de mi madre. ¡No sabía que mi corazón podía romperse más de lo que ya estaba! Me volteé hacia Samantha y la sostuve junto a mí, pidiéndole que tuviera fuerza y fuera valiente. Superaríamos esto juntas. Pero Samantha no me miró a los ojos. Desvió la mirada y parecía perdida. Unos días después, dejó de comer. Hice un viaje más a Guatemala, llevándola conmigo. Se fue debilitando y comenzó a gemir. Decidí traerla de vuelta a Asheville tres días después, y luego de llevarla a que la examinaran, descubrí que había desarrollado un cáncer en el bazo. Me sentía como un zombi, viviendo en un mundo distante. La sostuve junto a mí toda la noche, susurrándole cuánto la amaba. A la mañana siguiente me encontré con mi amiga veterinaria en el parque favorito de Samantha, y sosteniéndola en mis brazos, la pusimos a dormir.

¡Ay, Dios mío! ¡Cómo se destrozaba mi corazón una y otra vez! Apenas habían transcurrido dieciocho días desde la muerte de Tracy. Todo el trabajo espiritual que había hecho era incapaz de mitigar el dolor que sentía. Ni siquiera era capaz de meditar, pues sentía que el silencio destrozaba mi espíritu. Era como si estuviera dentro de un túnel oscuro y ninguna de las herramientas que había adquirido a lo largo de esos catorce años podían ayudarme. ¡Los tres pilares de mi vida se fueron en poco más de dos meses! A nivel de mi alma sabía que había aceptado este guion. *"Todo está en Orden Perfecto y Divino"*, continuaba diciéndome a mí misma: *"¿Pero cómo puede mi alma creer que mi lado humano tendría la fuerza para resistir tantos traumas juntos?"*. Tenía que creer desde lo más profundo de mi ser que tendría el apoyo del mundo espiritual aun cuando en ese momento no podía sentirlo.

Mi familia de almas comenzó a agendar sus visitas con la intención de venir a cuidar mi esencia, sin participación de mi parte. Durante las siguientes siete semanas, amigos de diferentes partes del país y del mundo vinieron a acompañarme, todo en perfecta coordinación. Ellos no se conocían ni se hablaban unos con otros, pero todo estuvo perfectamente orquestado. Sabía que mi madre estaba ayudándome desde el Cielo, pero el dolor dentro de mí era tan intenso que no podía conectarme con ella. ¡Era como si los dones espirituales en los que había trabajado tanto se hubieran ido! No había nada de qué agarrarme, pues hasta el último hilo de fortaleza había sido arrancado con la partida de mis seres queridos. Definitivamente me encontraba en una *Noche Oscura del Alma*, una crisis existencial profunda, donde lo único que uno puede hacer es simplemente ser.

Después de la muerte de Samantha pasé cuatro días sola, antes de que mi familia del alma viniera a acompañarme. Los segundos eran eternos y el silencio que reinaba en mi casa era ensordecedor. Sumida en la tristeza me iba deshaciendo, pedazo por pedazo. Me forzaba a mí misma para salir a caminar a los bosques, rogándole a la Madre Tierra y a los árboles que me sostuvieran. Cuando regresaba a casa nadie estaba allí para acompañarme, o al menos eso pensaba. ¡Le imploré al Universo que me ayudara!

Al día siguiente de la muerte de Samantha tuve una de las experiencias más asombrosas de mi vida. Sentada en el sofá con la mirada perdida, escuché un susurro: «¿Acaso no sabes que nosotros estamos siempre contigo?». Volteé la mirada y vi a

Jesús caminando hacia mí. Al igual que me había ocurrido después del taller de transmutación (shapeshifting), sus ojos tenían una mirada dulce y amorosa, su energía profundamente serena. Permití que me sostuviera dentro de su luminosa energía. A los pocos minutos comenzó a contarme historias de su vida, sobre cómo Él había tenido que renunciar a las cosas que más quería para cumplir con lo que había acordado hacer en la Tierra. Me contó muchos detalles sobre cuán herido se había sentido por dentro, y me pidió que tuviera fuerza.

Me prometió que estaría a mi lado cada segundo de cada día, y me sugirió que intentara concentrarme en aquellos efímeros momentos de paz que pasaban por mi vida. Pronto los momentos de paz comenzarían a expandirse y los de tristeza a acortarse. También me pidió que escribiera todo por lo que estaba agradecida en mi vida en referencia a mi madre y a las niñas, y que lo leyera en voz alta tan seguido como pudiera. Después de unos días, un pequeño rayo de luz comenzó a brillar en lo más profundo de mi corazón. Sabía que debía tener paciencia, pero también tenía certeza de que el proceso estaba comenzando.

Mi cuerpo físico aún estaba teniendo dificultad para reensamblarse después de tantos shocks. Tenía una sensación de hormigueo en mis piernas, y a pesar de todas las caminatas y paseos que hacía, era como si ellas no formaran parte de mí. Sentía mucho dolor en la parte baja de mi espalda. Claramente, el sistema de soporte de mi cuerpo físico había sido gravemente afectado. Tampoco tenía hambre y había desarrollado una bola en mi plexo solar, justo abajo del diafragma. Necesitaba ocuparme de mi cuerpo físico. A las pocas semanas de la muerte de mi mamá, mientras buscaba sitios para mis seminarios, conocí a una mujer muy impactante. Leslie me había mostrado un lugar precioso para arrendar, perfecto para los talleres de shamanismo. Después de hablarle por unos minutos me contó que hacía masajes. Decidí llamarla y pedirle una cita, relatándole brevemente lo que me estaba pasando. Aceptó verme al día siguiente. Fue un punto importante de transición para mí y siempre le estaré eternamente agradecida.

Mientras manejaba para mi cita con Leslie, sentía como si mis hombros, cuello y la parte baja de mi espalda estuvieran deshechos. Ella me estaba esperando, la habitación lista para comenzar. En pocos minutos, lo que había iniciado como un masaje, cambió súbitamente a trabajo energético. El Gran Espíritu estaba ahí para guiarla en mi transformación. Leslie me pidió que me parara, y poniéndose de pie detrás de mí, escaneó la parte baja de mi espalda. «¿Puedes ver algo?», le pregunté.

«No, y ése es el problema. No hay nada… es un vacío, sin energía», dijo Leslie. «Esto ocurre con personas que están listas para dejar este mundo», continuó diciendo. Entonces me preguntó: «Beatriz, tienes alguna conexión con Perú?».

Y contesté: «¿Por qué?».

Me dijo: «Hay un shamán de Perú aquí, parado en la esquina de la habitación».

«¿Y qué desea él?», le pregunté.

Ella contestó: «Está aquí para ayudarte. Dice que se trata de discernimiento, de buscar entre los espacios pequeños. ¿Sabes lo que eso significa?».

«No», le respondí.

«Está parado en silencio ahora, su segunda y su cuarta chakras están girando con muchísima energía», me dijo ella. Procedió a poner sus manos sobre la parte baja de mi espalda y sentí cómo un montón de energía estaba siendo enviada a mi segunda chakra. Ella se alejó de mi cuerpo, pero la presión sobre mi espalda continuaba, como si alguien más estuviera trabajando sobre mí. Esto siguió por varios minutos. Luego Leslie regresó y dijo: «Él me dice que hay algo que perdiste y que debes recuperar».

Le pregunté entonces: «¿Esto es algo que otra persona debe traerme o lo debo ir a traer yo?».

Me respondió: «*Es algo que solamente tú puedes encontrar, así que búscalo cuidadosamente*».

Entonces, vi la imagen de un árbol muy alto. En su base había un hoyo, como un túnel. Adentro se encontraba un objeto brillante y supe innatamente que me pertenecía. «*Es una parte de tu cuerpo emocional que has perdido, y no puedes sobrevivir sin ella*», *me dijo Leslie.* «*Avísame cuando la encuentres*».

Transcurrieron varios segundos cuando de repente dije: «*La encontré*».

Le describí lo que era y ella preguntó: «*¿Dónde está, en relación con esta habitación?*». *Le indiqué el sitio y cuando ella llegó a ese lugar, el objeto saltó hacia su mano. Me lo aplicó sobre la espalda, alrededor de la segunda chakra.* «*¿Está completo o falta más todavía?*», *preguntó.*

«*Aún falta un pedazo*», *contesté automáticamente. Ella estiró su mano y el pedazo le permitió que lo agarrara. Colocó este segundo pedazo sobre la parte superior de mi espalda, detrás de mi corazón.*

«*Está asustado*», *comentó Leslie.* «*Quiere certeza de que no dejarás que se vaya otra vez*».

«*No puedo garantizar eso*», *respondí. Lo que verdaderamente estaba pensando era,* "*¿Cómo puedo garantizar algo si no sé qué puede suceder mañana?*".

«*¿Qué le puedes prometer entonces?*», *preguntó Leslie.*

«*Que lo amaré*», *le dije.*

«*Parece que eso le basta*», *dijo ella. Luego Leslie examinó mis chakras.* «*De la tercera chakra hacia arriba están todas bien, pero la chakra raíz y la del ombligo no están girando*», *me dijo.*

En ese instante sentí un escalofrío en todo mi cuerpo. Era como si mi cuerpo energético se estuviera yendo. Supe que ése era el momento preciso en el que debía decidir si me quedaba o me iba. Algo muy profundo dentro de mí tomó la decisión, y con una fuerza desconocida que surgió de muy adentro traté de atar un cordón desde la Madre Tierra hasta mi chakra raíz. Visualicé el color rojo de esta chakra vibrando y girando. Luego me moví mentalmente hasta mi segunda chakra, tratando de ver el color anaranjado que le correspondía. Después de unos minutos Leslie me dijo: «Ok, están girando ahora». Cuando ella vio el reloj notó que había transcurrido una hora. «Hemos estado en un vórtice de tiempo», dijo. Parecía como si tan solo hubiesen transcurrido unos pocos minutos.

Con mi cuerpo aún boca abajo se acercó a mi oído. «Hay filas y filas de personas hasta donde alcanzo a ver. Han venido por ti, a darte sus respetos». Leslie continuó diciéndome: «Jamás había visto nada como esto». De repente comenzó a sollozar. «Me dicen… "no solo pongas aceite sobre ella, debes ungirla". ¡Esto fue lo que le hicieron a Jesús! Beatriz, ¿quién eres?», preguntó Leslie. «¿Por qué hay tantos seres de luz aquí, honrándote?».

Yo no sabía por qué. No le podía dar una respuesta. Me había hecho la misma pregunta, sobre todo en estos momentos. ¿Quién era yo para aceptar retos tan intensos? ¿Qué tipo de ser pensaría que podría soportar, confrontar una situación así? ¿Quién era yo? No podía responder a estas preguntas, aún no… quizás algún día.

Entonces Leslie se movió hacia mis pies y comenzó a presionar en el centro de cada planta. En ese momento me pregunté: «¿Quién podría seguir adelante con todo este dolor? No sé si vale la pena continuar. ¿Acaso es esta mi señal de partir e irme al Cielo?». Unos segundos después de esta última pregunta, Leslie exclamó: «¡Debes quedarte aquí! ¡Debes quedarte! Hay gente esperándote. Se beneficiarán de todo lo que estás aprendiendo». En ese momento algo en mí cambió, como si recordara un acuerdo de mi alma. También recordé la conversación que tuve con Jesús en mi sala el día anterior. En ese momento decidí quedarme. Leslie terminó, sumamente exhausta. Sopló las candelas. «Tómate tu tiempo», me dijo. Lo hice y cuando salí del salón de masajes me sentí mucho mejor, sobre todo energéticamente. Mi cuerpo físico aún sentía dolor, pero no tan penetrante como antes. Sin lugar a dudas necesitaba el trabajo energético primero. Esa noche le di gracias al Universo por haber puesto a Leslie en mi camino. ¡Escucharon mi súplica por ayuda!

Al día siguiente comenzaron a llegar mis amigas de alma. Poco a poco me comenzaron a reensamblar. La primera hermana del alma que llegó me hizo inmediatamente una sanación y una recuperación de un pedazo del alma. El pedazo que regresó estaba relacionado con Samantha. No hay duda de que ésa era la última fibra que me mantenía a flote, y en unos pocos días comencé a sentir que parte de mi energía estaba regresando. Luego vino otra amiga querida y me hizo una segunda recuperación del alma. Estos pedazos se fueron después de la muerte de mi mamá. Mi cuerpo físico aún no estaba sanado, pero los cuerpos energético y emocional estaban comenzando a revivir.

Dieciocho días después de que mi segunda perrita murió era el cumpleaños de mi mamá. Decidí que estaba lista para ir a Mount Mitchell—la montaña más alta al este del río Mississippi—con la intención de hacer ceremonia y liberar las cenizas de mi mamá y de las niñas. Había dividido las cenizas de mi mamá en varios contenedores para poder darle una porción a mi papá y a cada uno de mis hermanos. De esta manera podíamos cumplir con sus deseos sobre dónde esparcirlas. Manejé por el Blue Ridge Parkway hasta llegar a la entrada del Parque de Mount Mitchell, y luego subí hasta llegar al estacionamiento más alto. Le pedí al Gran Espíritu que me guiara al lugar perfecto para honrar y liberar las cenizas.

A los pocos minutos vi un letrero indicando un sendero que había sido cerrado y algo dentro de mí me dijo que ése era mi punto de partida. Con una de mis mejores amigas a mi lado, comencé a subir. Luego de caminar unos 800 metros a través de un bosque encantado, encontré un gran peñón que contenía grietas profundas y formaciones rocosas ocultas. Sentí un calor esparciéndose dentro de mi plexo solar y supe que ése era el lugar. El hecho de que el sendero estuviera cerrado significaba que podía hacer ceremonia sin ser interrumpida. Después de abrir espacio sagrado y establecer mi intención de liberar las cenizas de mis seres más queridos, me conecté con el espíritu de la montaña. La honré y le pedí permiso para lo que estaba a punto de hacer. Un fuerte viento sopló de la nada y la energía del lugar cambió. Esa era la señal que estaba esperando.

Empezó la ceremonia y respetuosamente liberé las cenizas de cada una. La ceremonia duró un par de horas. De repente, algo mágico comenzó a suceder. Mi conexión con mi mamá se tornó sumamente clara, como si estuviera parada junto a mí. Cambiando mi percepción al nivel energético, sentí cómo nuestras energías se fusionaban. En ese estado alterado escuché que me decía que podría encontrarla siempre dentro de mi corazón, en ese pequeño compartimiento donde la eternidad reside. Luego me enseñó cómo acercarme a ella y me dijo: «Todo va a estar bien. Tu saldrás de esto con más fuerza, con mayor paz y con mucho más amor. Sé paciente contigo misma. Todos en este lado estamos trabajando para ayudarte a que te sientas completa de nuevo».

La persona que subió ese día a hacer ceremonia era completamente diferente a la que descendió y salió del parque. Era como si el último capítulo de mi vida hubiese terminado de escribirse en ese momento, se cerraba el libro y una hoja en blanco quedaba esperando a ser escrita, un frágil momento a la vez.

Al llegar a casa, la última sorpresa de un día increíble estaba por revelarse. La luz de mensajes de mi contestadora telefónica estaba parpadeando, así que presioné el botón. La voz de una mujer surgió y dijo: «Sé que tienes el corazón destrozado. Tengo una cachorrita Schnauzer miniatura negra que tiene diez semanas de nacida. ¿La quieres?». Yo no conocía a esta mujer ni tampoco ella a mí. Aún no había comenzado a buscar un perrito, porque sentía que no estaba preparada para hacerme cargo de una pequeña criatura. Pero era el cumpleaños de mi mamá y tuve un presentimiento acerca de lo que podría estar sucediendo. Llamé a la señora e hice una cita para ir a ver a la cachorrita esa misma noche.

Tan pronto sostuve en mis manos a ese pequeño ser y la miré directo a los ojos, ¡supe que era el alma de Tracy! La pequeña se aferró a mi blusa y no se quería separar. «Increíble», le dije a la amiga que me acompañaba. Ella regresó, ¡exactamente dieciocho días después de la partida de Samantha y en el día del cumpleaños de mi mamá! «Definitivamente me la llevo», le dije a la señora. «Gracias por este maravilloso regalo en un día tan especial». Su nuevo nombre es Anty Marie, y hasta el día de hoy me recuerda todos los milagros de ese día tan especial. Me fui a casa y me senté en mi cuarto de meditación por un rato, agradeciéndole a mi mamá y al Universo por esta increíble serie de sincronicidades. ¡Mi renacimiento era inminente… estaba por comenzar una vida completamente nueva!

Desde el primer momento que llegué a Asheville supe que la conexión interna con mi Yo Superior se seguiría desarrollando y fortaleciéndose más. La experiencia de levitación durante la visita en marzo de 2006 plantó las bases. Los numerosos vórtices de energía abiertos, el hecho de que estas son las montañas más antiguas del mundo, y la gran cantidad de personas espirituales en el área, todos fueron catalizadores para mi propio crecimiento. ¡Jamás imaginé la magnitud de la transformación que tendría en estas hermosas montañas! Unos años después de haber dejado el área comprendí cuán acogida había estado allí, y que si no hubiera escuchado el mensaje sobre mudarme a estas maravillosas montañas, mi increíble sanación y transmutación no hubieran ocurrido tan rápidamente como lo hicieron. Sin lugar a dudas, esta vibración tan alta me sostuvo en una percepción lejos del nivel literal, el de los detalles. Fue como si todo me hubiese ayudado a mantenerme en los estados perceptuales mítico y energético, donde nuestra sanación más profunda puede llevarse a cabo. Muchos años después, ¡siento gran admiración y agradecimiento hacia Asheville y las montañas Blue Ridge!

Para Cerrar

Nací bajo el signo maya que simboliza "cambios", ¡y de alguna manera siempre supe que tendría que sujetarme fuertemente para el recorrido de esta vida! Ha habido muchos cambios, algunos de ellos relacionados con grupos (corporaciones, amistades, grupos de aprendizaje) y otros con familia. Pero la mayoría de los cambios han tenido que ver con mi propia vida: mi carrera profesional y ahora mi camino; con mis objetivos y mis intereses; las cosas que me emocionan apasionadamente; lindas consecuencias de haberme rebelado contra todo aquello que no era mi verdad ni se sentía bien; deshacerme de capas de creencias e ilusiones que no definen quién soy ni quién quiero ser; el surgimiento de mi verdadero Ser. Entender las lecciones que escribí para mí y la misión de mi alma; realizar que puedo soñar mi mundo para hacerlo realidad; apreciar mi conexión Divina por encima de todo; recordar el amor incondicional y la compasión; reconocer a mi "familia de almas"; y confiar… ¡ah, esta es grande! Mientras me embarco en otro cambio más en mi vida, miro hacia atrás y me sorprendo de ver cómo todas las piezas encajan perfectamente. Me impresiona la sabiduría de mi alma en planear meticulosamente cada pequeño paso y experiencia que he tenido, tejiendo así un complejo poema de la vida.

Y la historia continúa…

Agradecimientos

Pocas palabras pueden expresar el agradecimiento que siento hacia todas las personas que ayudaron a hacer este libro realidad. A mis queridos amigos que insistieron que escribiera sobre mis experiencias y mi camino, así como a aquellos que leyeron los primeros manuscritos, mi más sincero agradecimiento. A mi Tía Cristina, que insistía en que los libros tienen energía, y que yo necesitaba avanzar para que la intención original no se disipara. A mi principal mentora, mi mamá, por darme siempre todo el amor y el estímulo para soñar mi vida. Agradezco también a mi editora del manuscrito en inglés, Roberta Binder, no solo por hacer este arduo proceso tan ligero y sencillo, sino también por su tremendo estímulo. A mi querida amiga y hermana del alma, María Eugenia de Diego (Chiqui), por asistirme incondicionalmente y con mucho amor en la traducción de este libro al español, permeando pedazos de su vida en estas páginas. A los numerosos maestros y escritores que me inspiraron: Carlos Castaneda, por introducirme desde mi adolescencia al shamanismo y a una manera diferente de ver la vida; Carolyn Myss, por sus sencillas pero profundas enseñanzas sobre el manejo de energías; Jean Houston, por su impecabilidad, claridad e insistencia en que alcancemos siempre la posibilidad más alta; Alberto Villoldo, por enseñarme un enfoque del shamanismo tan fascinante y por guiarme a cómo soñar el mundo que deseamos manifestar. Y finalmente, doy gracias a todas aquellas personas que han creído en mí y que me han motivado a lo largo de mi educación y de mi vida corporativa.

Sobre la Autora

Beatriz M. Orive nació y creció en Guatemala, y se educó en los Estados Unidos. De pequeña, junto a sus padres, pasó muchos fines de semana y vacaciones felices visitando pueblos mayas y aprendiendo sus costumbres y ceremonias. Más adelante en su vida comprendió que esos tiempos fueron el despertar original de su camino shamánico.

Beatriz es una empresaria trilingüe y multicultural, que obtuvo su maestría en Administración de Empresas en la Escuela de Negocios *Kellogg* de la Universidad de *Northwestern*. Esta formación le abrió las puertas de forma inmediata hacia una carrera empresarial sumamente exitosa en Planeación Estratégica y Mercadeo Estratégico durante diecisiete años. Su cargo más alto a nivel profesional fue como Vicepresidente y Gerente General para la División Latinoamericana de una empresa ubicada entre las Fortune 50. A la edad de 34 años, dejó los rigores de la oficina ejecutiva para abrir su propia empresa de consultoría, trabajando con múltiples corporaciones de las Fortune 100. Este esquema le dio la versatilidad para continuar, de manera más estructurada, sus estudios en diversas disciplinas espirituales.

Desde finales de los ochenta, Beatriz ha estado inmersa en el estudio de múltiples disciplinas espirituales como parte de su búsqueda personal para encontrar "ese pedazo que le hacía falta". En 1995, decidió profundizar en shamanismo y medicina energética, eventualmente haciéndola su propia disciplina espiritual. Unos años más tarde, se comprometió a estudiar con un renombrado mentor/maestro shamánico de manera formal y dedicada. Dadas las experiencias de su niñez y adolescencia con los mayas, no era de sorprenderse que este sería su llamado. En 2003, Beatriz desarrolló una escuela de misterio llamada *Awakening the Soul (Despertando el Alma)*, dedicándose de tiempo completo a dar clases espirituales y de medicina energética. Hoy en día continúa enseñando y dictando conferencias a través de los Estados Unidos y de Latinoamérica. *Regresando a la Sabiduría Ancestral* es su primer libro.

Para información sobre cursos, eventos y para ordenar copias adicionales de este libro: **www.AwakeningTheSoul.net**.

www.ingramcontent.com/pod-product-compliance
Lightning Source LLC
Chambersburg PA
CBHW021217090426
42740CB00006B/261